David Michie

Buddhismus für Mensch und Tier

David Michie

Buddhismus für Mensch und Tier

Wie wir Achtsamkeit und Mitgefühl voneinander lernen können

Aus dem amerikanischen Englisch
von Angelika Hansen

IRISIANA

FSC www.fsc.org
MIX
Papier aus verantwortungsvollen Quellen
FSC® C083411

Verlagsgruppe Random House FSC® N001967

1. Auflage

einem Unternehmen der Verlagsgruppe Random House GmbH,
Neumarkter Straße 28, 81673 München
Satz: Uhl + Massopust, Aalen
Projektleitung: Sven Beier
Umschlaggestaltung: Geviert, Grafik & Typografie
Druck und Bindung: CPI books GmbH, Leck
Printed in Germany
ISBN: 978-3-424-15348-4

INHALT

Unsere erste Pflicht unseren bescheidenen Brüdern – den Tieren – gegenüber ist es, ihnen kein Leid zuzufügen, doch damit nicht genug. Wir haben eine höhere Mission zu erfüllen: ihnen zu dienen, wann immer sie es benötigen. Personen, die ein von Gott erschaffenes fühlendes Wesen, wer oder was auch immer es sei, vom Schutz des Mitgefühls und Mitleids ausschließen, sind Menschen, die mit ihresgleichen genauso umgehen werden.

HEILIGER FRANZISKUS VON ASSISI

Ein Mensch … erfährt sich selbst, seine Gedanken und Gefühle, als etwas vom Rest Getrenntes – eine Art optische Illusion seines Bewusstseins. Diese Täuschung ist einem Gefängnis vergleichbar, das uns auf unsere persönlichen Wünsche und die Zuneigung für die wenigen Personen reduziert, die uns am nächsten stehen. Unsere Aufgabe muss es sein, uns aus diesem Gefängnis zu befreien, indem wir den Radius unseres Verständnisses und Mitgefühls erweitern, um alle Lebewesen und die gesamte Natur in ihrer ganzen Schönheit zu erfassen.

ALBERT EINSTEIN

Wahres Glück entspringt nicht der begrenzten Sorge um das eigene Wohlbefinden oder das der Personen, denen man sich nahe fühlt, sondern dem Bemühen, Liebe und Mitgefühl für alle fühlenden Wesen zu entwickeln.

DALAI LAMA

Dieses Buch ist mit zutiefst empfundener Dankbarkeit meinen Dharma-Lehrern gewidmet: Geshe Acharya Thubten Loden, Begründer der Tibetan Buddhist Society in Australien; Les Sheehy, Direktor der Tibetan Buddhist Society in Perth, Westaustralien; und dem Ehrwürdigen Acharya Zasep Tulku Rinpoche, Gründer von Gaden for the West. Niemals kann ich ihre freundliche Güte vergelten, ohne die dieses Buch nie hätte geschrieben werden können.

Darüber hinaus ist dieses Buch den vielen Tieren gewidmet, die mein eigenes Leben so unendlich erfüllender, faszinierender und vergnüglicher gemacht haben. Zu meinen engsten Gefährten gehörten Wesen, die von Natur aus Federn oder Pelz besaßen, wobei unsere Verschiedenheiten in keinster Weise die tiefen Bindungen der Liebe und Zuneigung mindern konnten, die wir füreinander empfanden. Möge ich durch das Schreiben dieses Buches dazu beitragen, dass sie schnell Erleuchtung finden. Und möge dieses Buch für alle, die es lesen, ein direkter Anlass sein, sich für das Bewusstsein unserer Tiergefährten zu interessieren sowie eine Motivation für jeden von uns, allen lebenden Kreaturen – besonders denen in unserer Fürsorge – die altehrwürdige Höflichkeit zukommen zu lassen, sie so zu behandeln, wie wir selbst behandelt werden möchten.

Mögen alle Wesen Glück erfahren
und die wahre Ursache des Glücks;
Mögen alle Wesen frei sein von Leid
und dem wahren Grund von Leid;
Mögen alle Wesen nie vom dem Glück getrennt sein,
das ohne Leid ist;
Mögen alle Wesen in Frieden und Harmonie existieren,
ihre Seele frei von Anhaftung, Ablehnung und Gleichgültigkeit.

EINFÜHRUNG

Partner auf Ihrer Reise durchs Leben

Wie unterscheiden sich die Seelen von Tieren von unserer eigenen? Haben Haustiere noch eine andere Aufgabe als die, uns Kameradschaft, süße Fotos im Internet und vielleicht noch den Anreiz zu bieten, regelmäßig körperlich aktiv zu werden? Und was passiert mit dem Bewusstsein der Tiere, wenn sie sterben – existiert es auf irgendeine Art weiter, und wenn ja, wie und wo?

Dies sind wichtige Fragen für Tierfreunde, da für viele von uns Haustiere zu unseren am meisten geschätzten Familienmitgliedern gehören. Eine konstante Präsenz in unserem Zuhause, sind sie ein wichtiger Bestandteil unseres Alltags, aktive Teilnehmer an unserem Leben und stumme Zeugen in unseren intimsten und verletzlichsten Momenten. Wir teilen unsere wertvolle Freizeit mit ihnen, unsere Möbel, unser Eigentum. Viele von uns schlafen sogar in offensichtlich unbequemen Positionen, nur damit sie nachts in unserem Bett Platz haben!

Wir entwickeln eine funktionierende, nicht-verbale Kommunikation mit unseren Tiergefährten, bei der es nicht nur um Hausregeln und Rituale geht, sondern weit darüber hinaus um eine Vielfalt von Gefühlen, einschließlich Verspieltheit, Furcht, Zorn und Liebe. Im Laufe der Zeit entwickeln viele von uns eine sehr tiefe Verbindung mit unseren Haustieren in dem Wissen, dass wir auf einer Ebene ohne Worte gegenseitiges Verständnis und eine tiefe Beziehung teilen.

Diese Verbindung besitzt oft eine Qualität, die wir in Beziehungen mit anderen Wesen nicht fühlen. Was mit unseren Haustieren passiert, liegt uns wirklich sehr am Herzen.

Immer mehr Menschen ist es vielleicht noch wichtiger als das, was ihren Mitmenschen passiert. Eine der auffallendsten demografischen Trends der vergangenen 25 Jahre war der sprunghafte Anstieg von Single-Haushalten, die heute erstaunliche 30 Prozent aller Haushalte in der westlichen Welt ausmachen. Nicht aufgeführt in diesen auf Menschen fixierten Daten ist die Anzahl der Haustiere. Gäbe es diesbezügliche Statistiken, so würden sie vielleicht enthüllen, dass viele dieser Singles bei Weitem nicht alleine sind, sondern ihr Leben mit Hunden, Katzen, Vögeln, Meerschweinchen, Hasen, Fischen und anderen Lebewesen teilen, die de facto ihre Familien sind. Geliebte Wesen müssen im Alter, wenn sie krank sind oder sterben, von Menschen versorgt werden, die selbst den gleichen Weg gehen, wenngleich sich dieser über eine längere Zeitspanne erstreckt.

In diesem Zusammenhang, wie auch auf manch andere wichtige Weise, sind Haustiere zuweilen unser größtes Geschenk. Denn wenn wir uns fragen, was mit unseren Tiergefährten passiert, sind wir aufgefordert, Antworten bezüglich unserer eigenen Zukunft zu finden. Indem wir Praktiken erforschen und ausüben, die unseren Tieren zum Segen gereichen könnten, sind wir selbst die ersten Nutznießer.

Dieses Buch handelt von den Innenleben unserer Haustiere, geschrieben aus der Perspektive des tibetischen Buddhismus. Und aufgrund dieser einzigartigen und außergewöhnlichen Perspektive hat es auch mit unserem eigenen inneren Leben zu tun. Denn ebenso wie unsere geliebten Tiergefährten denkende, fühlende Wesen mit der Fähigkeit zur Transzendenz sind, sind wir es auch.

Zu meinen frühesten Erinnerungen gehört das Gesicht von Pandy, einer Siamkatze, die meine Eltern meinem größeren Bruder nach meiner Geburt schenkten, um jegliche Gefühle von Eifersucht zu bändigen, die er vielleicht gegenüber dem neuen Familienzuwachs entwickeln könnte. Pandy war nicht nur während meiner ganzen Kindheit, sondern bis zum Ende meines Studiums an der Universität eine vielgeliebte Gefährtin; sie wurde fünfundzwanzig Jahre alt, ein hohes Alter für eine Katze. Aber neben Katzen mochten meine Eltern auch Hunde, vor allem Corgis, und während meiner Schulzeit waren zwei von ihnen meine wilden Spielgefährten, denen nie die Energie ausging. Ich war noch ziemlich jung, als ich meine große Empathie für Tiere entdeckte. Ich kann mich noch gut daran erinnern, wie ich auf einem Wochenendausflug im Auto in Tränen ausbrach, als wir an einer Viehherde vorbeikamen, die in einem dürren Feld hinter Stacheldrahtzaun gefangen und so unterernährt war, dass sich ihre Rippen deutlich unter der Haut abzeichneten: Wie war es möglich, dass Menschen so gefühllos waren und zulassen konnten, dass so etwas passierte, wunderte ich mich.

Als Kind kümmerte ich mich hingebungsvoll um ein weißes Kaninchen, einen goldfarbenen Hamster, ein Meerschweinchen und mehrere Mäuse – allerdings selten gleichzeitig. Während meiner Teenagerjahre hockte häufig ein Nymphensittich auf meiner Schulter, zu einer Zeit, in der Pandys Jagdinstinkt zum Glück nachgelassen hatte. Da ich in Simbabwe aufgewachsen bin, bedeuteten Ferien in der Regel den Besuch eines Wildreservats. Bei einem dieser Aufenthalte arbeitete ich ehrenamtlich im Löwen- und Gepardenpark, wo es zu meinen Aufgaben gehörte, Löwenjunge mit der Flasche zu füttern und ein verwaistes Elefantenbaby zu duschen.

Doctor Doolittle war nicht so sehr mein Kindheitsidol wie mein konkretes Vorbild! Warum würde sich irgendjemand *nicht* wünschen, mit allen möglichen Tieren reden, mit den Elefanten diskutieren oder mit den Schimpansen in ihrer Sprache palavern zu können? Ich verschlang alle Bücher von Gerald Durrell und James Herriot und wollte unbedingt Tierarzt werden, bis ich mit 16 während eines kurzen Volontariats entdeckte, was hinter den Kulissen in unserer örtlichen Veterinärklinik los war. Was mich zu der Erkenntnis brachte, dass sich die gefühllosen Anforderungen für den Beruf des Tierarztes abgrundtief von den Fähigkeiten unterschieden, die ich besaß. Erst viel später fand ich eine Möglichkeit, meinen Drang zum Schreiben zu benutzen, um allen Wesen zugutezukommen, die mit Pelz, Federn und Flossen versehen sind.

Im Laufe meiner ausgiebigen und vielfältigen Begegnungen mit den verschiedensten Kreaturen kam mir niemals der Gedanke, dass auch nur eine von ihnen sich grundsätzlich von mir unterschied. Jeden Tag brauchen wir alle Nahrung, Wasser und nach Möglichkeit physisches Wohlbefinden. Genau wie wir versuchen sie, Schwierigkeiten jedweder Art zu vermeiden. Wir alle genießen es, Zuneigung zu zeigen und zu empfangen. Und ebenso haben wir alle unsere Macken und rebellischen Anwandlungen; im Fall von Toto, dem Nymphensittich, bedeutete dies, dass er zuweilen am frühen Abend stur in den höchsten Zweigen des Kirschbaumes hockte, wenn alles Locken und Rufen nichts brachte und nur ein gut gezielter Tennisball – natürlich sanft geworfen – ihn veranlasste, wieder herunterzufliegen.

Offene Fragen

Das Sterben meiner geliebten Tiergefährten war nicht nur ein Grund zur Trauer, sondern warf auch offene Fragen auf. Meine Eltern waren überzeugte Presbyterianer, und als ich unseren freundlichen Pfarrer nach dem Schicksal der armen Bugs fragte, meinem Kaninchen, das als Erstes starb, gab er mir eine Antwort, die mich beruhigen sollte, es aber nicht vermochte. Was ich hören wollte, war, dass Bugs glücklich im Himmel herumtollte, versorgt von kaninchenliebenden Engeln und den klein geschnittenen Kopfsalat mümmelnd, der ihr auf dem untersten Tablett eines himmlischen Teewagens serviert würde – ein Genuss, den sie bei uns zu Hause immer besonders geliebt hatte. Die Beteuerung unseres Pfarrers, wir könnten darauf vertrauen, dass Gott sich um alle seine Kreaturen kümmere, war von einer Vagheit, die mich verwirrte.

Es war eine Verwirrung, die auch anhielt, als ich älter wurde und feststellte, dass es in sämtlichen christlichen Traditionen keinen Konsens bezüglich des Seelenlebens der Tiere gibt. Was ich stattdessen fand, waren Ambivalenz und Widerspruch selbst im Hinblick auf die grundlegendsten Fakten, zum Beispiel ob Tiere eine Seele haben – ein verwirrendes Paradox angesichts der Tatsache, dass der Begriff »Tier« aus dem Lateinischen kommt (*animalis*), was bedeutet, »Seele« oder »Atem« zu haben. Als Jugendlicher stellte ich häufig empört die Frage, warum neben den scheinbar endlosen Litaneien des Alten Testaments darüber, wer wen begattet hat, der Herr der Schöpfung es nicht als notwendig erachtet hatte, ein Kapitel oder zwei den spirituellen Perspektiven der überwältigenden Mehrheit der Bewohner unserer Welt zu widmen, die allesamt nicht der Spezies *Homo sapiens* angehören.

Wenn die Religion keine Antworten bieten konnte, wie war es dann mit der Wissenschaft? Was hatten die größten Denker der westlichen Welt zu diesem wichtigen Thema zu sagen? Wie sich herausstellte, nicht sehr viel. Für den Großteil ihrer Geschichte hatte der Fokus der westlichen Wissenschaft auf der äußeren, messbaren Welt gelegen, während Forschungen im Bereich des Bewusstseins erst in den letzten Jahrzehnten ein Thema wurden. Und im Laufe der letzten 200 Jahre war der Materialismus die dominante Ideologie der Wissenschaft – was bedeutet, dass Materie das einzige ist, was existiert. In den Worten von Francis Crick, Mitentdecker des DNA und Gewinner des Nobelpreises: »Der Mensch, seine Freuden und Leiden, seine Erinnerungen und Ambitionen, sein Gefühl persönlicher Identität und freien

Willens, sind in Wahrheit nichts anderes als das Verhalten einer riesigen Ansammlung von Nervenzellen und ihrer dazugehörigen Moleküle …«[1]

Nicht alle Wissenschaftler würden diesen Worten zustimmen. Forscher, die im Bereich Quantenphysik arbeiten, würden fragen, ob die Funktionen des Geistes auf der Basis klassischer Mechanismen erklärt werden können. Wenn Materie darüber hinaus auch Energie ist, dann kann jegliche Erklärung, die nichtmaterielle Eigenschaften des Körpers ignoriert, unmöglich die ganze Geschichte wiedergeben.

Die breite Bewegung der letzten Jahre hin zu einem »grüneren«, gesünderen und bewussteren Leben führte zu einer noch nie dagewesenen Vielfalt an Forschungsstudien, Dokumentationen und Büchern, die sich auf Tiere und unsere Beziehung mit ihnen fokussieren. Eine neue Art von Tierexperten, zu denen Verhaltensforscher, Tierkommunikatoren und alternative Heiler gehören, haben sich mit Veterinären, Biologen und Umweltschützern zusammengetan. Dank ihrer Arbeit haben wir gelernt, dass die anderen Spezies, mit denen wir unseren Planet teilen, viele der Eigenschaften besitzen, die bis vor Kurzem als eindeutig menschlich angesehen wurden, und dass manche Tiere Kräfte besitzen, die wir als übermenschlich bezeichnen müssten, wenn sie von Menschen angewendet würden. Der IQ-Wert von Schweinen ist in etwa so hoch wie der von Schimpansen; sie leben in komplexen sozialen Gemeinschaften und zeichnen sich durch ein hohes Maß an Ichbewusstsein und Empathie aus, wenn sie die gleiche Emotion bei anderen Schweinen bemerken.[2] Elefanten zum Beispiel trauern und beklagen den Tod ihrer Familienmitglieder und sind bekannt dafür, wie sehr sie sich gegenseitig unterstützen.[3]

Delphine und andere Tiere aus der Familie der Wale haben die Fähigkeit, in 3D zu sehen. Hunde können unter anderem darauf trainiert werden, bei Diabetikern den gefährlichen Abfall des Blutzuckerspiegels zu bemerken; sie können vorab erkennen, wann jemand einen epileptischen Anfall haben wird; und sogar Blasenkrebs mit erstaunlicher Zuverlässigkeit feststellen.[4] Manche Katzen, Papageien, Pferde und Hunde haben bewiesen, dass sie genau voraussehen können, wann ihre menschlichen Gefährten auf dem Heimweg sind, und auch andere verblüffende Beispiele von Telepathie an den Tag gelegt.[5]

Wir erkennen in zunehmendem Maße, dass Tiere, nur weil sie nicht auf die gleiche Art kommunizieren wie wir, nicht weniger empfindungsfähig sind. Vielmehr sind sie denkende, fühlende Wesen mit der gleichen Fähigkeit zu Empathie und Egoismus, Wut und Mitgefühl, Angst und Selbstlosigkeit wie wir. Viele Tiere besitzen sensorische Fähigkeiten, die weit über die unseren hinausreichen.

Wir sind alle fühlende Wesen

In meinen frühen Dreißigern begann ich zu meditieren, um besser mit Stress umgehen zu können. Ich lebte damals in London und arbeitete in einer PR-Agentur, ein Umfeld, das stimulierend, aber unerbittlich war. Schon wenige Wochen nach Beginn meiner regelmäßigen Meditationspraxis begann ich ihre Vorteile auf eine Art zu fühlen, die weit über Stressmanagement hinausging. Begierig, mehr über die Theorie hinter dem einfachen morgendlichen Ritual zu erfahren, fühlte ich mich immer öfter zu Büchern über Buddhismus hingezogen, nachdem ich entdeckt hatte, dass Meditation das Herzstück dieser Tradition ist.

Eins führte zum anderen, und ich begann, mich näher mit dem Buddhismus zu beschäftigen. Das war in einer Zeit, als ich die Antworten auf Fragen fand, mit denen ich schon lange nicht mehr gerechnet hatte. Hier endlich bot sich eine Herangehensweise an das Thema Bewusstsein von Mensch und Tier, die einfach und direkt war und mit meinen eigenen Erfahrungen übereinstimmte. Während der Jahrtausende, in denen westliche

Gelehrte versucht hatten, die äußere Realität zu verstehen, hatten ihre Kollegen aus dem Fernen Osten das Gleiche im Hinblick auf die innere Realität getan, unter Anwendung der exakt gleichen Methoden, wie langfristiger, forensischer Beobachtung, rigorosen Überprüfens von Hypothesen, Expertengutachten und Diskussionen. Das Endresultat machte nicht nur als Theorie Sinn, sondern konnte zudem als praktische Basis für unsere eigene Erforschung des Geistes benutzt werden.

Ja, sagt die buddhistische Sichtweise, selbstverständlich haben Tiere ein Bewusstsein.

Und ja, ein Gedanke wird ganz automatisch von vorhergegangenen Gedanken auf eine bestimmte Weise beeinflusst, sodass wir fortwährend die Art und Weise beeinflussen, wie wir die Realität erfahren – ob uns das bewusst ist oder nicht. Darüber hinaus ist der Geist, der als ein Kontinuum von Klarheit und Erkenntnis definiert werden kann, von Natur aus nicht-materiell, sondern reine Energie, und existiert nach dem physischen Tod in einer subtilen Form weiter.

Neulinge im Bereich des tibetischen Buddhismus erwähnen häufig, dass viele der Lehren das Resultat von gesundem Menschenverstand zu sein scheinen, was eine beruhigende Basis für das weitere Eintauchen in diese Philosophie bietet. Doch die Lehren gehen weit über ein Anerkennen des Offensichtlichen hinaus. Für Tierliebhaber besonders interessant ist das Konzept von *Bodhichitta*, das mehr als alles andere die tibetische buddhistische Tradition von anderen unterscheidet. Zusammengesetzt aus zwei Sanskritworten – *bodhi*, was wach oder erleuchtet bedeutet; und *chitta*, Geist/Seele oder Herz – ist Bodhichitta der Geist der Erleuchtung und kann als der Wunsch definiert werden, Erleuchtung zu erlangen, um allen fühlenden Wesen zum höchsten Segen zu gereichen. Basierend auf Mitgefühl für das Leiden, das wir sowohl bei Menschen als auch Tieren sehen, besteht das eigentliche Anliegen der buddhistischen Praxis darin, unsere Bodhichitta-Absicht zu kultivieren, bis

sie zu einem spontanen und von Herzen kommenden Aspekt unseres Wesens wird.
Bodhichitta beschränkt sich nicht auf den Menschen, sondern ist explizit allumfassend. Selbst ein Ziel so ungeheuerlich, wie jedem Menschen auf dem Planeten den Zustand der Erleuchtung zu ermöglichen, wäre ungenügend: Es würde außer Acht lassen, dass allen Lebewesen dieselbe grundlegende Natur zu eigen ist. Wir sind alle fühlende Wesen.

Partner auf unserer Reise durchs Leben

Dieses Buch bezieht sich speziell auf Haustiere. Sie werden sich vielleicht fragen, warum ich nicht über Buddhismus in Beziehung zu *allen* Tieren schreibe?
Die grundlegenden Prinzipien, die ich in Kapitel Drei umreiße, können sowohl auf Ihren geliebten Tiergefährten als auch auf eine Herde Giraffen angewandt werden, die Sie auf einer Safari bestaunen, wie sie anmutig in den Sonnenuntergang schlendern. Was Haustiere von anderen Tieren unterscheidet, ist unser Verhältnis zu ihnen. Aus der buddhistischen Perspektive betrachtet ist die Tatsache, dass wir angesichts der Milliarden von Tieren auf der Erde unser Zuhause mit ein paar ausgewählten Wenigen teilen, kein Zufall. Das Prinzip von Ursache und Wirkung, oder Karma, besagt, dass Wesen, die uns in diesem Leben am nächsten stehen, jene sind, mit denen wir in der Vergangenheit eine besonders starke Verbindung hatten.
Unabhängig von unserem jeweiligen Glaubenssystem bietet das stetige Zusammenleben mit unseren Haustieren einen viel größeren Spielraum für die gegenseitige Beschäftigung miteinander als die relativ seltenen Momente, die wir zum Beispiel in der Gegenwart von Berggorillas in den nebligen Höhen von Zentralafrika erleben, wie kostbar diese Momente auch immer sein mögen. Unsere Haustiere sind 24 Stunden am Tag Teil unserer

Welt. Manchmal verbringen wir sogar mehr Zeit mit ihnen als mit unseren engsten Freunden.

Oberflächlich betrachtet mag es den Anschein haben, dass Menschen ihren Tieren Nahrung, Obdach und gemeinsame Spaziergänge bieten im Austausch für Zuneigung und – im Fall von Hunden – vielleicht auch für Sicherheit. Aber wir müssen nicht zu tief schürfen, um zu erkennen, dass unsere Beziehung zu Haustieren viel komplexer ist, als dieser einfache Austausch nahezulegen scheint. Was wäre, wenn unser emotionales Wohlbefinden von unserer Achtsamkeit, Offenheit, Großzügigkeit, Belastbarkeit und Spontaneität abhängt, wie es Psychologen behaupten? Und bieten uns Haustiere nicht reichlich Gelegenheit, um diese Qualitäten jeden Tag zu kultivieren? Zählen sie nicht, entsprechend dieser Sichtweise, zu unseren aktivsten und wichtigsten Verbündeten, wenn es darum geht, unser Wohlbefinden zu steigern?

Die positive Wirkung von Haustieren wird heute beispielsweise in Seniorenheimen genutzt, wo die in Aufenthaltsräumen sitzenden, vor sich hin vegetierenden, unbeteiligten Bewohner durch das Erscheinen eines zu Besuch kommenden Golden Retrievers oder einer Therapie-Katze zu neuem Leben erwachen. Die bloße Gegenwart eines Haustieres kann eine innere Leichtigkeit, Freude und ein Gefühl der Verbundenheit hervorrufen sowie dazu einladen, selbst auf eine Weise unbefangen zu sein, die einzigartig und wundervoll ist.

Für diejenigen unter uns, die anderen nicht nur helfen möchten, einfache Zufriedenheit zu finden, sondern ihr höchstes Potenzial zu verwirklichen, sind die Haustiere in unserem Leben von einer buddhistischen Perspektive aus gesehen ein kostbares und ehrfurchtgebietendes Privileg. Wie ich auf den folgenden Seiten näher ausführen werde, gibt es jede Menge Praktiken, die eine nachhaltige Wirkung auf das Bewusstsein unserer geliebten Tiere erzielen. Diese reichen von fortwährenden Aktivitäten – zum Beispiel jeden Tag bewusst für unsere Tiere da zu sein und mit wirkungsvollen Mantras positive Assoziationen zu erzeugen – bis zu der einzigartigen Gelegenheit, die uns der Tod eines geliebten Haustieres bietet. Hier haben wir die Chance, sie bei diesem transformativen Prozess zu begleiten und ihnen zu helfen, das bestmögliche Resultat zu erreichen.

Ich beziehe mich in diesem Buch verstärkt auf Hunde und Katzen, was ihre Beliebtheit als Haustiere und die Intensität unserer Erfahrung, eng mit ihnen zusammenzuleben, widerspiegelt. Es ist wichtig zu wissen, dass genau die gleichen Prinzipien und Praktiken auch für den Umgang mit anderen Tieren gelten. Mäuse, Hamster, Ratten und andere Nagetiere sind ein wichtiger Teil unserer umfassenderen Familie der Säugetiere. Es ist beeindruckend zu sehen, dass der Grund, warum in der Regel Ratten als Testobjekte bei Laborversuchen dienen, genau darin besteht, dass ihre physiologischen Funktionen den unseren so sehr ähneln. Herzkranken Menschen werden routinemäßig die Herzklappen von Schweinen eingesetzt. Wir sind alle aus dem gleichen Stoff gemacht.

Kaninchen und Meerschweinchen können liebevolle, anhängliche Haustiere sein. Hängebauchschweine werden von ihren Besitzern verehrt. Und die sehr enge Beziehung mancher Menschen zu Pferden zeigt, dass weder Form noch Größe wichtig ist, sondern in erster Linie die Seele.

Die Komplexität von Vogelhirnen wird erst in letzter Zeit allmählich verstanden – die Beleidigung »Spatzenhirn« könnte nicht irreführender sein. Unsere Vogelfreunde sind ohne Frage ebenso fühlende Wesen wie wir. Und wenn auch weniger häufig über liebevolle, freundschaftliche Verbindungen mit Fischen oder Reptilien berichtet wird, bedeutet die bloße Tatsache, dass auch sie ein Bewusstsein besitzen, dass wir ihnen helfen können, wenn vielleicht auch nicht in dem Maße wie jenen Wesen, mit denen wir eine emphatischere Beziehung haben.

Müssen Sie daran glauben, dass das Leben nach dem Tod in irgendeiner Form weitergeht, um die Anleitungen in diesem

Buch sinnvoll zu finden? Müssen Sie das Konzept von Karma akzeptieren – das Prinzip, dass alle Aktionen sich auf die Seele des Agierenden auswirken, egal ob Mensch oder Tier? Müssen Sie sich die Idee der Wiedergeburt oder andere Aspekte des fernöstlichen Mystizismus zu eigen machen, die Sie eventuell als bizarr oder zumindest verwunderlich empfinden?

Nein. Sie müssen gar nichts glauben. Sie benötigen lediglich einen offenen Geist.

Die materialistische Theorie, dass Bewusstsein ein Produkt des Gehirns ist, kann ebenso wenig bewiesen werden, wie die Vorstellung, dass das Bewusstsein von Ursache und Wirkung widerlegt werden kann. Wenn Ihnen das eine oder andere dieser Konzepte neu ist, kann es eine Zeit lang dauern, bis es Ihnen verständlich erscheint.

Einer der aufregendsten Aspekte des tibetischen Buddhismus besteht darin, dass es eine lebendige Tradition ist. Hier und jetzt in unserer Mitte leben Lamas und spirituelle Meister, wie zum Beispiel meine eigenen hoch verehrten Lehrer, Geshe Acharya Thubten Loden, Acharya Zasep Tulku Rinpoche und Les Sheehey: Sie praktizieren, was sie lehren. Je mehr Zeit man mit ihnen verbringt, desto offensichtlicher und einleuchtender erscheint diese Tradition der Weisheit. Texte und antike Schriften sind schön und gut, doch was sie für Buddhisten so wertvoll und real macht, ist die Art, wie sie das Leben anderer transformieren kann – und somit auch unser eigenes.

Für viele von uns gehören Haustiere zu der Handvoll von Lebewesen, die auf unserer Reise durchs Dharma unsere engsten Gefährten sind. Wahrscheinlich messen wir diesen Beziehungen daher schon jetzt eine so große Bedeutung zu. Auf den folgenden Seiten versuche ich zu beschreiben, welche Möglichkeiten wir haben, diese Beziehungen noch unvorstellbar wertvoller zu gestalten. Wie wir mit der Liebe und Freude arbeiten können, die wir bereits in diesen sehr speziellen Beziehungen empfinden, um sowohl die Entwicklung unserer Haustiere als auch unsere eigene zu fördern und zu bereichern. Wie der einfache Wunsch, unsere geliebten Haustiere glücklich zu machen, in Verbindung mit Bodhichitta zur höchsten Erleuchtung sowohl unserer Lieblinge als auch von uns selbst führt.

Was ist damals mit Bugs passiert, meinem geliebten Kaninchen? Am meisten bereue ich, dass ich zu jener Zeit nicht wusste, was ich heute weiß, sonst hätte ich ihr viel mehr helfen können. Aber ich habe volles Vertrauen, dass ihr Geist weiterhin nach außen strahlt. Durch unsere enge Verbindung habe ich die Chance, ihr Gutes tun zu können, und je schneller ich mich auf meiner eigenen Reise durchs Leben weiterentwickle, desto schneller werde ich ihr von Nutzen sein.

Es ist gut möglich, dass wir eines Tages in der Lage sind, uns als zwei Wesen beim Nachmittagstee im Himmel zu manifestieren, über die Zeit zu scherzen, als einer von uns ein Kaninchen und der andere ein Mensch war – und es mit der Zeit vergleichen, als es genau andersherum war.

Oder vielleicht ist Bugs bei mir, genau jetzt, während ich diese Worte schreibe, zusammengerollt am anderen Ende meines Schreibtischs, wenn auch momentan in Gestalt meiner Schildpatt-Katze, leise schnurrend …

KAPITEL EINS

Wie Hunde und Katzen in unser Leben kamen

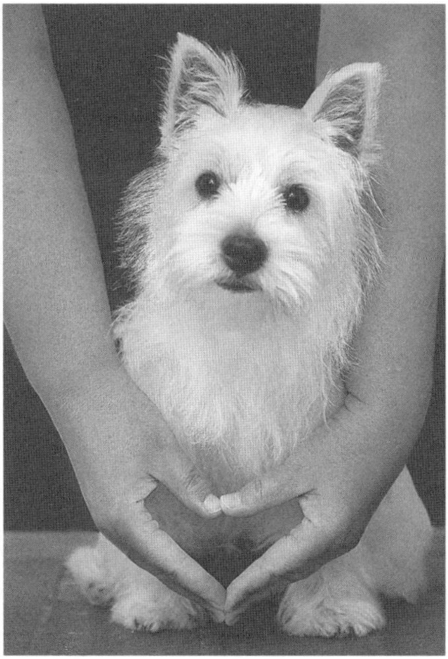

Abby, ein vier Monate alter West Highland Terrier, trug dazu bei, dass das Herz ihrer Besitzerin wieder heilte, die ihren vorigen Liebling durch Krebs verloren hatte. Abby ist ein süßes Hundebaby, das nichts so sehr liebt wie Schuhe – um sie zu zerkauen!

ALEX CEARNS/HOUNDSTOOTH STUDIO

Oft betrachten wir die Anwesenheit von Haustieren in unserem Leben als eine Selbstverständlichkeit. Doch für den Großteil der 200 000 Jahre, seit denen Menschen die Erde bevölkern, war unser Leben nicht auf die Weise mit dem anderer Spezies vermischt, wie es mittlerweile der Fall ist.
Um zu verstehen, an welchem Punkt wir uns heute befinden, ist es hilfreich, einen kurzen Blick darauf zu werfen, wo wir hergekommen sind. Wie wir und unsere engsten Gefährten – insbesondere unsere beliebtesten Haustiere, Hunde und Katzen – überhaupt Kontakt aufgenommen haben. Die Herausforderungen, denen unsere Beziehungen sich im Lauf der Zeit stellen mussten. Und wie wir seit Kurzem Zeuge des gemeinsamen Bestrebens von Kognitionswissenschaftlern, Neurobiologen, Ethnologen, Verhaltensforschern und anderen Wissenschaftlern werden, die faszinierende und multidimensionale Welt des Tierbewusstseins zu erforschen.

Des Menschen bester Freund

Hunde sind erst spät in unsere Leben getreten, vor ungefähr 15 000 Jahren. Damals waren wir steinzeitliche Höhlenbewohner, und sie waren Wölfe. *Canis lupus* ist der lateinische Name für den Wolf, und der heutige Hund, *Canis lupus familiaris*, ist genetisch fast identisch. Ich staune zuweilen über die Tatsache, dass die kleine Trixabelle, die verwöhnte Chihuahua-Dame mit dem diamantbesetzten Halsband, eigentlich ein Miniaturwolf ist. Der Begriff *familiaris* in dem lateinischen Namen für Hund liefert den Schlüssel, warum Trixabelle, anders als irgendein anderer Wolf, beim Shoppen in einer Prada-Handtasche spazieren getragen wird. Irgendwann in der lange zurückliegenden Vergangenheit freundeten sich die Wölfe, die in der Nähe steinzeitlicher Höhlenansiedlungen herumlungerten, um an verkohlten Resten zu knabbern, mit unseren Vorfahren an. Vielleicht waren es die ersten »Rettungshunde« der Geschichte, die den Anstoß für die Integration der Wölfe in die menschliche Gesellschaft gaben. So schwer wir es uns heute vielleicht vorstellen können, Tatsache ist, dass Wölfe bis vor nicht allzu langer Zeit weitverbreitet waren. Allein in den USA und Mexiko streunten vor der Ankunft der Europäer Schätzungen nach eine Million Wölfe auf dem Kontinent herum. Bis 1930 wurden 95 Prozent von ihrem angestammten Land vertrieben oder ausgerottet.[1]

Falls die Wölfe den Domestizierungsprozess initiiert haben und zum besten Freund des Menschen wurden, kamen ihnen diverse wichtige hundeähnliche Fähigkeiten dabei zugute. Hunde sind natürliche Alarmsysteme und Beschützer, die ihre Menschenfamilie auf die Ankunft anderer Menschen und potenzieller Übeltäter aufmerksam machen. Sie sind Spielgefährten für Kinder, lebende Aufräumkommandos für Höhlen und Hütten, Quellen der Wärme in kalten Winternächten, Spurensucher und Führer auf der Suche nach Nahrung, nicht zu vergessen die geborenen Jagdgefährten.

In freier Wildnis müssen Wölfe eingestimmt sein auf den Fokus der anderen Mitglieder ihres Rudels. In gleicher Weise wissen Hunde genau, worauf sich die Aufmerksamkeit eines Menschen richtet. Werfen Sie einen Stock zum Portieren, bevor Sie sich in eine andere Richtung bewegen, wird der Hund mit dem Stöckchen dahin zurückkehren, wo Sie jetzt sind. Ohne Training wird ein Hund verstehen, was Sie meinen, wenn Sie auf etwas zeigen – ein nonverbaler Hinweis, dem sogar einige Primaten nicht folgen können.

ERFAHRENE KÖRPERSPRACHE-EXPERTEN

Neuere Forschungen von Charlotte Duranton an der Marseille University bestätigen, dass Hunde Experten sind, wenn es darum geht, die Körpersprache oder nonverbale Kommunikation ihrer Besitzer richtig zu interpretieren. In einem in der Zeitschrift

Animal Behaviour erschienenen Artikel erklärt Duranton, wie Hunde die Signale ihrer Besitzer studieren, um zu entscheiden, ob ein Fremder Freund oder Feind ist. Wenn Hundebesitzer sich von einem Fremden zurückziehen, sehen die Hunde den Fremden auffallend früher an und nehmen sich viel mehr Zeit, sich ihm zu nähern, als wenn ihre Besitzer direkt auf den Fremden zugehen. Zudem interagieren Hunde mehr mit ihren Besitzern, wenn diese sich zurückziehen, als wenn sie es nicht tun.[2]

Eine andere Studie, durchgeführt von den Psychologinnen Deborah Custance und Jennifer Mayer vom Goldsmiths College in London, bewies zudem, dass Hunde nicht nur die Gefühle von Menschen erkennen, sondern sie auch mit ihnen teilen, wenn sie bekümmert oder verzweifelt sind. Anhand eines angepassten Verfahrens, das zum Messen von Empathie bei Menschen angewandt wird, testeten sie achtzehn Hunde in den Wohnungen ihrer Besitzer. Dabei saßen der Hundebesitzer und ein Fremder immer in knapper Entfernung voneinander und führten eine Folge von Aktivitäten durch – sprechen; so zu tun, als würden sie weinen; oder auf ungewöhnliche Art summen – während sie gefilmt wurden.

Das Weinen war natürlich das Verhalten, das Empathie enthüllen würde. Falls der Hund durch das Weinen aufgewühlt war, könnte die Hinwendung zu seinem Besitzer einfach als der Wunsch nach Trost für sich selbst interpretiert werden. Doch wenn der Fremde weinen würde, vorausgesetzt der Hund hat keine Beziehung zu ihm, gäbe es für ihn keinen Grund, die Hand des Fremden zu beschnüffeln, seinen Kopf in dessen Schoß zu legen oder andere tröstende Verhaltensformen zu zeigen.

Die Forscherinnen stellten fest, dass Hunde, genau wie Menschenbabys, sowohl auf ihnen unbekannte Personen als auch auf ihre Besitzer zugehen, wenn diese so aussehen, als wären sie traurig, selbst wenn sie bisher keine Verbindung zu ihnen hatten. Mit anderen Worten, Hunde sind nicht nur zu Empathie, sondern generell zu Sympathie und Anteilnahme fähig.[3]

Wenn diese Ergebnisse Hundeliebhabern auch wie eine selbstverständliche und offensichtliche Tatsache erscheinen mögen, ist es von Bedeutung, dass Forscher überhaupt die Wahrnehmungsfähigkeit von Hunden studieren. Nur eine Generation früher hätte der Konsens gelautet, dass Hundewahrnehmung ein Ding der Unmöglichkeit sei, weil nach Meinung der meisten Menschen Hunde nicht denken können, ganz zu schweigen zu komplexen Affektzuständen wie Empathie fähig sind.

Einer der positiven Aspekte des digitalen Zeitalters ist die Möglichkeit, Geschichten und Erfahrungen schnell mit anderen zu teilen. Ich war fasziniert von einer Geschichte über die unglaubliche Wahrnehmungsfähigkeit von Hunden, die in den Medien zitiert wurde und bei der es darum ging, wie ein Hund in New Jersey das Leben seines schwerkranken Besitzers rettete, indem er ein Fenster eindrückte, um Passanten zu alarmieren. Im Haus eingesperrt mit dem Mann, der seit Längerem bettlägerig war, hörte der Hund, wie zwei Frauen miteinander redeten, und um ihre Aufmerksamkeit zu erregen, zerbrach er mit seinen Pfoten eine Fensterscheibe. Die Frauen gingen auf das Haus und den offensichtlich aufgewühlten Hund zu. Als auf ihr Rufen und Klopfen von drinnen keine Antwort kam, riefen sie den Notarzt, und bald darauf wurde der Hundebesitzer in die Notaufnahme gebracht, was seine Rettung war.[4]

Eine andere Geschichte handelt davon, wie ein Paar in Livonia, New York, in einem Park einen herrenlosen Golden Retriever rettete, der halb verhungert war, ihn mit nach Hause nahm und Teddy nannte. Ein Jahr später wachte die Frau eines Nachts auf, weil Teddy nach oben in ihr Schlafzimmer gekommen war, wobei er normalerweise unten schlief. Im nächsten Moment bemerkte die Frau Rauch. Sie schüttelte ihren Verlobten wach, und die beiden, zusammen mit ihren zwei Söhnen und dem Golden Retriever, rannten nach draußen. Zehn Minuten später war das Haus, in dem sie so tief geschlafen hatten, zu einem Feuerball geworden.[5]

Nach und nach werden wir uns der vielen Fälle bewusst, in denen wachsame Hunde auf ihre Besitzer eingestimmt sind und klare Beweise von Intelligenz und Verständnis zeigen, sowie die Fähigkeit, schnell und mitfühlend zu handeln. Gesichtsausdrücke und andere nonverbale Kommunikationsformen lesen zu können gehört zu den Möglichkeiten, wie sie uns verstehen. Darüber hinaus jedoch gibt es eine andere Fähigkeit, die fast alle Hundeliebhaber früher oder später erleben: Hunde scheinen in der Lage zu sein, sich in telepathischer Weise auf unsere Gedanken einzustimmen.

HUNDE-TELEPATHIE

Wie oft kommt es vor, dass Sie aus dem Fenster schauen, sehen, dass das Wetter schön ist, beschließen, dass ein Spaziergang jetzt genau das Richtige wäre, und wenn Sie sich umdrehen, merken Sie, dass Ihr Vierbeiner sich plötzlich aus einer anderen Ecke des Hauses neben Ihnen »materialisiert« hat? Eventuell sogar mit seiner Leine im Maul? Oder vielleicht haben Sie schon mal das Gegenteil erlebt: In der Absicht, an diesem Morgen rechtzeitig für einen Impftermin beim Tierarzt zu sein, suchen Sie nach Ihrem Hund, nur um festzustellen, dass er weiß der Himmel wohin verschwunden ist?

Dies sind ziemlich typische Beispiele von Hunde-Telepathie, ein Konzept, das bis vor Kurzem einer objektiven Bestätigung trotzte. Der Biologe Rupert Sheldrake war schon lange bereit, Wege zu beschreiten, Telepathie bei Tieren zu beweisen, vor denen andere zurückwichen. Sheldrake studierte Naturwissenschaften an der Cambridge University, wo er seinen Doktor in Biochemie machte; war als Studiendirektor im Bereich Zellbiologie Mitglied des Clare College in Cambridge; und ist gegenwärtig Mitglied des Instituts für noetische Wissenschaften in Kalifornien. Er hat in Zusammenarbeit mit anderen Wissenschaftlern kontrollierte Versuche entwickelt, die beispielsweise das Phänomen untersuchen, dass manche Hunde zu wissen scheinen, wann ihre Besitzer nach Hause kommen. Ein Versuch, der von Wissenschaftlern an anderen Instituten wiederholt wurde. Ihm lagen Berichte mehrerer Familien vor, die sagten, dass ihre Hunde von ihrem Ruheplatz aufstehen und in Erwartung der Rückkehr ihres Besitzers zur Tür oder auf die Terrasse gehen. Dies veranlasste Sheldrake zu testen, ob es sich hierbei tatsächlich um Telepathie handelte oder einfach nur um eine Gewohnheit.

Hundebesitzer, die an dem Experiment teilnahmen, wurden aufgefordert, ihren Arbeitsplatz zu unregelmäßigen Zeiten zu verlassen und mit unterschiedlichen Transportmitteln nach Hause zurückzukehren, während Videokameras, die in ihren Häusern installiert wurden, das Verhalten des Hundes aufzeichneten. Immer wieder stellte sich heraus, dass die Hunde tatsächlich spürten, was mit ihren Besitzern passierte. Ein Muster wurde offensichtlich, was bewies, dass unabhängig von dem Zeitpunkt, an dem der Besitzer seinen Arbeitsplatz verließ, oder wie lange der Heimweg dauerte, es stets die *Absicht* des Besitzers war, nach Hause zu gehen, die den Hund dazu brachte, aufzustehen und darauf zu warten, dass sich die Haustür öffnete.[6]

Weiterführende Studien wurden von neuen Generationen von Wissenschaftlern durchgeführt, in dem Versuch, die Natur der telepathischen Kommunikation zwischen Mensch und Tier zu verstehen. Die Beziehungen, die uns mit unseren Haustieren verbinden, können kaum als etwas rein Mechanisches erklärt werden. Genau wie bei unseren kostbarsten menschlichen Beziehungen ist das, was uns am stärksten zusammenhält, die emotionale Verbindung, die wir teilen, das Verständnis, die Empathie und der Wunsch, den anderen glücklich zu sehen – etwas, das weit über Worte oder Begrifflichkeiten hinausgeht und uns auf einer tieferen Ebene verbindet.

Vor Kurzem hörte ich eine Geschichte aus Westaustralien über einen Hund, der als Spielgefährte und Freund einem jungen

Mann ergeben war, der irgendwann die Entscheidung traf, als Soldat im Zweiten Weltkrieg zu kämpfen. Nach der Grundausbildung wurde der Soldat nach Europa in eine unbekannte Zukunft geschickt. Eines Nachts, ohne irgendeinen erkennbaren Grund, sprang der Hund von seinem Schlafplatz auf und begann, auf die erschütterndste Weise zu heulen, bevor er in die Nacht hinausrannte. Er wurde nie mehr gesehen.

Die Familie des Mannes war total entsetzt – nicht nur aufgrund dessen, was passiert war, sondern weil sie intuitiv wussten, was es bedeutete.

Zwei Tage später erhielten sie ein Telegramm mit der Bestätigung, dass ihr Sohn und Bruder im Kampf gefallen war.

Dann kamen die Katzen

Es gibt Beweise dafür, dass Katzen erst vor 10 000 Jahren ihren Platz in der menschlichen Gesellschaft eingenommen haben. Menschen hatten sich zuerst von Jägern und Sammlern zu Bauern entwickeln müssen, bevor eine sinnvolle Aufgabe für Mietzen gefunden werden konnte, die sich umgehend die Rolle des obersten Kammerjägers aneigneten.

Die ersten Bauern, die ihre Ernte in Kornkammern aufbewahrten, müssen bald entdeckt haben, dass ihre Ernte die unerwünschte Aufmerksamkeit von Nagetieren anzog, die wiederum das Interesse wilder Katzen weckten. Unsere steinzeitlichen Ahnen müssen bei Katzen die überlegenen Fertigkeiten bei der Verfolgung von Ratten und Mäusen, dem geduldigen Warten und stillen Auflauern beobachtet und sie als einen natürlichen Verbündeten identifiziert haben. Ein Verbündeter, der es mit Sicherheit wert war, ihm ein paar Fleischreste zu opfern, wenn das bedeutete, dass er in der Nähe blieb und half, die nächste Ernte zu schützen. Über Tausende von Jahren lebten Katzen weiterhin an der Peripherie der menschlichen Gesellschaft, so lange toleriert, wie sie einen sinnvollen Zweck erfüllten. Ähnlich wie bei Hunden kann man davon ausgehen, dass die Domestizierung willkürlich und an verschiedenen Orten ihren Anfang nahm, als Katzen nicht mehr bloße Dienstleister waren, sondern darüber hinaus die Zuneigung der Menschen weckten.

Der erste unumstößliche Beweis, dass Katzen domestiziert wurden, findet sich in der ägyptischen Kunst vor drei- bis viertausend Jahren – offensichtlich fast immer in den Häusern von Adelsfamilien. Ägyptische Aristokraten hegten eine große Vorliebe für Katzen. Ein königlicher Spross, Kronprinz Thutmose, der Sohn von Pharao Amenhotep III., war seiner Katze Osiris, Ta-Miaut (Osiris, die weibliche Katze) so hingegeben, dass er sie nach ihrem Tod einbalsamieren und in einen Sarkophag betten ließ, auf dem das poetische Geständnis eingraviert war: »Ich widersetze mich dem Himmel und allem, was sich dort befindet. Ich selbst habe meinen Platz unter den Unsterblichen im Himmel. Denn ich bin Ta-Miaut, die Glorreiche.«

HEILIGE TIERE

Die den Katzen angeborene Fähigkeit, die metaphysische Vorstellungskraft des Menschen anzuregen, ist für ihre Spezies sowohl ein Segen als auch ein schrecklicher Fluch gewesen. Bastet, eine katzenköpfige Göttin, wurde von den Ägyptern bereits im dritten Jahrtausend vor Christus verehrt. Sie wurde mit Fruchtbarkeit, weiblicher Sexualität und der »guten Mutter« assoziiert – Qualitäten, die den meisten domestizierten Katzen zu eigen sind. Im Laufe der Zeit fand Bastet ihren Weg in die griechische Mythologie als Artemis, die griechische Mondgöttin; in der römischen Mythologie ist sie als Diana, Göttin der Jagd, der wilden Tiere sowie der Geburt und Jungfräulichkeit bekannt. Als Geschöpfe der Nacht scheint es vollkommen angemessen, dass Katzen seit frühester Zeit so eng mit dem Mond und seiner Symbolik verbunden wurden.

Herodot, der griechische Historiker aus dem fünften Jahrhundert vor Christus, lässt keinen Zweifel über die Verehrung aufkommen, die Ägypter ihren Katzen zukommen ließen. Wenn eine Hauskatze starb, war es ganz normal, dass sich jedes Mitglied der Familie aus Respekt die Augenbrauen abrasierte. Außerdem war das jährliche Bubatis-Fest – zu Ehren von Bastet – das freudigste und aufwendigste des ägyptischen Kalenders, und »in diesen Tagen wurde mehr feuriger Saft der Trauben getrunken als im ganzen Rest des Jahres. So war es bei diesem Fest üblich: Und es wird gesagt, dass bis zu 700 000 Pilger zur gleichen Zeit das Fest der Bastet feierten.«[7]

Eine ungewöhnlich große Party, selbst gemessen am heutigen Standard!

Während die Verehrung der Katzen in Ägypten weiterhin existierte, stellt die Göttin Bastet wahrscheinlich den Höhepunkt dar, da diese Verehrung bald darauf eine ganz andere, abscheuliche Form annahm. Katzen wurden zu »heiligen Tieren«, die man züchtete, tötete, mumifizierte und den Göttern opferte.

Die Züchtung heiliger Tiere war im alten Ägypten ein äußerst einträgliches Geschäft, und Archäologen haben in der Nähe von Tempeln die Überreste großer Katzenzuchten gefunden, zusammen mit riesigen Mengen von Katzenknochen. Diese extreme Verehrung einer Katzengöttin, kombiniert mit der Bereitschaft, mumifizierte Katzen zu opfern, war eine verstörende Gegensätzlichkeit in der Einstellung zu Katzen, die jahrhundertelang durch die Geschichte geisterte, und dies zum Teil auch heute noch tut.

KATZEN ALS HEXENWESEN

In Europa waren Katzen bis ins Mittelalter hinein als Kammerjäger geschätzt und wurden von vielen als Haustier verehrt, doch existierte gleichzeitig das ständige Raunen um ihre Verbindungen mit den okkulten Mächten. Als Lieblingshaustier älterer Frauen in einer Ära von Analphabetismus und Ignoranz wurden Katzen nur allzu oft in die Rolle von »Hexenwesen« gezwungen; Geister, die Tierform angenommen hatten, um einer Hexe bei ihren Zaubereien zu helfen. Die jeweilige Zauberei galt nicht immer als etwas Bösartiges, doch angesichts der heidnischen Wurzeln der Verehrung der Mutter-Göttin war das Ganze mit Sicherheit nicht christlich.

Vielleicht haben einige der älteren Frauen – so wie viele Senioren heute – intuitiv die mysteriösen, jedoch wissenschaftlich bestätigten Eigenschaften von Katzen verstanden, unser physisches Wohlergehen zu unterstützen. Es hat sich gezeigt, dass der Rhythmus, in dem Katzen schnurren, Knochen und Muskeln heilt – ein Grund, warum sie es tun. Einfach nur zu hören, wie eine Katze schnurrt, ist herrlich entspannend. Diese Qualität mag einer der Gründe sein, warum bei Katzenbesitzern das Risiko, an einer Herzerkrankung zu sterben, 30 bis 40 Prozent geringer ist als bei Menschen, die keine Katzen in ihrem Haus haben, wie eine langfristige Studie des Stroke Instituts an der University of Minnesota herausgefunden hat.[8] Eine wahrhaft außerordentliche Statistik!

Heute mag es leicht sein, den Hass auf Katzen im Mittelalter als Aberglauben zu verachten, doch war er damals so weitverbreitet und fest in den Köpfen der Menschen verankert, dass Papst Gregor IX. im Jahre 1233 eine päpstliche Bulle herausgab, die Katzen generell und schwarze Katzen im Besonderen mit Satan in Verbindung brachte und ihre Ausrottung forderte. Nach Aussage des Katzenexperten John Bradshaw wurden »im Laufe der nächsten 300 Jahre Millionen von Katzen gequält und getötet, zusammen mit Hunderttausenden ihrer vorzugsweise weiblichen Besitzerinnen, die der Hexerei verdächtigt wurden. Die Katzenbevölkerung in den Städten wurde stark dezimiert.«[9]

Die Amerikaner teilten genau die gleichen Vorurteile, wie die Hexenprozesse von Salem in den Jahren 1692–93 zeigten, bei denen es ebenso um Berichte von bösartigen und schikanösen

Geistern ging, die sich selbst in die Form unterschiedlicher Katzenwesen verwandelten.
Erst nach der Ära der Aufklärung gelang es Katzen, ihren satanischen Ruf abzuschütteln und, zusammen mit den Hunden, ihren Platz in den Palästen europäischer Königsfamilien einzunehmen, den ersten Adressen jener Zeit.

KATZEN UND NICHT-VERBALE KOMMUNIKATION

Katzen sind ebenso erfolgreich gewesen wie Hunde, wenn es darum ging, Teil unseres alltäglichen Lebens zu werden. So wie Hunde haben auch sie sich uns angepasst, und nicht umgekehrt; und obwohl es bei manchen Katzen den deutlichen Anschein hat, dass sie diese Anpassung nur mit größtem Widerwillen zulassen, hat dieser Eindruck wesentlich mehr mit unserer eigenen Projektion zu tun als mit irgendetwas anderem!
Katzen, anders als Hunde, sind keine Rudeltiere. In der Wildnis leben männliche Katzen allein, während weibliche Katzen, zusammen mit ihren männlichen Jungen, eher kleine Gruppen bilden. Ihr Überleben basiert nicht auf Zusammenhalt, sondern auf Rivalität und Wettkampf. Die eigenen Gedanken und Gefühle zu verbergen ist daher Teil des evolutionären Erbes einer Katze. Doch wie jeder Katzenliebhaber weiß: Selbst wenn es rätselhaft erscheint, was Katzen beobachten, denken und fühlen, wäre es ein Fehler zu unterschätzen, was jenseits ihres scheinbar unbeteiligten Äußeren in ihrem Inneren vor sich geht.
Von Isabella Merola und ihren Kollegen an der Universität von Mailand durchgeführte Studien wollten herausfinden, ob Katzen bezüglich neuer und ungewohnter Objekte emotionale Informationen von ihren Besitzern suchen, um ihr eigenes Verhalten festzulegen – ähnlich der Studie an einer früheren Stelle dieses Kapitels, wo es um Hunde ging. Vier von fünf Katzen schauten auf ihre Besitzer, wenn sie mit einem unbekannten Objekt konfrontiert wurden – ein ähnliches Ergebnis wie bei Hunden. Den

Großteil der Zeit mögen unsere Katzen ein Pokerface zeigen, doch können wir sicher sein, dass sie unsere Reaktionen sehr genau beobachten und darauf reagieren.[10]
Eine Untersuchung, durchgeführt von dem Tierverhaltensforscher John Bradshaw, zeigt, wie exakt diese Beobachtungen sind. Bradshaw wollte herausfinden, ob an der Legende etwas dran ist, dass Katzen sich magnetisch zu Menschen hingezogen fühlen, die Katzen nicht mögen oder allergisch auf sie sind, und sofort versuchen, ihnen auf den Schoß zu springen. Nachdem er sowohl mehrere Katzenphobiker als auch Katzenliebhaber ausgewählt hatte – allesamt männlich, weil Bradshaw keine katzenhassenden Frauen finden konnte – wurden sie aufgefordert, sich auf eine Couch zu setzen und sich nicht zu bewegen, auch wenn eine Katze versuchte, sich auf ihren Schoß zu setzen. An dem Experiment nahmen mehrere unterschiedliche Katzenarten teil.
Bradshaw sagt dazu:

»Die Katzen ihrerseits schienen innerhalb von Sekunden, nachdem sie den Raum betreten hatten, die Einstellung der Menschen zu spüren. Selten gingen sie auf die Katzenphobiker zu, sondern zogen es vor, in der Nähe der Tür zu sitzen und sie nicht anzuschauen. Es war unklar, wie die Tiere den Unterschied zwischen den beiden Typen von Männern erkannten: Vielleicht konnten sie spüren, dass die Katzenphobiker angespannter waren, oder anders rochen, oder nervöse Blicke auf die Katzen warfen. Nichtsdestotrotz zeigten die Reaktionen der Katzen, dass sie äußerst einfühlsam waren, wenn sie jemanden zum ersten Mal begegneten.«

Es gab jedoch eine Katze, die zwecks Streicheleinheiten Katzenphobiker auswählte, auf ihren Schoß sprang und laut schnurrte. Zeichen einer perversen Ader?! Bradshaw nimmt an, dass Katzen wie diese einen nachhaltigen Eindruck auf Katzenphobiker machen, was der Grund ist, warum der Mythos des Katzenhassers, der unerwünschte katzenhafte Aufmerksamkeit auf sich zieht, nach wie vor besteht.[11]

KATZEN MIT ÜBERSINNLICHER BEGABUNG

Katzen mögen erfahrene Leser von Körpersprache sein, doch wie steht es mit ihrer Fähigkeit, sich auf die Wellenlänge ihrer Besitzer einzustimmen? Wie ihre sehr schmerzhafte Beziehung mit Menschen im Laufe der Jahrhunderte nahelegt, scheinen Katzen seelisch mehr mit uns verbunden zu sein als Hunde.

Als ich auf meiner Webseite nach Katzenliebhabern suchte und um alle erdenklichen Geschichten bat, die mit dem »Bewusstsein« ihres Tiergefährten zu tun haben, wurde ich mit Geschichten über Katzen regelrecht überschwemmt.

Aus Kapstadt, Südafrika, erzählte Belinda Joubert die Geschichte, wie sie eines Tages die »dunkle Nacht der Seele« durchlebte und weinend vor ihrem Computerbildschirm saß. Plötzlich kam ihr Russisch-Blau-Kater, Victory, ins Zimmer:

»Er sprang auf meinen Schreibtisch, setzte sich auf die Tastatur und schaute mit seinen sanften, aber intensiven grünen Augen direkt in die meinen. Was als Nächstes passierte, war unglaublich! Victory berührte mit beiden Vorderpfoten meine Wangen; dann, die Pfoten immer noch auf meinem Gesicht, beugte er sich nach vorne und legte seinen Kopf auf meine Nase, so als würde er mich segnen. Ich fühlte eine intensive Liebe, die er auf mich übertrug, und es war, als hätte ich eine köstliche Dosis Seelen-Inspiration bekommen. Sein mitfühlendes Verhalten war erfüllt von reiner Liebe, und es fühlte sich an, als wäre Gott irgendwie dabei gewesen.«

Eine andere Geschichte kam von einem Leser in Brasilien:

»Als mein Sohn nach Abschluss seines Studiums mitten in der Nacht nach Hause kam, um seine Sachen zu packen und auszuziehen, weckte mich der Kater, der damals bei mir lebte, indem er mich mit seiner Pfote beklopfte und dazu brachte, ihm zur Haustür zu folgen, damit ich meinem auf Zehenspitzen gehenden Sohn, der mich nicht wecken wollte, auf Wiedersehen sagen konnte – ich wusste nicht, dass es das letzte Mal sein würde.«

Die Erfahrungen vieler Katzenliebhaber bestätigen Berichte von Katzen – wie im Fall von Belinda – die wie aus dem Nichts erscheinen, um menschlichen Gefährten in ihrer Stunde der Not Trost zu spenden. Katzen, die besonders auf die Körperregionen eines Menschen achten, die – wie sich später herausstellte –, erkrankt waren. Und Katzen, die sich vor die Tür setzen und darauf warten, dass Menschen nach Hause kommen, selbst wenn sie monatelang weg waren und selbst nicht gewusst hatten, wann genau sie zurückkommen würden.

Es ist noch nicht lange her, da hörte ich die Geschichte von Nachbarn, die gebeten wurden, eine Katze zu versorgen, deren Besitzer kürzlich pensioniert worden waren und für längere Zeit nach Europa gingen. Die Besitzer hatten das Datum ihrer Rückkehr nicht bestätigt – sie würden zwei oder vielleicht auch drei Monate unterwegs sein. Sie wollten sich Zeit lassen und nicht das Gefühl haben, an einen festen Terminplan gebunden zu sein. Am Tag ihrer Rückkehr, ohne vorherigen Kontakt mit ihren Nachbarn, fanden sie frische Milch im Kühlschrank, Brot im Brotkasten und einen Strauß Blumen auf dem Tisch. Wie hatten ihre Katzensitter-Nachbarn wissen können, dass sie zurückkommen würden?

Wie ihre Nachbarn später erzählten, war die Katze an jenem Morgen die Einfahrt hinunter getrippelt und hatte lange Zeit auf dem Bordstein gesessen, aufmerksam die Straße betrachtend. Dieses Verhalten war so untypisch, dass die freundlichen Nachbarn davon ausgingen, es könne nur eine Erklärung dafür geben: dass die Besitzer zurückkommen würden.

Ich werde im Laufe dieses Buches noch weitere faszinierende Geschichten dieser Art mit Ihnen teilen, und die meisten Katzenbesitzer werden nicht sonderlich überrascht von diesen Geschichten sein. Vielleicht haben wir nicht alle diese Dinge selbst erlebt, doch genügend ähnliche oder andere Beispiele für die Feinfühligkeit von Katzen erfahren, um zu wissen, dass Katzen – so wie Hunde – auf einer Ebene des Wahrnehmungsvermögens zu operieren scheinen, die jenseits des normalen Denkvermögens liegt.

Warum also hat sich in den vergangenen Jahrhunderten eine so massive Kluft zwischen wissenschaftlicher Denkweise und alltäglicher Erfahrung aufgetan?

Westliche »Aufklärung«: Tiere haben kein Bewusstsein

Man kann es als ein kurioses Paradoxon bezeichnen, dass seit dem Zeitalter der westlichen »Aufklärung« Wissenschaftler und Philosophen die lautesten und streitbarsten Stimmen sind, die die Tatsache verleugnen, dass die meisten »bewussten« Lebewesen auf Erden tatsächlich ein Bewusstsein haben.

Gegen Ende des siebzehnten Jahrhunderts begann eine neue Ära in der westlichen Welt, mit der Betonung auf Vernunft und empirische Belege. Die katholische Kirche wurde nicht länger als höchste Quelle der Weisheit angesehen – stattdessen waren Wissenschaftler die neuen Vordenker, wenn es um die Welt der Natur und Materie ging.

René Descartes – dem wir den berühmtem Ausspruch »Ich denke, also bin ich« verdanken – war eine der führenden Figuren in dieser wissenschaftlichen Revolution, und seine Ideen bezüglich des Bewusstseins von Tieren, dargelegt in einem Brief von 1646 an den Marquis von Newcastle, spiegeln wahrscheinlich die allgemeine Ansicht der Wissenschaftler seiner Zeit wider:

> »... der Grund, warum Tiere nicht so sprechen wie wir, ist nicht darin zu suchen, dass es ihnen an den notwendigen Organen dafür mangelt, sondern daran, dass sie nicht denken. Es kann nicht behauptet werden, dass sie miteinander reden und wir sie nur nicht verstehen; denn wenn Hunde und einige andere Tiere in der Lage sind, ihre Leidenschaft uns gegenüber zum Ausdruck zu bringen, würden sie auch ihre Gedanken ausdrücken, wenn sie denn welche hätten ... wenn sie denken würden wie wir, hätten sie wie wir eine unsterbliche Seele. Das ist unwahrscheinlich, weil es keinen Grund gibt zu glauben, dass manche Tiere eine Seele haben und andere nicht, und viele von ihnen wie zum Beispiel Austern und Schwämme sind zu imperfekt, als dass dies glaubwürdig wäre.«[12]

Descartes' Ansicht, dass Tiere die erforderlichen Organe haben, um sprechen zu können, war unbestreitbar hinsichtlich des Wissens über die elementare Biologie. Selbst unseren nächsten Verwandten im Tierreich, den Primaten, mangelt es an der logischen Fähigkeit, ihre Stimmbänder auch nur annähernd so zu benutzen, wie es uns möglich ist.

Was die Vorstellung betrifft, dass Tiere generell nicht denken können, oder dass das, was für eine Spezies gilt, automatisch auch für alle anderen gilt, so wäre sie fast zum Lachen – wenn sie nicht zur wissenschaftlichen Orthodoxie geworden wäre.

Insbesondere die Idee, dass Tiere keine »unsterbliche Seele wie wir« besitzen, gab Wissenschaftlern, und der Gesellschaft an sich, einen Freibrief, Tiere so zu behandeln, wie sie wollten, denn schließlich waren sie nichts anderes als seelenlose Automaten.

Descartes selbst führte Vivisektionen an lebenden Hunden durch, indem er scharfe Klingen benutzte, um ihre Körper zu öffnen, während er die inneren Organe beschrieb und das verzweifelte Heulen der Tiere als reinen Reflex abtat, der nichts bedeutete. In der heutigen Welt würde Descartes wegen Tierquälerei vor Gericht gestellt werden. Doch für ihn wäre diese Vorstellung so absurd gewesen, als würden wir heute ein iPhone quälen. Tiere hatten keine Gedanken, keine Intelligenz, keine Sprache und keine Seele: Sowohl wissenschaftlich als auch spirituell waren sie Nullen.

Hätte sich die Sichtweise der Wissenschaftler des siebzehnten Jahrhunderts weiterentwickelt, wären wir vielleicht in der Lage gewesen, eine Ära kaum zu glaubender Unbarmherzigkeit und Ignoranz ein für allemal hinter uns lassen zu können. Doch stattdessen erwies sich diese Sicht des mangelnden Tierbewusstseins nicht nur als stark und beständig, sie wurde zudem in die Doktrin des Materialismus übernommen – eine Herangehensweise, die die schlimmsten Konsequenzen für das Wohlergehen von Haustieren und anderer Lebewesen nach sich zog, einschließlich uns selbst.

Abkehr von einer menschenzentrierten Sichtweise

Der Materialismus behauptet, dass alles, was nicht Materie ist oder nicht direkt als etwas gesehen werden kann, das Auswirkungen auf die Materie hat, auch nicht existiert. Verhaltensforscher, die sich diese Sichtweise angeeignet haben, sagen seit jeher, dass wir nicht annehmen sollen, Tiere könnten denken und fühlen, es sei denn, diese Dinge können in von Menschen entwickelten wiederholbaren, messbaren Experimenten bestätigt werden. Zum Beispiel sollte man bei einem Hund, der am Abend bei Ihrer Rückkehr nach Hause mit wedelndem Schwanz auf Sie zustürmt, nicht davon ausgehen, dass er seine Freude darüber ausdrückt, Sie zu sehen. Vielmehr wäre dies nichts als der konditionierte

Reflex eines Fell-Roboters mit stupsnasigem Gesicht, der seine nächste Mahlzeit erwartet. Und die Katze, die sich abends auf Ihren Schoß setzt und den Kopf an Ihre Wange lehnt, genießt nicht unbedingt einen Moment der Nähe mit Ihnen. Diese pelzigen oder gefiederten Automaten könnten einfach nur Wärme suchen. Es ist unwissenschaftlich und, was am schlimmsten ist, vermenschlichend, Gedanken und Gefühle auf Tiere zu projizieren, wenn man nicht wissen kann, ob sie denken oder fühlen können.

Es mag vernünftig und wissenschaftlich sein, nicht von irgendwelchen Mutmaßungen auszugehen, doch Verhaltensforscher sind schon lange einen Schritt weiter gegangen, indem sie darauf bestanden, dass Tiere weder Gedanken noch Gefühle haben. Darüber hinaus haben sie menschenfixierte Ideen von Kommunikation und Intelligenz angewandt, um ihre Positionen zu konkretisieren. Carl Safina erklärt in seinem Buch *Die Intelligenz der Tiere: Wie Tiere fühlen und denken*, warum der Materialismus anderen wissenschaftlichen Herangehensweisen widerspricht:

»… weil wir uns nicht mit anderen Tieren unterhalten können, haben Tierverhaltensforscher irgendwann aufgegeben und behaupten, dass wir nicht wissen können, wie Tiere denken oder fühlen und daher davon ausgehen sollen, dass sie es nicht können. Forscher im Bereich menschlichen Verhaltens – allen voran Freud – leiden nicht unter selbst auferlegten Zwangsjacken. Sie versuchen Ihnen zu sagen, dass Sie sich nicht im Klaren darüber sind, was Sie denken. Was Sie fühlen, das Sie nicht verbalisiert haben. Finden Sie nicht auch, dass diese Doppelmoral irgendwie seltsam ist? Einerseits gibt es Wissenschaftler, die sagen, dass wir nicht wissen können, ob Tiere denken, da sie keine Worte benutzen; während andere Wissenschaftler behaupten, dass Worte nicht ausdrücken können, was Menschen wirklich denken.«[13]

Als Spezies ignorieren wir generell das Empfindungsvermögen anderer Lebewesen, weil sie sich keiner Sprache bedienen, die wir leicht verstehen können. Jahrhundertelang ist man davon ausgegangen, dass Tiere der Sprache generell nicht mächtig sind, und dass es ihnen außerdem an der dafür nötigen Intelligenz und den geistigen Fähigkeiten mangelt. Die Kette der Vermutungen setzt sich bis heute fort: Angesichts der Tatsache, dass Sprache und Denkvermögen Hand in Hand gehen, wird davon ausgegangen, dass andere Tiere nicht fähig sind, Denken und Urteilsvermögen zu entwickeln. Wie kann jemand planen oder Strategien entwickeln, ohne Worte zu haben, mit denen er denken kann? Auch emotionale Reife ist unmöglich ohne intellektuelle Entwicklung. Und was die Entwicklung moralischen Verhaltens betrifft – Konzepte wie Fairness, Selbstlosigkeit und Mitgefühl – tja, kann man wohl vergessen. Ohne Sprache sind derlei erhabene Eigenschaften ausgeschlossen.

Diese Vermutungen sind nicht nur von großer Bedeutung. Sie sind die Basis, auf der unsere Gesellschaft beschlossen hat, dass die Kluft, die den Menschen von anderen Spezies trennt, so groß ist, dass es nur logisch ist, Tiere als reine Produktionseinheiten zu betrachten, so überflüssig wie jede andere nicht-fühlende Ressource, wie zum Beispiel Öl, Eisen oder Papier.

Doch halten diese Mutmaßungen, die den Rahmen für die Art bilden, wie wir Tiere behandeln, einer genaueren Untersuchung stand?

Der aufschlussreichste Beweis unseres menschenzentrierten Weltbildes ist die Tatsache, dass wir uns so wenig bemüht haben zu verstehen, ob und wie die bevölkerungsreichsten Spezies auf der Erde kommunizieren, und ob es stimmt, dass komplexe Sprachen unbedingt Hand in Hand gehen mit moralischem Handeln und emotionaler Entwicklung. Erst vor Kurzem haben Forscher damit begonnen, diese Themen ernst zu nehmen. Und ihre Anfangsergebnisse, von denen einige im nächsten Kapitel zusammengefasst sind, deuten an, dass sich eine faszinierende Übereinstimmung zwischen wissenschaftlichen Außenseitern im Westen und den Weisheitstraditionen des Ostens anbahnt. Eine Annäherung, die nicht nur das Potenzial hat, die Art und Weise tief greifend zu verändern, wie Menschen mit anderen Lebewesen umgehen. Darüber hinaus bestärkt sie unser Vertrauen, einen wichtigen Beitrag zur Entwicklung des Seelenlebens unserer Haustiere leisten zu können.

WIE ANDERS DIE WELT FÜR UNSERE HAUSTIERE AUSSIEHT, RIECHT UND KLINGT

Wir leben in derselben Welt wie unsere Tiere, nehmen jedoch nicht dieselbe Realität wahr.

Sowohl Katzen als auch Hunde besitzen nur 20 Prozent der Fotorezeptorzellen des Menschen, was bedeutet, dass sie nur die Farben Blau und Gelb sehen können. Alle anderen Farben erscheinen in Grautönen. Außerdem können Katzen und Hunde sich nicht auf weit entfernte Objekte fokussieren. Würde jemand von uns eines Morgens mit der Sehkraft unseres vierbeinigen Lieblings aufwachen, würden wir sofort zum Augenarzt gehen! Wobei die Nachtsicht von Hunden und Katzen besser ist als unsere, wahrscheinlich aufgrund evolutionärer Notwendigkeit.

Außerdem klingt die Welt für Hunde und Katzen anders. Das Spektrum wahrnehmbarer Töne reicht bei Katzen um eindrucksvolle zwei Oktaven höher als bei uns in den Ultraschallbereich hinein, wobei die Geräusche von Fledermäusen und Nagetieren für sie so deutlich hörbar sind, wie die Schreie von Kindern für uns.

Menschliche Nasen haben circa fünf Millionen Geruchsrezeptoren, die uns befähigen, etwas zu riechen. Katzen hingegen haben circa zehn- bis vierzehnmal so viele, und Hunde sogar zwischen 150 und 300 Millionen Rezeptoren, was den Geruchssinn eines Hundes tausendmal intensiver macht als unseren. Genau das ist der Grund, warum Spürhunde zum Beispiel von der Australian Border Force eingesetzt werden und darauf trainiert werden, bei Menschen frühzeitig Unterzucker oder epileptische Anfälle zu erkennen. In England werden gegenwärtig bahnbrechende Versuche durchgeführt, um zu identifizieren, ob Hunde bei der Früherkennung einer Vielzahl von Krebserkrankungen – unter anderem Prostatakrebs, Brustkrebs und so weiter – helfen können. Eine etwas andere Form von »Labortests«.

Die meisten Tiere, einschließlich Katzen und Hunde, besitzen ein zusätzliches Geruchssystem, das Jacobson-Organ, das irgendwo zwischen Geruch und Geschmack angesiedelt ist. Wenn die Tiere bei einem interessanten Geruch innehalten, ihre Oberlippe nach oben ziehen und ihr Maul ein paar Sekunden lang ein wenig öffnen, ist das ein Zeichen, dass ihr Geruchs-/Geschmackssinn geweckt ist.

Die Fähigkeit unserer Haustiere, Dinge zu riechen oder zu schmecken, ist der unseren weit überlegen. Auch andere Tiere zeichnen sich durch einen außergewöhnlichen Wahrnehmungsradius aus, der sich deutlich von unserem unterscheidet. Wale, zum Beispiel Delfine, »sehen« mittels Echolotung tatsächlich in 3D. Elefanten kommunizieren mit einem tiefen Grummeln, das wir nicht hören, doch direkt im Solarplexus fühlen können, wenn wir zufällig in der Nähe stehen.

Die meisten Menschen sind ausgeprägt visuelle Wesen. Wir müssen uns in Erinnerung rufen, dass das, was wir sehen, zwar für unsere vierbeinigen Lieblinge längst nicht so bunt und strahlend ist, sie jedoch eine viel fesselndere Realität hören und riechen, als uns je bewusst ist.

KAPITEL ZWEI

Auch Tiere haben ein Bewusstsein

*Dr. Irene M. Pepperbeg mit Alex,
ihrem afrikanischen Graupapagei.
»Wissenschaftlich ausgedrückt, bestand die größte Lektion,
die Alex mich und allen anderen gelehrt hat, darin,
dass der Verstand und die Seele der Tiere um ein Vielfaches
menschenähnlicher sind, als die überwiegende Mehrheit
der Verhaltensforscher annahm – ja, als sie es überhaupt bereit
waren zuzugeben.«*

Tierbewusstsein und -kommunikation sind ganz neue Bereiche wissenschaftlicher Studien, daher gibt es nur kleine Gruppen von Forschern, die in diesem Bereich tätig sind. Die Forscher neigten bislang dazu, sich auf Spezies überwiegend geselliger Säugetiere zu fokussieren, unter anderem Wale, Wölfe, Primaten und Elefanten, bei denen ständig und viel kommuniziert wird. Und die Resultate dieser Studien waren außerordentlich interessant.

Um mit einer wohlbekannten Spezies anzufangen, zeigen Hundeverhaltensforscher Professor Brian Hare und Vanessa Woods in *The Genius of Dogs: How dogs are smarter than you think* (Das Genie der Hunde: Warum Hunde schlauer sind, als Sie denken), dass Bellen viel mehr bedeutet, als die meisten Menschen wissen. Hunde verändern ihr Bellen auf subtile Weise, um in unterschiedlichen Zusammenhängen Unterschiedliches zu kommunizieren. Während die meisten Menschen den Unterschied zwischen spielerischem und aggressivem Bellen erkennen können, hat sich ihre Fähigkeit, zwischen verschiedenen bellenden Hunden zu unterscheiden, und was ihr Knurren oder Bellen bedeutet, als äußerst eingeschränkt erwiesen. Hare und Woods folgern daraus: »Wir wissen sehr wenig über das stimmliche Verhalten von Hunden.«[1] Eine extrem interessante Feststellung in Anbetracht der Tatsache, dass unser Leben seit 15 000 Jahren so eng mit dem der Hunde verbunden ist!

Doch zutreffender als die Aussage, dass Tiere keine Sprache haben, könnte das Eingeständnis sein, dass wir nie wirklich untersucht haben, wie sie kommunizieren. Mutige Zoologen werden bestätigen, dass Elefanten ein Repertoire von mehr als 100 Gesten haben, um sich einander über die verschiedensten Angelegenheiten zu verständigen. Jedes Mal begrüßen sie sich, und die Art, wie sie es tun, kennzeichnet die Qualität ihrer Beziehung, wobei die wichtigsten Beziehungen die größte Aufregung hervorrufen.

Elefanten benutzen nicht nur nonverbale Gesten, sondern auch Geräusche im Niedrigfrequenzbereich – für Menschen nicht hörbar –, die über Entfernungen von mehreren Kilometern reisen und den Elefanten erlauben, miteinander in Kontakt zu bleiben. Wenn eine Gruppe Elefanten von Wilderern angegriffen wird, wissen andere Gruppen in einiger Entfernung sofort darüber Bescheid und verhalten sich wie traumatisiert.

Eine der ergreifendsten Geschichten, die Carl Safina in seinem hervorragenden Buch *Die Intelligenz der Tiere: Wie Tiere fühlen und denken* wiedergibt, handelt von einem Forscher, der über einen Lautsprecher im Busch die Tonaufzeichnung von einer Elefantenkuh laufen ließ, die gestorben war. Die Familie des toten Elefanten war verzweifelt; sie riefen nach ihrer Schwester und Mutter und suchten vergeblich nach ihr. Ihre Tochter rief noch Tage später nach der Mutter. »Die Forscher«, sagt Safina, »haben so etwas nie wieder getan.«[2]

Genau wie wir können Elefanten bis zu einem gewissen Grad kommunizieren. Sie erkennen sogar gegenseitig ihre Stimmen.

Zusätzlich zu ihren sichtbaren, nonverbalen Gesten sowie der hörbaren und für den Menschen nichthörbaren Vokalisierung scheinen Elefanten jedoch noch eine andere Ebene der Kommunikation zu benutzen; die gleiche, die Hunde – sowie Katzen, Pferde, Vögel und zweifellos andere Gattungen – in die Lage versetzt, wahrzunehmen, dass ihre Besitzer auf dem Weg nach Hause sind.

Ein Beispiel dafür sind die verwaisten Elefanten, die vom David Sheldrick Wildlife Trust in Kenia gerettet und während ihrer ersten Lebensjahre gepflegt und versorgt wurden. Danach setzte man sie im Tsavo National Park frei, damit sie sich mit anderen Elefanten mit ähnlichem Schicksal zusammentun konnten, die bereits Jahre zuvor im Busch freigesetzt worden waren.

Der Übergang vom beschützten Zufluchtsort zu ihrem natürlichen Habitat ist gewaltig. Die jahrzehntelange Erfahrung mit diesem Prozess hat Daphne Sheldrick gezeigt, dass andere ehemalige Waisen, mittlerweile erwachsen und frei in der Wildnis lebend, aus dem Busch kommen, um die Neuankömmlinge zu begrüßen und um ihnen das Gefühl zu geben, dass sie willkommen sind. In Safinas Buch heißt es weiter: »Daphne Sheldrick beharrt darauf, dass die Elefanten in Tsavo wissen, wenn eine neue Gruppe von Waisen auf Lastwagen unterwegs von Nairobi in den Nationalpark ist. Sie sagt, dass frei lebende erwachsene Tiere aus dem Busch treten, bereit, die jungen neuen Waisen zu begrüßen, wenn sie ankommen. Sie nennt es ›Telepathie‹. Ich legte ihre Behauptung im ›Eher unglaublich‹-Papierkorb in meinem Kopf ab. Doch ich muss gestehen, dieser Papierkorb wird zusehends voller; es gibt viele ›unglaubliche‹ Geschichten über Elefanten.«[3]

Primaten, die Zeichensprache beherrschen und Englisch verstehen

Primaten sind die uns artverwandteste Spezies. Sie sind bekannt dafür, ihre Stimme zu benutzen, wobei sich verschiedene Affenarten spezifischer Töne und Geräusche – Wörter – bedienen, um bestimmte Tiere und ihren Status zu benennen, von »Schlange« und »Pavian« bis zu »unbekannter Mensch« und »dominanter Affe«. Manche benutzen eine Art von Syntax, um anzugeben, wie weit entfernt eine potenzielle Gefahr sein könnte. Es ist bekannt, dass Grünmeerkatzen »Leopard!« rufen, wenn ihre Gruppe von einer anderen attackiert wird, was die Angreifer aufgrund der absichtlichen Fehlkommunikation in die Flucht schlägt. In den Vorstandsetagen großer Unternehmen eine nicht unbekannte Taktik.

Von allen Primaten, die langfristig und aus nächster Nähe studiert wurden, ist Koko eine der berühmtesten. Der weibliche Westliche Flachlandgorilla wurde 1971 im Zoo von San Francisco geboren. Unter der Betreuung von Francine »Penny« Patterson, die eine Doktorarbeit in Psychologie an der Stanford University machte, lernte sie eine Vielzahl von Handzeichen aus der modifizierten Version der amerikanischen Gebärdensprache

und mehr als 200 Wörter in Englisch zu verstehen. Patterson hat viele Berichte darüber geschrieben, einschließlich mehrerer Bücher, in denen sie Kokos Benutzung der Sprache erklärt. Wie vorauszusehen, wurden diese Befunde von Skeptikern aus der Welt der Wissenschaft zurückgewiesen mit der Behauptung, dass Koko die Zeichen, die sie benutzt, nicht versteht; dass jegliche Bedeutung, die ihrer Zeichensprache zugeschrieben wird, von Menschen projiziert wird und dass jede korrekte Antwort, die sie gibt, mit »Clever Hans« verglichen werden kann, einem Pferd Ende des neunzehnten Jahrhunderts, das angeblich zählen und die genaue Zeit angeben konnte, während es in Wahrheit nur auf die – wie später bekannt wurde – nonverbalen Hinweise seines Besitzers reagierte.
Doch gibt es eine Fülle von Tatsachen, die das Gegenteil beweisen. Koko zeigte in ihrer Kommunikation nicht nur Humor, sondern machte auch absichtlich irreführende Aussagen, wenn es ihr in den Plan passte. Darüber hinaus erfand sie Sätze – obwohl ihr das Wort »Ring« nicht beigebracht worden war, kam sie von allein auf den Ausdruck »Finger-Armband«.
Washoe, eine Schimpansin, die als Jungtier von der United Air Force für das Raumfahrtprogramm eingefangen worden war, wurde stattdessen von Allen und Beatrix Gardner in Washoe County, Nevada, großgezogen. Sie war der erste Primat, der die amerikanische Zeichensprache lernte. Sie demonstrierte nicht nur ihr Auffassungsvermögen für die Zeichensprache, sondern zeigte auch, wie sehr sie sich ihrer selbst und anderer bewusst war. Wenn Menschen kamen, die noch wenig Erfahrung mit der Zeichensprache hatten, um mit Washoe zu arbeiten, verlangsamte sie das Tempo ihrer Gebärden, um es ihnen leichter zu machen.

Es gibt zahlreiche Berichte und Quellen über Washoe im Internet. Der Bericht, der mich ganz besonders berührte, handelte von ihrem Interesse an der Schwangerschaft einer Forschungsassistentin. Indem sie ihren Bauch berührte, signalisierte sie

»Baby«. Als die Assistentin eine Fehlgeburt erlitt, beschloss sie, Washoe zu sagen, was passiert war, da Washoe in der Vergangenheit ihre eigenen Babys verloren hatte. Washoe sah ihr direkt in die Augen und signalisierte »weinen«, indem sie ihre Wange direkt unterhalb ihres Auges berührte. Später an diesem Tag wollte sie nicht, dass die Forscherin nach Hause ging, und signalisierte, »Bitte Mensch umarmen« – womit sie nicht nur ihr Verständnis demonstrierte, sondern auch ein von Herzen kommendes Mitgefühl zeigte.[4]

Sprechen und Telepathie: Afrikanische Graupapageien

Tiere können sogar Englisch sprechen! Alex, ein Afrikanischer Graupapagei, ist der einzige Vogel, dem eine Traueranzeige sowohl in der *New York Times* als auch *The Economist* gewidmet wurde, weil er eine Menge Wörter gelernt und gezeigt hatte, dass er verstand, was sie bedeuteten.[5] Alex konnte mehr als 50 Objekte identifizieren, eine Vielzahl von Farben und Formen unterscheiden und demonstrierte ein Verständnis von Konzepten wie Größer und Kleiner, Über und Unter. (Sie können diesen faszinierenden Vorgang selbst auf YouTube sehen. Unter: »Alex – One of the smartest parrots ever.«)

Genau wie im Fall von Koko der Gorilladame folgte den ersten veröffentlichten Berichten umgehend eine Flutwelle wissenschaftlicher Skepsis. Alex versteht nicht, was er sagt, meinten manche. Nur weil er Worte sagte, bedeutete es nicht, dass er Sätze bilden konnte, meinten andere. »Clever Hans« wurde auch hier wieder ins Feld gezogen, obwohl Alex in der Lage war, ähnliche Fragen zu beantworten, die ihm diverse andere Forscher stellten.

Die am MIT und in Harvard ausgebildete Wissenschaftlerin Dr. Irene M. Pepperberg leitete Untersuchungen bezüglich

Sprache und Intelligenz mit Alex. Sie beschreibt, wie sie 30 Jahre lang das Gefühl hatte, mit dem Kopf gegen eine Wand zu rennen. Egal welchen Beweis sie erbrachte, um zu zeigen, dass Alex Englisch erkennen und entsprechend kommunizieren konnte – sie wurden alle von Wissenschaftlern abgelehnt, die bereits entschieden hatten, dass Tiere nicht denken können, egal welche Ergebnisse vorlagen.

In ihrem Buch *Alex und ich* schreibt Dr. Pepperberg:

»Wissenschaftlich ausgedrückt, bestand die größte Lektion, die Alex mich und allen anderen gelehrt hat, darin, dass der Verstand und die Seele der Tiere um ein Vielfaches menschenähnlicher sind, als die überwiegende Mehrheit der Verhaltensforscher annahm – ja, als sie es überhaupt bereit waren zuzugeben.... Alex hat uns gezeigt, wie wenig wir über das Bewusstsein von Tieren wissen und wie viel mehr es in diesem Bereich zu entdecken gibt. Diese Erkenntnis hat tief greifende Konsequenzen auf philosophischer, soziologischer und praktischer Ebene. Sie wirkt sich auf unsere Sicht auf die Spezies Homo sapiens aus, und ihre Stellung in der Natur.«[6]

Dr. Pepperbergs bahnbrechende Arbeit mit Afrikanischen Graupapageien – die weithin bekannt dafür sind, zu den schnellsten Lernern in der Welt der Papageien zu gehören – wurde von anderen Forschern weitergeführt. In Afrika aufgewachsen, kenne ich nicht wenige Menschen, die sie als Haustiere gehalten haben, und ich liebte es, mich mit ihnen zu unterhalten. Ich wäre überglücklich gewesen, einem Afrikanischen Graupapagei ein Zuhause zu bieten, aber meine Eltern erlaubten es nicht, weil die Lebenserwartung eines Papageis zwischen 40 und 60 Jahren liegt. Ich selbst hatte nie den geringsten Zweifel daran, dass ich einer scharfen, faszinierenden und oft irgendwie schelmischen Intelligenz gegenüberstand, und dass die Kommunikation mit ihr weit über jegliches Kauderwelsch hinausging.

Als Junge, der diverse Nymphensittiche von Hand großgezogen hatte, zweifelte ich auch nie an der Fähigkeit von Papageien, eine erstaunliche Vielfalt an Emotionen zu empfinden. Die Art, wie manche Papageienpaare, so wie manche andere Vögel, ein Leben lang zusammenbleiben, geht einem zutiefst zu Herzen. Ein Freund erzählte mir von dem herzzerreißenden Anblick einer Papageiendame mit einer offenen Wunde auf ihrer federlosen Brust. Die Besitzerin erzählte, dass die Papageiendame vor Kurzem ihren Partner verloren hatte. In den Tagen und Wochen seither hatte sie sich jede Feder aus ihrer Brust gerupft und sogar mit dem Schnabel immer wieder in die eigene Haut gehackt, so groß war ihre Trauer.

Ein ganz besonders faszinierendes Beispiel von Intelligenz sowie telepathischer und sprachlicher Fähigkeiten von Papageien kann Aimée Morgana wiedergeben, eine in New York lebende Malerin, die einen Afrikanischen Graupapagei mit Namen N'kisi hatte. Was Papageien, aus telepathischer Sicht, zu besonders interessanten Studienobjekten macht, ist die Tatsache, dass sie buchstäblich in der Lage sind, ihren Reaktionen auf das, was Menschen planen, denken und fühlen, eine Stimme zu geben. In Morganas Fall war die Beziehung mit ihrem Papagei so ausgeprägt, dass N'kisi regelmäßig Kommentare zu Dingen abgab, die er eigentlich nicht wissen konnte. Sobald sie das Telefon in die Hand nahm, sagte er voraus, wen sie anrufen würde. Oder er kommentierte eine Szene im Fernsehen, zum Beispiel »Fall' nicht runter«, wenn ein Bauarbeiter auf einem schmalen Träger hoch oben auf einem Wolkenkratzer hockte. Nur dass er den Fernsehapparat von seinem Platz aus nicht sehen konnte. Und was am erstaunlichsten war: N'kisi, der das Schlafzimmer mit Morgana teilte, gab sogar Kommentare zu dem ab, was sie träumte. »Du musst den Knopf drücken«, sagte er und weckte sie durch seine Stimme auf, als sie gerade davon träumte, mit einem Tonbandgerät zu arbeiten.

Nachdem Morgana Rupert Sheldrakes Buch *Der siebte Sinn der Tiere*[7] gelesen hatte, nahm sie Kontakt mit dem Autor auf, der ihr eine Studie vorschlug, um zu sehen, ob N'kisis telepathische Fähigkeiten objektiv bewiesen werden könnten. Sheldrake entwarf einen Versuch, bei dem Morgana sich viele verschiedene Fotos von Objekten anschaute, die N'kisi kannte, während gleichzeitig N'kisi auf einer anderen Etage des Gebäudes gefilmt wurde. Von 71 Gegenständen identifizierte er 23 korrekt – ein Resultat, das alle Erwartungen übertraf und statistisch höchst relevant ist.[8] Rupert Sheldrake schreibt mehr über diese spezielle Studie und viele andere in seinem faszinierenden Buch *Der siebte Sinn des Menschen*; außerdem können Sie auf meinem Blog *davidmichie.com/do-animals-use-telepathy-to-communicate-intriguing-video-evidence* ein Video des Experiments sehen.

Selbstlosigkeit und Mitgefühl: Prägende Eigenschaften eines spirituellen Lebens

Manche Tiere können mit Vertretern von anderen Spezies kommunizieren. Der Handvoll von Primaten und Papageien, die menschliche Wörter erkennen und entsprechend antworten können, steht wahrscheinlich eine gegen null gehende Anzahl Menschen gegenüber, die die Sprache der Westlichen Flachlandgorillas oder Afrikanischen Graupapageien ebenso gut erkennen und vokalisieren kann.

Abgesehen davon ist Telepathie ein immer wiederkehrendes, häufig auftretendes Element im Bereich der Tierkommunikation, für das es keine menschliche Entsprechung gibt. Während viele von uns vielleicht schon einmal Erfahrungen mit telepathischen Botschaften gemacht haben, oder zumindest jemanden kennen, der sie gemacht hat, ist sie kein fester Bestandteil unseres Repertoires. Wir kommunizieren verbal und nonverbal. Sollten wir jemals die Fähigkeit gehabt haben, auf subtilere Weise zu kommunizieren, so ist sie unter dem Ansturm ständiger Gedanken und der Unruhe in unserem Kopf untergegangen.

Nach meiner Überzeugung sind Intuition und Telepathie subtile, natürliche Phänomene. Doch der Geist der meisten Menschen ist seit vielen Generationen so unruhig geworden, dass wir als Gattung diese Fähigkeit größtenteils vergessen haben.

Wenn wir bereit sind, offen zu sein, entdecken wir, dass sich eine Vielzahl von Lebewesen nicht nur einer Sprache bedienen, sondern auch zu Empathie und Mitgefühl fähig sind. Nicht den Tieren fehlt es an den notwendigen Eigenschaften, die für ein spirituelles Leben erforderlich sind. Vielmehr sind es wir Menschen, die diesbezüglichen häufig einen Mangel aufweisen. Trotz der Tatsache, dass wir seit ewigen Zeiten die Erde mit so vielen anderen fühlenden Wesen teilen, haben wir erst in den letzten circa zwanzig Jahren irgendwelche ernsthaften Versuche unternommen, um zu verstehen, wie alle diese Wesen kommunizieren, denken und fühlen.

Im vorhergehenden Kapitel haben wir uns einige Beispiele von Hunden und Katzen angeschaut, die einen sehr hohen Grad an Bewusstsein, Verständnis, Mitgefühl, strukturiertem Denken und Intelligenz offenbarten – so wie der Hund, der ein Fenster eingeschlagen hat, um Passanten auf seinen kranken Besitzer aufmerksam zu machen; der Golden Retriever, der seine Leute aufweckte, um sie vor einem Brand zu warnen; die Russisch Blau, die auf höchst ungewöhnliche Weise wie aus dem Nichts auftauchte, um ihre Besitzerin zu trösten. Dies sind nur ein paar der vielen Beispiele, die Menschen mit mir geteilt haben. Viele weitere sind in Büchern wie dem hinreißenden *The Divinity of Dogs* von Jennifer Skiff enthalten. Vor Kurzem erzählte mir jemand eine Geschichte aus Tasmanien, in der ein Hund vorkam, der mit seiner Familie, bestehend aus Mutter, Vater und Kindern, in einem ganz normalen Haushalt lebte. Jeden Morgen verließ der Vater zu einer bestimmten Zeit das Haus und ging hinunter zum Hafen, um eine Fähre zu nehmen und zur Arbeit zu fahren. Eines Morgens, ungefähr zwanzig Minuten nachdem er losgegangen war, benahm sich der Hund plötzlich total verzweifelt; er bellte und kratzte wie wild an der Gartentür. Die Mutter ließ ihn raus, doch das war nicht genug; der Hund rannte zum Tor und hörte nicht auf zu bellen, bis die Frau begriff, dass er sie aufforderte, ihr zu folgen. Das Verhalten des Hundes war so ungewöhnlich und so überzeugend, dass sie ihm zum Gartentor folgte hinaus auf die Straße und den gleichen Weg nahm wie ihr Mann jeden Morgen. Kurz bevor sie das Terminal der Fähre erreichten, fand sie ihren Mann, der bewusstlos auf der Straße lag. Er hatte einen schweren Herzinfarkt erlitten. Seine Frau rief sofort den Notarzt, und ihr Mann konnte gerettet werden. Wie sollte man das Verhalten des Hundes anders beschreiben als eine effektive und mitfühlende Handlung, basierend auf außersinnlicher Wahrnehmung?

Solche Eigenschaften beschränken sich keineswegs auf Hunde und Katzen. Leser haben mir von vielen anderen wundervollen Erfahrungen berichtet. Marjolijne de Groot, aus Belgien, erzählte mir von ihrem Pferd Vasco:

»Als mein Vater starb, fühlte ich mich tagelang benommen, wie in einer Art Muschel eingeschlossen. Jemand sagte mir, dass ich reiten gehen sollte und dass mir das guttun würde. Nun, mein Hengst neigt verstärkt dazu, »Geister zu sehen«, wenn wir im Wald reiten, daher muss man immer sehr aufmerksam sein, weil ihn das dazu veranlassen kann, nervös zu werden und sich aufzubäumen. Ich sattelte ihn und ging täglich mit ihm in den Wald, wobei er mich führte, und nicht umgekehrt. Er war so umgänglich und lieb wie nie zuvor. Kein Aufbäumen, Herumspringen, keine Angst vor Blättern im Wind oder Lichtspiegelungen im Wasser – er war einfach nur wunderbar und fürsorglich. Als ich begann, mich besser zu fühlen und die Trauer langsam nachließ, legte er wieder sein altes, nervöses Verhalten an den Tag. Das war der Moment, als ich erkannte, was er eine Woche lang für mich getan hatte: Er hatte sich um mich gekümmert, auf mich aufgepasst; hatte gefühlt, dass es mir nicht gut ging und beschlossen, mich zu beschützen.«

Eine weitere Geschichte zum Thema tierisches Mitgefühl handelt von dem Hängebauchschwein Lulu, welches das Leben ihrer Besitzerin Jo Anne Altsman rettete, als diese im Urlaub in Pennsylvania einen Herzinfarkt erlitten hatte. Als Lulu sah, dass ihre Herrin bewusstlos war und sofort Hilfe benötigte, brachte sie es fertig, das Haus zu verlassen, durch das Tor rauszulaufen und sich mitten auf die Straße zu legen. Sie wurde von mehreren Autofahrern ignoriert, bis schließlich ein Mann anhielt, um zu sehen, ob das Tier verletzt war. Lulu führte den Mann zurück ins Haus zu ihrer bewusstlosen Besitzerin. Der Mann wählte den Notruf, um Hilfe zu holen, und Jo Anne überlebte.[9]

Eine Eigenschaft, die erst seit Kurzem von Forschern untersucht wird, zu der jedoch manche Tiere erwiesenermaßen fähig sind, ist der Sinn für Gerechtigkeit. Frans de Waal, der einen Großteil seiner Laufbahn dem Studium der Primaten gewidmet hat und vom *Time Magazine* als einer der 100 einflussreichsten Menschen bezeichnet wurde, erklärt: »Vor ein paar Jahren zeigten wir, dass Primaten fröhlich eine Aufgabe verrichteten und als Belohnung Gurkenscheiben bekamen – bis sie sahen, dass andere Affen Weintrauben bekamen, die so viel besser schmecken. Die Gurkenesser regten sich furchtbar auf, warfen ihr Gemüse weg und begannen einen Streik. Ein leckeres Nahrungsmittel war für sie uninteressant und minderwertig geworden, weil sie gesehen hatten, wie ein Gefährte etwas Besseres bekommen hatte.«[10]

Das gleiche Experiment ist mit anderen Spezies wiederholt worden, einschließlich Hunden, die in ähnlicher Form streiken, wenn ein anderer Hund für einen Trick, den sie ohne Erwartung einer Belohnung vorgeführt haben, belohnt wird. Gerechtigkeit und Fairness gehören zu den kognitiven Eigenschaften, von denen man annahm, sie lägen weit jenseits der Möglichkeiten von Lebewesen, die keine Sprache besitzen, um sich intellektuell entwickeln zu können. Neue Untersuchungen beweisen das Gegenteil. Während viele Tierfreunde die Empathie und das Mitgefühl ihrer kuscheligen und gefederten Freunde erlebt haben, können diese

Qualitäten auch außerhalb des Kontextes solcher Beziehungen immer wieder beobachtet werden.

Jane Goodall, legendäre Primaten- und Verhaltensforscherin, erzählt, wie sogar Schimpansen und Bonobos, die nicht schwimmen können, »heldenhafte Bemühungen« machten, um Gefährten vor dem Ertrinken zu retten. Ein achtjähriger amerikanischer Junge, der im Brookfield Zoo in den Wassergraben des Affengeheges gefallen war und bei dem Sturz das Bewusstsein verloren hatte, wurde sanft von Binti Jua, einem weiblichen Gorilla, hochgehoben, die ihn zu der Tür ihres Geheges brachte und den Wärtern übergab.[11]

Und es ist noch nicht lange her, als ein Video in den sozialen Medien die Runde machte, das einen Affen in Indien zeigte, wie er einen anderen Affen rettete, der nach einem elektrischen Schlag bewusstlos auf die Schienen eines Bahnhofs gefallen war. Während jede Menge Pendler auf dem Bahnsteig standen und das Ganze mit ihren Handys festhielten, zog der Affe seinen Kameraden von den Schienen, versuchte, ihn wachzurütteln, tauchte ihn in einen Wassertümpel und hörte so lange nicht mit seinen Bemühungen auf, bis der andere Affe sein Bewusstsein wiedererlangt hatte.[12]

Die Vorstellung, dass Empathie eine Domäne von Primaten ist, wurde von Forschungen an der University of Chicago widerlegt, wo die Neurowissenschaftlerin Peggy Mason zeigte, dass Ratten sich bemühten, andere Ratten zu befreien, die in einem Behälter gefangen waren, auch wenn es keine Belohnung gab. Mason sagt dazu: »Helfen zu wollen ist unser evolutionäres Erbe. Unsere Studie spricht dafür, dass wir nicht bewusst entscheiden müssen, einem Individuum in Not zu helfen; vielmehr müssen wir nur unser Tier-Selbst zum Ausdruck kommen lassen.«[13]

Welch erfrischend mutige Aussage einer Wissenschaftlerin, dass Hilfsbereitschaft keine exklusiv menschliche Tugend ist, sondern es sich in Wahrheit um eine Qualität handelt, die allen fühlenden Wesen gemein ist!

Sogar Fische müssen dem Kreis mitfühlender Wesen hinzugerechnet werden. Vor Kurzem durchgeführte Forschungen von Dr. Caitlin Newport an der University of Oxford zeigen, dass Fische in der Lage sind, menschliche Gesichter zu erkennen.[14] Die kognitiven Fähigkeiten von Fischen ist für viele Menschen überraschend – nicht nur, dass Fische denken und fühlen, sie können darüber hinaus kooperieren, bewusst eine Situation schlichten und demonstrieren andere unerwartete mentale Qualitäten.[15] Dr. Victoria Braithwaite, bekannte Fisch-Biologin, hat ein Buch mit dem Titel *Do Fish Feel Pain?* (Empfinden Fische Schmerzen?) geschrieben, in dem sie zu dem Schluss kommt: »Mein Argument lautet, dass es genauso viele Beweise dafür gibt, dass Fische Schmerzen empfinden und leiden, wie es bei Vögeln und Säugetieren der Fall ist – und mehr Beweise als bei menschlichen Neugeborenen und frühgeborenen Babys.«[16]

Die Cambridge Declaration

In den letzten Jahren hat die Arbeit bahnbrechender Kognitionswissenschaftler sowie anderer Forscher im Bereich des Tierbewusstseins viel dazu beigetragen, unseren Geist für die Tatsache zu öffnen, dass Tiere zu Gefühlen fähig sind. Eine neue Generation von Wissenschaftlern, frei vom Dogma der Verhaltensforschung, ist in der Lage, die Absurdität bei der Anwendung künstlicher menschlicher Maßstäbe zu erkennen. Sie ist begierig darauf, Tiere als eigene, unabhängige Lebewesen zu untersuchen. Auch die Erkenntnisse der Quantenwissenschaft beginnen allmählich sich darauf auszuwirken, was wir unter Bewusstsein und Kommunikation verstehen. Immer mehr verbreitet sich die Erkenntnis, dass Materie nicht das Einzige ist, was existiert, und dass es darüber hinaus nur sehr wenig davon gibt! Die Dinge sind nicht so unverrückbar fest, wie wir bislang geglaubt haben. Materie kann sich ebenso als Energie ausdrücken – und diese

Idee öffnet eine völlig neue Dimension an Möglichkeiten, die helfen können zu erklären, was bis vor Kurzem unerklärbar war: die Illusion von Subjekt und Objekt; die Wirkung des Beobachters auf das Beobachtete; und das Phänomen der Nichtlokalität. Diese Konzepte sprengen die engen Grenzen des Materialismus und weisen auf die viel aufregenderen Möglichkeiten energetischer Felder hin, in denen Begriffe wie Telepathie – weit entfernt davon, unwissenschaftlich zu sein – eine vorausgesetzte Tatsache sind. In den Worten von Albert Einstein:

»Ein Mensch ... erfährt sich selbst, seine Gedanken und Gefühle, als etwas vom Rest Getrenntes – eine Art optische Illusion seines Bewusstseins. Diese Täuschung ist einem Gefängnis vergleichbar, das uns auf unsere persönlichen Wünsche und die Zuneigung für die wenigen Personen reduziert, die uns am nächsten stehen. Unsere Aufgabe muss es sein, uns aus diesem Gefängnis zu befreien, indem wir den Radius unseres Verständnisses und Mitgefühls erweitern, um alle Lebewesen und die gesamte Natur in ihrer ganzen Schönheit zu erfassen.«[17]

Seine Heiligkeit der Dalai Lama drückt es so aus: »Wahres Glück entspringt nicht der begrenzten Sorge um das eigene Wohlbefinden oder das der Personen, denen man sich nahe fühlt, sondern dem Bemühen, Liebe und Mitgefühl für alle fühlenden Wesen zu entwickeln..«[18]

Eine der vielversprechendsten Entwicklungen hinsichtlich einer offiziellen Anerkennung der Tierwissenschaft begann im Juli 2012 mit der *Cambridge Declaration*. Einige der angesehensten Wissenschaftler der Welt, mit Stephen Hawking als Ehrengast, bestätigten, dass Menschen nicht die einzigen Lebewesen sind, die sich durch Bewusstsein auszeichnen. Der Kernpunkt der Erklärung lautet wie folgt:

»Wir erklären Folgendes: ›Das Nichtvorhandensein eines Neocortex scheint einen Organismus nicht daran zu hindern, Gefühlszustände zu erleben. Konvergierende Beweise deuten darauf hin, dass Tiere die neuroanatomischen, neurochemischen und neurophysiologischen Substrate für Bewusstseinszustände besitzen, zusammen mit der Fähigkeit, zielgerichtetes Verhalten auszudrücken. Folglich legt die Vielzahl der Beweise nahe, dass nicht ausschließlich nur der Mensch über die neurologischen Bedingungen verfügt, die Bewusstsein generieren. Auch nicht-menschliche Lebewesen, einschließlich aller Säugetiere und Vögel sowie viele andere Tiere, unter anderem Tintenfische, besitzen diese neurologischen Substrate.‹«[19]

Es mag lange gedauert haben, bis es so weit war, doch westliche Wissenschaftler und die östlichen Meister des Bewusstseins sind heute auf dem Weg zu einer gemeinsamen Erkenntnis: Alle Menschen und Tiere haben ein Bewusstsein. Wir alle besitzen eine Seele. Diese Tatsache zu akzeptieren, bildet die Basis für das Hauptthema dieses Buches: Wie wir am besten unser Bewusstsein und das unserer Tiere zu unser aller Vorteil einsetzen.

NATURNAH: MENSCHLICHE GEMEINSCHAFTEN, BEI DENEN TELEPATHIE ETWAS ALLTÄGLICHES IST

Könnte es sein, dass es sich bei Telepathie – anstatt ein bizarres, paranormales Phänomen zu sein, das nur von Leichtgläubigen akzeptiert wird – in Wahrheit um ein ganz natürliches Phänomen handelt, das uns nicht länger zugänglich ist, weil unsere Gehirne einfach zu verdammt überlastet sind?
Beim Betrachten menschlicher Gemeinschaften, die weder schreiben noch lesen können, entdecken wir wie bei Tieren die

gleiche Verbindung von telepathischer Kommunikation mit einem ruhigen Geist. In seinem Buch *Die verlorene Welt der Kalahari* erzählt Laurens van der Post, ein afrikanischer Philosoph, Psychologe und Kollege von C.G. Jung, wie er 1955 von der BBC den Auftrag bekam, eine Weile bei den Buschmännern – oder San, wie sie heute genannt werden – in Afrika zu leben und eine Dokumentation darüber zu machen. Als er die Gruppe auf einer Jagd begleitete, bei der sie einen Eland – eine große Antilope – erlegten, fragte er einen Buschmann namens Dabe, wie seine Leute wohl auf die erfolgreiche Jagd reagieren würden. Dabe sagte ihm, dass seine Leute es bereits wussten. Nicht sicher, wie er das verstehen sollte, bat van der Post ihn, ihm das zu erklären. Dabe, der einmal einen Weißen in die Stadt begleitet und gesehen hatte, wie ein Telegramm verschickt wird, klopfte auf seine Brust und sagte: »Wir Buschmänner haben hier (in der Brust) einen Draht, der uns Neuigkeiten bringt.« Und tatsächlich, als sie sich dem Lager näherten, konnten sie hören, wie die versammelten Dorfbewohner das »Eland-Lied« sangen.[20]

Adolphus Elkin, ein Professor der Anthropologie und anglikanischer Geistlicher, widmete einen großen Teil seiner Zeit dem akribischen Studium der Aborigines in der entlegenen Kimberley-Region im Westen von Australien, bevor viele von ihnen jemals Kontakt mit der Außenwelt hatten. Er sammelte eine Vielzahl von Berichten über psychische Phänomene, einschließlich Telepathie über riesige Entfernungen, Heilung, Geistersehen und außerkörperliche Erfahrungen. Elkin schrieb diese Qualitäten der Ruhe und Einsamkeit des Buschlandes, der Offenheit für Erfahrungen jedweder Art und einem Gefühl der Zeitlosigkeit zu.[21]

Um Beweise zu finden, dass ein ruhigeres und achtsameres naturnahes Leben außersinnliche Phänomene begünstigt, müssen wir nicht unbedingt in der Zeit zurückgehen. Vor einiger Zeit sprach ich mit einem Freund über dieses Thema, und er berichtete mir von einem Vorfall, den er ein Jahr zuvor auf einem langen Ritt durch die Mongolei erlebt hatte. Als Mitglied einer Gruppe von 16 anderen Reitern, einschließlich einiger schroffer Europäer, sprachen sie eines späten Nachmittags darüber, dass es an der Zeit sei, einen Ruheplatz für die Nacht zu finden, als einer der Mongolen sich an einen in der Nähe gelegenen Bauernhof erinnerte, den er in der Vergangenheit aufgesucht hatte und wo sie vielleicht Unterkunft finden könnten. Die Gruppe ritt in diese Richtung und kam schließlich zu einer Ansammlung von Holzhäusern mitten im Nirgendwo.

Mein Freund ging zusammen mit dem Leiter der Gruppe auf die Gebäude zu, um den Bauern um die Erlaubnis zu bitten, bleiben zu können. Was er vorfand, nachdem eine ältere Frau sie in die bescheidene Behausung der Familie gebeten hatte, erstaunte ihn: Es gab dort eine große Menge frisch gemachter Klöße auf dem Tisch und einen großen, dampfenden Schmortopf über der Feuerstelle. Nicht nur waren die Reiter willkommen und durften die Nacht über bleiben, die Frau hatte für alle ein köstliches Abendessen vorbereitet.

Wie hatte sie wissen können, dass sie kommen?

Als Antwort zuckte die Frau mit den Schultern und lächelte scheu. Als sie am Morgen aufgewacht war, erzählte sie, hatte sie eine Gruppe von 16 Menschen »gesehen«, die an diesem Nachmittag über den Berg kommen, einschließlich mehrerer »riesiger ausländischer Männer«. Also hatte sie für alle ein Essen vorbereitet.

E-Mails, Wi-Fi oder Airbnb? Nicht nötig!

KAPITEL DREI

Leitsätze

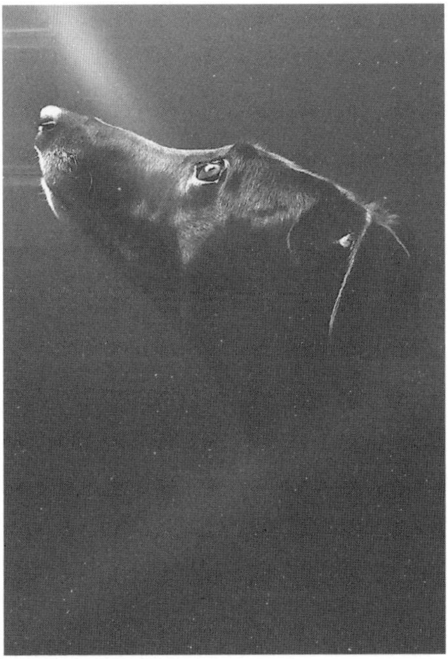

Pixel, die drei Jahre alte Greyhound-Rettungshündin, liebt ausgiebige Nickerchen, mit ihren pelzigen Geschwistern zu spielen und auf ihren Abendspaziergängen die Nachbarschaft zu erforschen.

ALEX CEARNS/HOUNDSTOOTH STUDIO

Was sind die wichtigsten Leitsätze, die der tibetische Buddhismus bereithält, um uns zu zeigen, wie wir unseren geliebten Haustieren sowohl im Leben als auch beim Sterben helfen können? In diesem Kapitel fasse ich die in meinen Augen relevantesten Konzepte zusammen. Obgleich in zusammengefasster Form präsentiert, ist jeder Leitsatz tief greifend in seinen Aussagen.
Leser, die sich näher mit dem tibetischen Buddhismus beschäftigen möchten, können dies mithilfe meiner Bücher *Buddhism For Busy People*, das einen Überblick bietet, und *Täglich 1 x Erleuchtung* tun, in dem detailliertere Vorschläge angeboten werden, wie die buddhistischen Lehren – kollektiv als Dharma bekannt – Teil unseres alltäglichen Lebens werden können.

Alle Lebewesen – Tiere und Menschen – haben ein Bewusstsein

Im tibetischen Buddhismus sind alle fühlenden Lebewesen als *sem chen* bekannt, was mit »Bewusstsein besitzend« übersetzt werden kann. Dabei gibt es keinen Unterschied zwischen Menschen und anderen Lebewesen.
Der tibetische Buddhismus behauptet nicht, dass Kakerlaken, Vögel oder sogar unser geliebter Hund uns intellektuell ebenbürtig sind. Das »Bewusstsein«, worauf hier Bezug genommen wird, ist viel subtiler als das.
Ein Teil der Herausforderung für den Westen, den Buddhismus zu verstehen, besteht in der Spärlichkeit unserer Sprache, wenn es darum geht, Begriffe aus dem Sanskrit oder Pali zu übersetzen. Genauso, wie manche Sprachen viele verschiedene Worte für Schnee aufweist – weil subtile Unterschiede für jene, die in dieser bestimmten Gegend leben, so augenscheinlich sind –, müssen wir uns manchmal bei der Übersetzung von Worten, die unterschiedliche Aspekte des Bewusstseins beschreiben, in den westlichen Sprachen mit groben Annäherungen zufriedengeben.

Das »Bewusstsein«, das wir alle teilen, bezieht sich nicht auf Sinneswahrnehmungen, Intellekt, Erinnerungsvermögen, Persönlichkeit oder viele der anderen Elemente, die die typisch westliche Beschreibung von Bewusstsein ausmachen. Vielmehr bezieht es sich auf ein subtileres Phänomen: »ein formloses Kontinuum von Klarheit und Kognition.«

»Formlos«, weil Bewusstsein nicht materiell ist. Wir können nicht auf etwas Greifbares zeigen und sagen: »Das ist Bewusstsein.«

»Kontinuum« bezieht sich auf die energetische Kontinuität in unserer Erfahrung von Bewusstsein, in der ein bewusster Moment kontinuierlich dem nächsten folgt, wie ein Fluss. Bewusstsein ist nicht statisch – es hat eine dynamische Qualität. »Kontinuum« beschreibt die Art, wie jeder Bewusstseinsmoment das Resultat eines vorangegangenen Bewusstseinsmomentes ist, nicht auf lineare Weise – wie ein kurzer Blick auf unser eigenes Bewusstsein beweisen wird –, sondern als Wirkung oder Folge einer zuvor geschaffenen Ursache.

»Klarheit« beschreibt einen anderen Aspekt des Bewusstseins: Wie es in der Lage ist, zu reflektieren, wahrzunehmen und alles zu erfahren, was geschieht. Buddhistische Lehrer benutzen diverse unterschiedliche Analogien, um diese Eigenschaft zu illustrieren. Der Himmel ist eine dieser Metaphern, wobei jeder Gedanke, jede Wahrnehmung und Empfindung einer Wolke gleicht, die über den Himmel zieht. Wir sollten nicht die Wolken mit dem Himmel verwechseln. Wir sind nicht unsere Gedanken. Gedanken, Glaubenssätze, Interpretationen steigen in unserem Bewusstsein auf, verweilen, bleiben und verlassen es wieder. Nicht ein einziger Gedanke, den Sie je hatten, ist jetzt, beim Lesen dieses Satzes, in Ihrem Bewusstsein präsent. Gedanken haben keine Dauer und können nicht in unserem Bewusstsein verweilen, es sei denn, wir wenden ihnen unsere Aufmerksamkeit zu.

Die Erkenntnis, dass wir nicht unsere Gedanken sind, dass wir die Freiheit haben zu wählen, ob wir uns näher mit ihnen beschäftigen wollen oder nicht, und dass wir lernen können, zum Beobachter unserer Gedanken zu werden, anstatt zu ihrem Opfer, ist eine der entscheidendsten Fähigkeiten, die jeder von uns entwickeln kann. In meinem Buch *Why Mindfulness Is Better Than Chocolate* habe ich ausführlich über dieses Thema geschrieben.

»Kognition« ist die Fähigkeit, wahrzunehmen und zu verstehen. Das Wort umfasst alle Elemente geistiger Aktivität, einschließlich unserer Möglichkeit, zu fühlen, interpretieren, denken, erinnern, planen, visualisieren und so weiter. Wenn mithilfe eines klaren Bewusstseins Erfahrungen entstehen, ist ihre kognitive Funktion das, was wir benutzen, um den Sinn dieser Erfahrungen zu verstehen.

Egal ob wir Mensch, Katze, Taube oder Alpaka sind, jeder von uns besitzt ein Bewusstsein, das als formloses Kontinuum von Klarheit und Kognition beschrieben werden kann.

Alle Lebewesen – Tiere und Menschen – haben Buddha-Potenzial

Wenn wir ein Bewusstsein besitzen, haben wir damit auch das Potenzial, erleuchtet zu werden. Der tibetische Buddhismus besagt, dass wir letztendlich alle erleuchtet werden. Unsere Erleuchtung ist möglich, weil jeder von uns Liebe, Mitgefühl und andere tugendhafte Qualitäten in sich trägt, die – durch ständige Weiterentwicklung – zur Buddhaschaft führen.

Die Entscheidungen zu treffen, oder auch nicht, die uns auf diesem Weg voranbringen, ist natürlich allein unsere Sache. Interessanterweise begegnet man vielen dieser Verhaltensweisen, die uns in eine positive Richtung steuern, auch bei anderen Lehren: Die Vergnügungen der materiellen Welt sind unsicher und kurzlebig; durch das Geben empfangen wir; Handeln ist am effektivsten, wenn es auf Kontemplation beruht. Ob wir aus religiösen oder säkularen Überzeugungen handeln, ist unerheblich: Wann immer wir positive Resultate erzielen, hat dies automatisch eine positive Auswirkung.

Beim Umgang mit Tieren sollte uns bewusst sein, dass wir es mit Lebewesen zu tun haben, die genauso viel Buddha-Potenzial haben wie wir. Und wenn man bedenkt, dass der Prozess der Erleuchtung in den meisten Fällen ein langwieriger ist, wer weiß, ob unser Hund oder unsere Katze nicht schneller dahin gelangt als wir?

Der buddhistische Weise Shantideva, der im achten Jahrhundert das Buch geschrieben hat, das wohl mit Recht als das erste Selbsthilfebuch der Welt bezeichnet werden darf (*Eintritt in den Weg der Erleuchtung*), beschrieb ein einziges menschliches Leben als einen Blitz am Himmel, so schnell ist es vorbei. Was wäre, wenn das Wesen, das gegenwärtig unser geliebter Wellensittich ist, einfach nur ein bisschen negatives Karma abarbeitet, bevor er sich als ein außergewöhnliches menschliches Wesen manifestiert – vielleicht als unsere Mutter oder unser Vater in seiner nächsten Inkarnation? Wer weiß, ob unser Hund nicht das Potenzial besitzt, lange vor uns Erleuchtung zu erlangen? Wir mögen in dieser Lebenszeit Menschen sein – und davon ausgehen, die optimalen Voraussetzungen zu haben, um die Grundlage für unsere Erleuchtung zu schaffen. Doch die Zukunft ist unsicher. Genau wie unsere Handlungen uns in eine bestimmte Richtung katapultieren werden, verhält es sich bei unseren Tieren. Machen wir uns bewusst, dass, nur weil wir jetzt auf eine bestimmte Art mit anderen Wesen in Beziehung stehen, dies nicht für immer der Fall sein wird. Diese Erkenntnis lehrt uns Demut.

Als Tierfreunde haben wir sowohl die Gelegenheit als auch die Verantwortung, unseren engen Gefährten zu helfen, die Voraussetzungen zu schaffen, ihr Buddha-Potenzial zu verwirklichen. Ihre Reise durch das jetzige Leben ist etwas, zu dessen Verbesserung wir viel beitragen können. Dies ist die Basis vieler der Übungen, die in diesem Buch vorgeschlagen werden.

Jeder von uns schreibt seinem eigenen Leben die größte Bedeutung zu

Das Kostbarste für jeden von uns ist, dass wir leben. Wir haben kein Problem, dem zuzustimmen, doch im alltäglichen Leben verliert man leicht die Tatsache aus den Augen, dass das Leben einerseits vergänglich und andererseits extrem wertvoll ist. Wir neigen dazu anzunehmen, dass wir ein hohes Alter erreichen werden, selbst wenn es keinen Grund zu dieser Annahme gibt. Wie oft hören wir Menschen an einem Montag oder Dienstag sagen: »Wenn es doch nur schon Freitag wäre!« Damit wünschen sie sich kostbare Zeit aus einem Leben weg, das unter Umständen wesentlich kürzer sein wird, als sie glauben.

Als Gesellschaft generell neigen wir dazu, das Erreichen von Glück und Erfüllung häufig auf irgendeine mythische Zeit in der Zukunft zu verschieben – das »Ich werde glücklich sein, wenn …«-Syndrom. *Wenn* wir unseren Lebenspartner gefunden haben, oder Kinder hätten, oder *wenn* die Kinder auf eigenen Füßen stehen, oder *wenn* wir ein bestimmtes Ziel erreicht haben – und wenn es nur das Ziel unserer Pensionierung nach einem langen Arbeitsleben ist.

Es gibt keinen größeren Weckruf als einen Autounfall oder medizinischen Notfall, um uns von einem Moment auf den anderen den wahren Wert unseres Lebens bewusst zu machen. Buddhisten werden ermutigt, regelmäßig über die Gewissheit ihres eigenen Todes zu meditieren. Dies geschieht nicht aus morbider Introspektion, sondern aus dem gegenteiligen Grund. Nur wenn wir uns unserem eigenen Tod stellen, wissen wir wirklich, wie wir leben sollen. Nur wenn wir uns die Kostbarkeit jedes einzelnen Tages bewusst machen, können wir wahrhaft im Hier und Jetzt präsent sein und Prioritäten setzen, was und wer wichtig für uns ist.

Als Tierfreunde müssen wir darauf achten, unseren tierischen Gefährten nicht unsere Tendenz aufzuzwingen, die Erfüllung unserer Ziele auf die Zukunft aufzuschieben. Wir sollten auf keinen Fall Mutmaßungen über die Lebensdauer anstellen, wenn es um Wesen geht, die in den meisten Fällen nur einen Bruchteil so lange leben wie wir selbst. Das Leben will gelebt sein, jetzt und hier. Besser geht's eigentlich nicht. Vielleicht wollen wir einen Spaziergang mit unserem Hund aufschieben, weil die Wettervorhersage für morgen besser aussieht. Doch wie hilft das unserem vierbeinigen Freund, das Beste aus dem heutigen Tag zu machen? Die Katze zum x-ten Mal zu bürsten, mag sich wie eine lästige Pflicht anfühlen – doch wenn wir nie mehr die Möglichkeit hätten, es zu tun, würden wir uns nicht viel mehr bemühen, diesen liebevollen Aspekt unserer Beziehung zu pflegen?

Die Kostbarkeit jedes Augenblicks unseres Lebens wertzuschätzen, führt uns zu der Erkenntnis der Heiligkeit des Lebens an sich. Wir haben keinen Grund anzunehmen, dass das Leben eines Tieres für das Tier weniger kostbar ist als unser eigenes Leben für uns. Zu sehen, wie Tiere sich verhalten, wenn sie wissen, dass ihr Leben in Gefahr ist, sagt uns alles, was wir über den Wert wissen müssen, den sie ihrem Leben beimessen: Mütter werden bis zu ihrem letzten Atemzug kämpfen, um ihre Jungen zu beschützen. Tiere, die spüren, dass ihr Leben in Gefahr ist, werden ihr Äußerstes tun, um zu überleben.

Wenn wir von Riesen mit Kanistern voll giftiger Gase über eine weite Ebene gejagt würden, würden wir uns wahrscheinlich nicht anders verhalten als die entsetzte Kakerlake, die kotend im Zickzack über den Küchenboden rennt in verzweifelter Suche nach einem sicheren Rückzugsort.

Dem Leben nicht den geringsten Wert beizumessen, ist, wenn überhaupt, nur dem Menschen möglich. Es gibt keinerlei Beweise für den Suizid bei anderen fühlenden Wesen. Sehr selten stößt man auf Fälle von Selbstverletzung bei Tieren, die in der Wildnis leben. Hingegen gehört selbstzerstörerisches Verhalten der unterschiedlichsten Art bei uns Menschen zu den wachsenden Herausforderungen, mit denen sich Gesundheitsdienste überall in der industrialisierten Welt konfrontiert sehen.

Die buddhistische Sichtweise besagt, dass alle fühlenden Wesen ihr eigenes Leben über alles wertschätzen. Das ist der Grund, warum wir danach streben, das Leben anderer zu schützen. So wichtig ist dieses Prinzip, dass nicht zu töten das erste – und einzig geforderte – Gelöbnis ist, wenn man Buddhist wird.

Jeder von uns wünscht sich, glücklich zu sein und Leiden zu vermeiden

Es mag eine offensichtliche Tatsache sein, dass alle Lebewesen sich genau wie wir Glück wünschen und Leiden vermeiden wollen. Doch lohnt es sich, diese Tatsache zu wiederholen, da sie so oft übersehen wird. Wir haben kein Problem damit zu akzeptieren, dass wir nie genug Glück haben können. Egal wie viel wir bereits genießen, wir wollen noch mehr. Genauso wie wir begierig darauf sind, die kleinste Unzufriedenheit, das geringste Leiden zu vermeiden.

Doch in unserer Jagd nach dem Glück kann es schnell passieren, dass wir die Bedürfnisse anderer übersehen oder geringschätzen. In den Worten von Shantideva:

»Zuallererst sollte ich mich bemühen
Über die Gleichheit des eigenen Selbst und anderer zu meditieren.
Dass ich alle Lebewesen so beschütze wie mich selbst,
Da wir alle gleich sind in dem Wunsch, glücklich zu sein
Und Schmerz zu vermeiden.

Wenn sowohl ich als auch die anderen ähnlich sind in dem,
Was wir uns wünschen,
Was ist dann so besonders an mir?
Warum strebe ich nur nach meinem eigenen Glück?

Und wenn sowohl ich als auch andere
Ähnlich sind in dem, dass wir nicht leiden möchten,
Was ist dann so besonders an mir?
Warum beschütze ich mich selbst und andere nicht?«

Wir üben enorme Kontrolle über die Umstände aus, in denen unsere Haustiere leben. Es liegt in unserer Macht, nicht nur das leckerste und nahrhafteste Futter und die angenehmsten Lebensbedingungen anzubieten, sondern auch mit ihnen spazieren zu gehen sowie ihnen die Anregung und Zuneigung zukommen zu lassen, die ihnen helfen, prächtig zu gedeihen und sich wohlzufühlen.

Dies ist eine Gelegenheit, die wir als solche erkennen sollten, denn wenn wir anderen Liebe, Zeit und materielle Unterstützung geben, sind wir selbst es, die als Erste davon profitieren. Die goldene Regel sagt uns, dass wir, wenn wir geben, ebenso empfangen. Dies ist zu allen Zeiten ein Kernsatz der wichtigsten Lehren gewesen. Zum Beweis müssen wir nur an die glücklichsten Menschen denken, die wir kennen – sie gehören in der Regel zu denen, die gerne geben.

Geben hat meistens nichts mit einer großartigen Geste zu tun oder dem Wunsch nach Anerkennung für unsere Freigebigkeit. Vielmehr geht es um die alltäglichen Momente, in denen wir auf ein Miau reagieren, oder ein Hund uns mit seiner Leine im Mund anschaut, oder ein Vogel, der seine Federn aufplustert in dem Versuch, sich warm zu halten. Es geht darum, hin und wieder ziemlich kleine Dinge mit großer Liebe zu tun und zu erkennen, dass das tiefe Gefühl des Wohlbefindens, nach dem wir uns alle sehnen, aus einer wohlwollenden Verbindung mit anderen Lebewesen resultiert.

Unsere Wahrnehmung der Realität wird bestimmt von Ursache und Wirkung

Als Gesellschaft allgemein halten wir an der irrtümlichen Überzeugung fest, dass unser Glück oder unsere Unzufriedenheit von äußeren Dingen abhängen. Was der Grund ist, warum wir so viel Energie in den Versuch investieren, die äußeren Faktoren unseres Lebens irgendwie gut hinzubekommen: Unser Zuhause, Familie, Karriere, Freizeit, finanzielle Sicherheit, oder was immer sonst wir als Zutaten für unser persönliches Glücksrezept erachten.

In Wahrheit sind diese äußeren Dinge im besten Fall nur unterstützende Faktoren. Die Hauptursache des Glücks liegt im Bewusstsein selbst. Wie wir unsere Umstände betrachten, was wir über sie denken, ist viel wichtiger, als die Umstände an sich. Eine fast identische Situation kann bei zwei Menschen völlig unterschiedliche Gefühle auslösen. Der Unterschied liegt darin, wie sie die Dinge interpretieren. Dies ist nicht nur eine buddhistische Sichtweise – sie ist ebenso die Basis der kognitiven Verhaltenstherapie, eine der am meisten benutzten Methoden in der modernen Psychotherapie.

Woher kommt es, dass wir die Welt auf so unterschiedliche Weise sehen? Die Antwort lautet: aufgrund der Denkweise, an die wir uns gewöhnt haben. Oder, wie Buddhisten sagen würden, aufgrund von Karma.

Kontinuierlich stärken wir das Denkmuster und Verhalten, das die Art und Weise formt, wie wir künftig die Realität erfahren. Wenn wir unseren Fokus auf das Negative, mangelnde Ressourcen, Konflikte und Angst richten, wird unsere Erfahrung in der Zukunft noch negativer, konfliktreicher und angsterfüllter sein. Wenn wir uns hingegen auf Dankbarkeit, Mitgefühl und Offenheit fokussieren, fördern wir damit unsere Verbundenheit und Freude. Um Glück zu genießen, müssen wir zuerst die Ursache für Glück schaffen.

Sobald Gedanken in die Tat umgesetzt werden, behandeln wir andere auf eine Weise, die sich sowohl auf unsere aktuelle Beziehung mit ihnen auswirkt als auch auf jene mit anderen in der Zukunft. Somit können wir in einem einzigen Leben einen flüchtigen Blick auf Ursache und Wirkung werfen. Negative und kleinliche Menschen neigen dazu, immer negativer und engstirniger zu werden. Verständnisvolle und offenherzige Menschen werden spontaner und naturgemäß mitfühlender.

Eine umfassendere Sichtweise würde es uns ermöglichen zu sehen, wie diese Muster im Laufe vieler Lebenszeiten funktionieren. Wir würden sehen, wie die energetische Dynamik des Karmas unser Bewusstsein in Situationen und Beziehungen treibt, die auf zuvor geschaffenen Ursachen beruhen. Darauf zu achten, positive Ursachen – energetische Abdrücke – zu schaffen und negative zu vermeiden, ist der Schlüssel zu unserem zukünftigen Wohlergehen.

Das gilt nicht nur für uns, sondern auch für unsere Tiergefährten. Buddha wurde einst gebeten, seine Lehren in ein paar wenigen Worten zusammenzufassen. Seine Antwort lautete: »Füge keine Schmerzen zu. Kultiviere Güte. Bezwinge deinen Geist.« Selbst wenn wir nichts anderes tun können, als Negatives für uns und unsere Haustiere zu vermeiden, ist dies ein guter Anfang. Ob es darum geht, unserer jagenden Katze ein Halsband mit Glöckchen anzulegen, oder unseren Hund von Begegnungen mit Personen oder Tieren fernzuhalten, die seine Aggression wecken könnten – wir werden uns immer mehr der Tatsache bewusst, wie Tiere ihre Realität erfahren, und können ihnen dabei helfen, ihre zukünftigen Erfahrungen zu formen.

Unserem Hund oder unserer Katze zu helfen, Güte zu entwickeln, scheint ein bisschen hoch gegriffen, doch es gibt vieles, was wir tun können, um das Bewusstsein unseres Tiergefährten mit eindringlich positiven Bildern, Worten und Verhaltensweisen zu prägen. Wir sollten nie die Wirkung auf das Bewusstsein des Tieres unterschätzen – eine Wirkung, die sich vielleicht erst irgendwann in der Zukunft manifestiert.

Das Beispiel von der Taube und dem indischen buddhistischen Meister Vasabandhu ist faszinierend. Vasabandhu hatte es sich zur Gewohnheit gemacht, auf dem Dach zu sitzen und täglich einen heiligen Text, *Abhidharmakosha*, zu rezitieren. Und jeden Tag hörte ihm dabei eine Taube zu, die auf dem Dach lebte. So tiefgehend waren die Eindrücke, die durch das Hören dieses kostbaren Textes entstanden, dass die Taube nach ihrem Tod eine menschliche Wiedergeburt erreichte. Eines Tages beschloss Vasabandhu herauszufinden, was aus der Taube geworden war, und dank seiner Hellsichtigkeit konnte er sehen, dass sie als Kind einer Familie in einem nahegelegenen Tal wiedergeboren worden war. Er ging, um die Familie zu besuchen, und nach einigen Jahren wurde das Kind unter seiner Obhut Mönch, dem Vasabandhu den Namen Lobpön Loden gab. Lobpön Loden seinerseits wurde ein Experte des *Abhidharmakosha* – manche sagen, dass er sogar den großen Vasabandhu in seinem Verständnis des Textes übertraf – und schrieb vier Kommentare dazu. Wie es sich ergibt, teilt mein eigener verehrter Lama, Geshe Acharya Zhubten Loden, seinen Namen.

Haustiere sind nicht zufällig in unserem Leben

Wenn jemand Sie fragen würde, wie Sie zu Ihrem Haustier kamen, werden Sie vielleicht von einem Besuch beim örtlichen Tierheim erzählen; oder dass Sie einen Hund adoptiert haben, als sein Besitzer wegzog; oder wie Sie ein Vogeljunges fanden, das aus seinem Nest gefallen war und ohne Ihre Hilfe gestorben wäre. Mit anderen Worten, Sie würden eine Antwort geben, die der konventionellen Realität entspricht. Doch dabei handelt es sich um eine Realität, die nur Sie betrifft.

Viele Menschen, die dasselbe Tierheim besuchen, sind an der Katze vorbeigegangen, in die Sie jetzt so vernarrt sind. Andere hatten vielleicht kein Interesse daran, einen Hund zu adoptieren, oder wären vielleicht nur bereit gewesen, ihn vorübergehend in Pflege zu nehmen. Und warum sind Sie genau in dem Moment an diesem bestimmten Baum vorbeigekommen, als das Vogeljunge, verschrumpelt und piepsend, Ihre Aufmerksamkeit auf sich gezogen hat?

Wie oben beschrieben, besagt die buddhistische Sichtweise, dass unsere Wahrnehmung der Realität von Ursache und Wirkung oder Karma gelenkt wird. Was bedeutet, dass nichts, was wir erleben, willkürlich passiert – und dass die Tiere, mit denen wir unser Leben teilen, nicht aus Zufall hier sind. Unter den zahllosen Lebewesen allein auf dem Planeten Erde geschieht es nicht durch irgendeinen willkürlichen Zufall, dass wir unser Zuhause und unser Leben mit nur ein paar wenigen besonderen Wesen teilen: Der Grund dafür ist, dass wir eine sehr starke Verbindung mit ihnen haben.

Das formlose Kontinuum von Klarheit und Bewusstsein – unser Geist – hat sich durch zahllose Erfahrungen der Realität gefädelt, wie ein Faden durch eine endlose Perlenkette mit unterschiedlichen Farben. Manche dieser Erfahrungen sind positiv gewesen, andere eher das Gegenteil – alles hängt von dem Karma ab, das wir schaffen.

In jeder Inkarnation haben wir mit vielen Lebewesen interagiert, aufeinander eingewirkt und uns gegenseitig beeinflusst. Wir hatten Eltern, Geschwister, andere Menschen, denen wir nahestanden und solche, mit denen wir Konflikte hatten. Unsere Beziehung zu dem Wesen, das in diesem Moment zu unseren Füßen oder auf unserer Schulter hockt, kann in einem anderen Leben erstaunlich anders gewesen sein. Oder sogar zu einer anderen Zeit in diesem Leben. Doch bestimmte Faktoren und ein zwingender Grund haben uns wieder zusammengeführt.

Im Buddhismus hat unsere Beziehung zu den Eltern, vor allem der Mutter, eine besondere Bedeutung. Es sind unsere Mütter, die die Last auf sich genommen haben, uns durch die Schwangerschaft zu tragen, große Schmerzen zu erdulden, um uns auf die

Welt zu bringen, und uns zu versorgen, wenn wir verletzlich und hilflos sind. Obgleich viele Menschen mit Kindheitserfahrungen fertigwerden müssen, die alles andere als ideal waren, werden die meisten von uns in der Regel ein Gefühl tiefer Dankbarkeit gegenüber ihren Müttern entwickeln.

Darüber hinaus werden wir dazu ermutigt, jedes fühlende Wesen so zu betrachten, als wäre es in einem früheren Leben unsere Mutter gewesen. Jedes schnurrende, fliegende, brüllende und hopsende Wesen bezeichnen wir nicht nur als »fühlendes«, sondern manchmal als auch »mütterlich-fühlendes« Wesen in Anerkennung dieser potenziellen früheren Beziehung.

Das ist eine tief greifende, bewusstseinsverändernde Vorstellung. Menschen, die mit dem Buddhismus noch nicht vertraut sind, empfinden es als überwältigend oder gar erdrückend. Im Vergleich dazu ist es mit Sicherheit eine sehr unterschiedliche Sichtweise, Haustiere als reine Spielzeuge zu sehen: minderwertig, moralisch irrelevant und letzten Endes überflüssig. Indem wir sie als mütterlich-fühlende Wesen sehen, gestalten wir die gesamte Basis unserer Beziehung neu und kultivieren damit Respekt, Dankbarkeit und Liebe.

Die Tiere, mit denen wir unser Leben teilen, sind schon zuvor sehr wichtig für uns gewesen. Jetzt haben wir die Gelegenheit, uns für vergangene Freundschaftsdienste zu revanchieren und sie gleichzeitig bestmöglich auf die Zukunft vorzubereiten. Auf diese Weise haben wir die Möglichkeit, die Grundlage für unser eigenes zukünftiges Glück zu schaffen. Wie wir geben, so empfangen wir.

Wir können viel tun, um Haustieren während des Sterbevorgangs zu helfen

Wir leben in einer Gesellschaft, die überempfindlich und angstvoll auf das Thema Tod und Sterben reagiert. Doch dieses wichtige Thema zu vermeiden, leistet uns keinen guten Dienst. Für Buddha war das Nachdenken über den eigenen Tod die wichtigste Form der Meditation. Wie bereits an früherer Stelle erwähnt, verändert sich der Wert, den wir unserem Leben und allem, was uns wichtig ist, beimessen, wenn wir erkennen, wie flüchtig unsere irdische Existenz in Wahrheit ist.

Über Sterben und Tod nachzudenken ermutigt uns, mit größerer Intensität und Dankbarkeit zu leben – doch das ist nicht der einzige Grund, warum wir es tun sollten. Indem wir uns mit dem vertraut machen, was bei unserem Tod und in den anschließenden Bardo-Zuständen geschieht, die unserer wahrscheinlichen nächsten Wiedergeburt vorausgehen, sind wir besser in der Lage, den Sterbevorgang zu akzeptieren, wenn es so weit ist, und während dieser wichtigen Zäsur die Kontrolle über unser eigenes Schicksal zu übernehmen.

Außerdem sind wir besser in der Lage, anderen zu helfen, wenn ihre Zeit gekommen ist.

Eine der schlimmsten Erfahrungen für Tierfreunde ist der Moment, wenn unser Gefährte schwer erkrankt. Angesichts des bevorstehenden Verlusts und der Trauer fühlen wir uns total hilflos. Nach einer hoffnungslosen Diagnose glauben wir vielleicht, dass es nichts gibt, was wir tun können, um unserem geliebten Tier zu helfen.

Doch in Wahrheit gibt es etwas, das wir tun können.

Der Buddhismus bietet uns die Möglichkeit, die Dinge in einem neuen Licht zu sehen, damit wir uns nicht auf uns selbst und unser eigenes Gefühl der Verzweiflung fokussieren, sondern darauf, wie wir unserem Gefährten helfen können, der eine ungeheuer wichtige Zeit des Übergangs erlebt, bei dem sich sein Geist von einer bestimmten Art der Erfahrung hin zu einem neuen Sein bewegt.

Weit davon entfernt, hilflos zu sein, kann die ungeheuer starke karmische Verbindung, die wir mit unserem Tiergefährten haben, dabei helfen, dass wir ihn auf seiner Reise unterstützen. Trauer ist ein natürlicher Teil des Prozesses. Doch wir müssen um des Tieres willen stark sein, damit wir die Schritte vornehmen können, die ihm zugutekommen – und uns ebenso.

Zu den am meisten gelesenen Blogs auf meiner Webseite gehören solche, bei denen es darum geht, wie Sie Ihr geliebtes Tier durch den Sterbeprozess begleiten können. Aus diesem Grund widme ich ein Kapitel in diesem Buch (Kapitel Neun) diesem Thema, mit dem die meisten von uns irgendwann konfrontiert werden. Sicher wünschen wir es uns nicht, doch Sterben ist nicht nur völlig normal und unvermeidlich; oft liegt es in unserer Macht, dazu beizutragen, dass unsere Haustiere einen friedlichen und positiven Tod erfahren und sich auf diese Weise bestmöglich auf die Zukunft vorbereiten. Wahrscheinlich können wir an diesem entscheidenden Wendepunkt mehr für sie tun als in irgendeinem anderen Augenblick in ihrem Leben. Wir erhalten ein einzigartiges und wunderbares Privileg und haben die Möglichkeit, voll Weisheit und Mitgefühl zu handeln.

Bodhichitta ist die wirkungsvollste Tugend

Bodhichitta ist der Wunsch, erleuchtet zu werden, um alle fühlenden Lebewesen zur Erleuchtung zu führen. Basierend auf dem Mitgefühl für das Leiden, das wir bei den fühlenden Wesen überall um uns herum sehen – nicht nur jene, die gegenwärtig in menschlicher Form inkarniert sind –, sowie auf dem Wunsch, eine dauerhafte Lösung sowohl für das Leiden anderer als auch unser eigenes zu finden, ist Bodhichitta das uneigennützigste Motiv überhaupt. Um es einfach auszudrücken: Niemals gab es eine großartigere oder allumfassendere Absicht als diese.

Die Absicht ist extrem wichtig bei der Gewichtung des Karmas. Als Beispiel: Die karmischen Auswirkungen, wenn man jemandem aus Versehen auf den Fuß tritt oder dies bewusst tut, um ihm Schmerzen zuzufügen, sind völlig unterschiedlich, selbst wenn die physische Aktion und Reaktion identisch sind. Da Bodhichitta die segensreichste aller Absichten ist, besagt der tibetische Buddhismus, dass wir eine umso positivere Auswirkung auf unsere Realität erzielen, je mehr unsere körperlichen, sprachlichen und geistigen Aktionen von Bodhichitta motiviert sind. Schritt für Schritt bewegen wir uns damit hin zu unserer Erleuchtung.

Der tibetische Buddhismus fordert uns auf, uns bei allem, was wir tun, Bodhichitta ins Gedächtnis zu rufen, bis uns diese Absicht in Fleisch und Blut übergeht. Der Prozess kann sich zu Beginn erzwungen anfühlen, doch er folgt dem erwiesenen psychologischen Prinzip: Wie wir denken, so werden wir.

Haustiere geben uns viele Gelegenheiten, uns täglich an Bodhichitta zu erinnern. In diesem Sinne mögen sie mehr zu unserer eigenen Entwicklung beitragen, als wir zu ihrer. Jedes Mal, wenn wir sie füttern, streicheln oder mit ihnen rausgehen, können wir uns den Satz vorsagen: »Durch diesen Akt der Liebe/Güte/Großzügigkeit möge ich Buddhaschaft erlangen, um alle Lebewesen zur Erleuchtung zu führen.«

Viele der Übungen in diesem Buch beziehen sich auf Bodhichitta, den Geist und das Herz der Erleuchtung, von Shantideva auf wunderschöne Weise beschrieben:

»Die Absicht, allen Lebewesen von Nutzen zu sein,
Die in anderen nicht erwacht, auch nicht zu ihrem eigenen
Segen,
Ist ein außergewöhnliches Juwel des Geistes,
Und ihr Erwachen ein Wunder ohnegleichen.«

Wie können wir unserem Tiergefährten helfen, sich mit dieser Tugend vertraut zu machen? Indem wir ihm ein Beispiel geben, wie man sie leben kann. Indem wir seinen Geist mit gesprochenen Worten und Bildern erfüllen, die das Ziel der Erleuchtung bekräftigen. Indem wir uns unsere Bodhichitta-Absicht so stark vor Augen führen wie wir nur können. Denn die Fähigkeit von Tieren, unsere Absichten zu fühlen, ist viel subtiler, als wir es ihnen gemeinhin zugestehen.

Alles Verhalten ist erlernt, und jeder von uns hat die Fähigkeit, auf erleuchtete Weise körperlich, sprachlich und geistig zu handeln. Wenn wir dies zum Besten unserer Haustiere tun, werden sie genauso ein Teil unserer inneren Entwicklung, wie wir Teil der ihren werden. Durch das Kultivieren des Geistes der Erleuchtung in Verbindung mit unseren Tiergefährten erschaffen wir eine Spirale tugendhafter Kraft, deren Endpunkt ein unvorstellbar großer Segen ist, nicht nur für Mensch und Haustier – wie wir uns in dieser Inkarnation definieren –, sondern für alle fühlenden Wesen, denen wir uns je verbunden gefühlt haben. Jahrtausende zurückreichend in unsere gemeinsame Ur-Vergangenheit, und weit hineinreichend in eine außergewöhnliche, gemeinsame Zukunft grenzenloser und ständig wachsender Glückseligkeit.

KAPITEL VIER

Für unsere Haustiere da sein

Reiki-Spezialistin Carolyn Trethewey mit Old Mate in einem Katzen-Rettungszentrum. Carolyn plädiert dafür, bewusst da zu sein, um Haustieren zu helfen, ihre Traumata, zum Beispiel Umzüge, Veränderungen im Haushalt und andere stressige Situationen, besser verarbeiten zu können. Darüber hinaus fördert es Heilung jedweder Art.

In den letzten 15 Jahren hatte ich das Glück, von zu Hause aus zu arbeiten. Von meinem Schreibtisch habe ich einen Blick über den kleinen Vorgarten und eine Straße, wo tagsüber viele Berufstätige auf dem Weg ins Büro sind und abends die Leute aus der Nachbarschaft spazieren gehen. Während ich an meinem Computer sitze und schreibe und sich draußen die vertrauten Tagesrhythmen endlos wiederholen, beobachte ich immer wieder einen bestimmten Trend, der mich wirklich traurig macht. Früh am Morgen, oder am späten Nachmittag, wenn die Nachbarn mit ihren Hunden Gassi gehen, sind viele Menschen heute – anstatt zu gehen, wie sie es früher taten, mit erhobenem Kopf die Umgebung betrachtend – eher damit beschäftigt, ihren Kopf über ein Smartphone zu beugen und die Leine des Hundes fast wie ein Anhängsel zu halten, eine unwichtige Nebensächlichkeit. Sicher, sie machen mechanisch die Bewegungen, um mit dem Hund spazieren zu gehen. Man könnte es »Gassi gehen light« nennen. Der Hund ist nicht länger im Fokus ihrer Aufmerksamkeit. Manchmal scheint das arme Tier nur eine lästige Ablenkung zu sein. Ein junges Mädchen, versunken in die Betrachtung ihres Handybildschirms, zog ständig an der Leine ihres Collies, wann immer er stehen bleiben und etwas schnüffeln wollte – was er mit Sicherheit genauso faszinierend fand wie das, was sein Frauchen auf ihrem Handy sah.

In Bezug auf unsere Gesellschaft allgemein frage ich mich, ob wir vergessen haben, wie wir für unsere Haustiere bewusst da sein können. Wie wir die Tatsache würdigen können, dass auch sie bewusste Wesen sind. Wie sie, genau wie wir, Glück, Begeisterung und neue Erfahrungen suchen. Wie ihre Freiheit – anders als bei uns – den Großteil ihrer Zeit eingeschränkt ist; für einen Hund ist vielleicht Gassi gehen die einzige Gelegenheit, an einer Welt teilnehmen zu können, die sich über die engen Grenzen seines Zuhauses erstreckt.

Das oben erwähnte junge Mädchen ist seit früher Kindheit mit den Collies spazieren gegangen; es gehörte zu ihren täglichen

Pflichten im Haushalt. Meine Frau und ich kannten ihre Familie gut genug, um zuweilen vor der Tür kurz mit ihnen zu reden. Wir wissen, dass sie früher zwei Collies hatten, bis einer vor wenigen Jahren starb. Letzten Monat, nachdem wir das Mädchen länger nicht gesehen hatten, traf ich zufällig ihren Vater, der sagte, dass auch der andere Hund gestorben war.

Wieder zu Hause, tat mir der Hund sehr leid. Vor allem wegen der verpassten Gelegenheiten auf seinen letzten, kostbaren Spaziergängen auf Erden, als ihm die Möglichkeit verwehrt wurde, stehen zu bleiben, zu schnüffeln und sein Revier zu markieren; oder irgendein erdiges Aroma zu genießen; oder einfach nur eine Weile auf jenen vier alten Beinen zu stehen und die Abenddämmerung in sich aufzunehmen.

Auch das Mädchen tat mir leid. Sie hatte nicht begriffen, wie besonders jene Momente hätten sein können. Wie das, was offensichtlich eine tägliche Pflicht war, eine letzte Gelegenheit des intensiven Beisammenseins und der Gnade hätte sein können. Würde sie je auf diese Spaziergänge in den kurzen letzten Wochen zurückblicken und sich fragen, was sie da getan hatte?

Die Vorteile eines ruhigen Geistes

Achtsamkeit ist das Fundament eines spirituellen Lebens. Das mag nach einer radikalen Aussage klingen. Doch ohne Achtsamkeit, selbst auf einer oberflächlichen Ebene, sind wir kaum in der Lage, die Kontrolle über unsere Wahrnehmung der Realität zu übernehmen. Auf einer tiefergehenden Ebene ist Achtsamkeit erforderlich, um die wahre Natur unseres eigenen Geistes zu erfahren und eine innere Transformation bewirken zu können.

Was ist Achtsamkeit? Wahrscheinlich ist die gängigste Definition von Achtsamkeit, *absichtlich und vorurteilsfrei den gegenwärtigen Moment zu beachten.* Diese Definition setzt sich aus drei Aspekten zusammen. Wenn es darum geht, *auf den gegenwärtigen*

Moment zu achten, zeichnen sich die meisten von uns durch ein bestimmtes Maß an Aufmerksamkeit bezüglich dessen aus, was zu jedem beliebigen Zeitpunkt passiert. Selbst das junge Mädchen mit dem Collie.

Doch einen Großteil der Zeit richtet sich unsere Aufmerksamkeit nicht hundertprozentig auf das, was wir sehen, hören, riechen, schmecken oder berühren – was Neurowissenschaftler als den »direkten Modus« bezeichnen. Stattdessen sind wir im »narrativen« Erzählmodus. Wir richten unsere Aufmerksamkeit auf den konstanten narrativen Fluss, das kognitive Plappern, den zusammenhanglosen Monolog, der sich unaufhörlich in unserem Kopf abspielt. Diese innere Erzählung kann davon handeln, was in der Vergangenheit passiert ist, oder was wir wünschen, das passiert oder nicht passiert wäre; von der Zukunft und von dem, was wir hoffen oder befürchten, das passieren könnte. Vielleicht sind wir darin gefangen, das vermeintliche Versagen oder die Erfolge von uns selbst oder anderen zu analysieren. Eine Studie des Harvard Psychology Department kam zu dem Schluss, dass wir circa 47 Prozent unserer Zeit im narrativen Modus verbringen.[1]

Der *bewusste* Teil der Definition bezieht sich auf die Tatsache, dass wir – als Menschen – Achtsamkeit intentional kultivieren müssen. Vielleicht erleben wir achtsame Momente, wenn wir ein Glas Wein genießen, oder den Mond bewundern, oder einen geliebten Menschen umarmen. Doch in der Regel fallen wir ziemlich schnell in den narrativen Zustand zurück.

Es ist wichtig, *vorurteilsfrei* zu sein, wenn wir den gegenwärtigen Moment betrachten. Sobald wir anfangen zu beurteilen, beeinflussen wir unsere Erfahrung und finden uns im narrativen Modus wieder: Dieser Wein ist zu sauer; der Mond ist nicht so voll wie letzte Woche, als ich ihn sah; Veronika hätte weniger Parfüm nehmen sollen; Blablabla ist die Folge.

Wenn wir auch nicht mit Sicherheit wissen, ob andere Tiere von Natur aus achtsamer sind als Menschen: Fest steht, dass es häufig den Anschein hat. Ihre stimmliche Kommunikation ist weniger komplex als unsere, und sie sind weit mehr angewiesen auf nonverbale Zeichen, einschließlich der angeborenen, intuitiven Wahrnehmung, was die konzentrierte Aufmerksamkeit auf den gegenwärtigen Moment erfordert. Falls es so ist, dass Tiere achtsamer sind als Menschen, versetzt sie das uns gegenüber auf vielfältige, wichtige Weise in eine stärkere Position.

Als Erstes denken Sie an die Fähigkeit der Tiere, Glück zu erfahren. Die Studie der Harvard-Universität stellte fest, dass die Fähigkeit, auf das zu achten, was hier und jetzt geschieht, wesentlich ausschlaggebender dafür ist, glücklich zu sein, als das, was wir vielleicht tatsächlich in dem Moment tun. Ein unsteter Geist ist ein unzufriedener Geist, und geistige Ablenkung ist eine Ursache, nicht eine Folge, von Traurigkeit.

Leiden unsere Katzen unter geistiger Ablenkung, wenn sie auf der Veranda sitzen und in die Welt hinausschauen? Verbringen unsere Hunde, am frühen Nachmittag wohlig ausgestreckt auf dem Teppich, ihre Zeit damit, über die Anzahl der Stunden bis zum Abendessen zu grübeln, und was sie tun sollen, um die Langeweile bis dahin zu bekämpfen? Es hat nicht den Anschein. Zum Beweis unserer eigenen mentalen Rastlosigkeit müssen wir nichts anderes tun, als uns an einem ruhigen Ort in einen schönen, bequemen Sessel zu setzen und absolut nichts zu tun. Innerhalb weniger Minuten werden wir selbst die Wahrheit in den berühmten Worten des französischen Philosophen Blaise Pascal entdecken: »Alles Unglück der Menschen ist auf die Unfähigkeit zurückzuführen, still allein in einem Zimmer zu sitzen.«

Über das Denken hinausgehen

Die vorausgegangenen Kapitel dieses Buches haben immer wieder bewiesen, dass Tiere ziemlich regelmäßig auf intuitive Weise kommunizieren. Dies untermauert die These, dass sie generell

achtsamer sind als wir Menschen, und bietet zudem einen wichtigen Blick auf sie als bewusste Wesen.
Im Westen haben wir traditionell die Entwicklung von Sprache und Verstand als etwas betrachtet, das Hand in Hand geht. Begriffliches Lernen, Denken und Kreativität auf hohem Niveau werden als Kennzeichen intellektueller Fähigkeiten gesehen. Die buddhistische Tradition teilt diese Sichtweise, betrachtet sie jedoch nicht als der Weisheit letzter Schluss. Der Grund dafür ist, dass uns der Verstand, geistige Konzepte und die Sprache, die all das unterstützt, nur begrenzt weiterbringen.
Um ein Beispiel zu nennen: Nehmen wir an, Sie sind ein Schokoladenliebhaber, und jemand kommt zu Ihnen, der alles gelernt hat, was man über Schokolade nur wissen kann, aber noch nie welche probiert hat. Wenn dieser Mensch Ihnen seine Erkenntnisse über den Geschmack von Schokolade mitteilen wollte, wie sehr würde es Sie interessieren, was er zu sagen hat? Wahrscheinlich wenig.
Trotz all seines akademischen Wissens – jedoch ohne direkte Erfahrung aus erster Hand –, was könnte er Ihnen, der Sie Ihr Leben lang Schokolade genossen haben, wohl sagen?
Auf exakt die gleiche Weise können Sie die vielen dicken Wälzer studieren, die über die Natur des Bewusstseins und der Wirklichkeit geschrieben worden sind, und sich mit den subtilen philosophischen Unterschieden zwischen einer Denkrichtung gegenüber einer anderen vertraut machen. Doch nichts davon würde eine Rolle spielen im Vergleich zu der unmittelbaren Erfahrung Ihres eigenen Bewusstseins jenseits von Begrifflichkeiten.
Wenn wir achtsam sind, können wir uns auf jeden unserer fünf Sinne berufen: Sehen, Hören, Riechen, Schmecken, Fühlen. Und es gibt noch einen weiteren »Sinn«, den wir benutzen können: unseren Geist. Zu lernen, unseren eigenen Geist zu beobachten, anstatt uns routinemäßig mit den Gedanken zu beschäftigen, die aus ihm entstehen, ist eine der tief greifendsten Dinge, die wir erlernen können. Denn nur wenn wir in der Lage sind,

unser ständiges narratives Geplapper abzuschalten und die Qualität der Gedankenpausen zu erkennen, sind wir in der Lage, die Natur des Bewusstseins an sich zu erfahren.

Meditierende Buddhisten arbeiten daran, ihre Konzentration dahingehend zu schärfen, die subtilsten Bewusstseinszustände zu erfahren. Wir entdecken, dass der Geist kein leeres Nichts ist, sondern eher ein grenzenloser und strahlender Ozean, dem unsere ganze Erfahrung der Wirklichkeit entspringt. Der Geist besitzt zudem eine fühlende Komponente, und dieses Gefühl ist ein Gefühl der Friedlichkeit, das sich – durch die meditative Praxis – zu der Erfahrung tief greifender Glückseligkeit intensiviert.

Verse, geschrieben im zehnten Jahrhundert von dem hochverehrten Meditationsmeister Tilopa, betonen die Natur jenseits aller Begrifflichkeiten dieser Form der Meditation:

»Konzentriert in den leeren Himmel schauend, löst sich
der Blick auf;
Ähnlich verhält es sich, wenn der Geist sich selbst betrachtet:
Die Kette abschweifender und begrifflicher Gedanken endet,
Und höchste Erleuchtung ist erlangt.

Die ursprüngliche Natur des Geistes ist wie der endlose Raum;
Er durchdringt und erfasst alles unter der Sonne Existierende.
Sei still und entspannt in wahrer Leichtigkeit,
Sei still und lass das Geräusch der Stille wie ein Echo
widerhallen,
Halte deinen Geist ruhig und beobachte das Ende aller Welten.«[2]

Für uns Menschen des 21. Jahrhunderts kann still zu sein und unseren Geist ruhig zu halten wie eine fast unmöglich schwierige Herausforderung anmuten.

Was wäre, wenn diese innere Ruhe für Tiere etwas ganz Natürliches ist? Wenn ich unsere Katzen betrachte, zwei ältere Schwestern, die in diesem Moment im gesprenkelten Sonnenschein sitzen und in den Herbstmorgen hinausblinzeln, habe ich das Gefühl, dass sie ganz in diesem Moment leben. Sie nehmen alles wahr, was um sie herum geschieht, beobachten alles mit großem Interesse, und, wenn nichts Besonderes passiert, sind sie zufrieden, einfach nur in wahrer Leichtigkeit entspannt zu bleiben. Könnte die einfache Wahrheit hinsichtlich der Wahrnehmung von Tieren sein, dass sie weniger Gedanken haben als wir und demzufolge weniger geistiges Chaos erfahren? Kann es sein, dass ihr ruhigerer, stillerer Geist nicht nur stärker auf ihr eigenes Bewusstsein eingestimmt ist, sondern auch auf unseres? Das geringere mentale Geplapper im Geist unserer Tiergefährten scheint in Wahrheit ein Zeichen höherer spiritueller Fähigkeit zu sein. Hinzu kommt, dass ein ruhiger Bewusstseinszustand eine größere Empfänglichkeit für subtile Phänomene fördert, was naturgemäß zu Telepathie, Hellsichtigkeit und Vorausahnungen führt. Falls dies der Fall ist, würde es erklären, warum Tiere normalerweise eine weitreichendere mentale Bandbreite erreichen können, als viele Menschen. Deshalb wissen sie zum Beispiel, wann ihre Besitzer nach Hause kommen oder wie sie sich darauf einstimmen, was ihre menschlichen Gefährten in einem anderen Zimmer tun oder fühlen. Es muss ihnen unglaublich erscheinen, dass wir Menschen zu solch überwältigenden Leistungen auf dem Gebiet des Verstands fähig und gleichzeitig nicht in der Lage sind, das zu erkennen, was uns ständig ins Auge springt.

Die optimale Umgebung für unsere Haustiere

Angesichts der Tatsache, dass der Geist unserer Haustiere generell ruhiger und weniger chaotisch ist als unser eigener, und dass die Welt, die sie durch ihre Sinne erfahren, ganz anders ist als unsere – wie können wir dann am besten für ihr spirituelles Wohlergehen sorgen?

Das Wichtigste ist, die optimale Umgebung für sie zu schaffen. Es gibt keine allgemein gültige Antwort, um den Bedürfnissen der vielen verschiedenen Tierarten gerecht zu werden, die wir als Haustiere halten. Viele Papageien zum Beispiel brauchen einen relativ hohen Grad an Stimulation, damit sie sich nicht langweilen, wohingegen die meisten Katzen sich sehr wohlfühlen, wenn sie stundenlang für sich sind. Hunde, als soziale Wesen, mögen es, ihre Zeit mit anderen Hunden oder ihren menschlichen Gefährten zu verbringen. Und natürlich entsprechen nicht alle Katzen, Hunde oder Wellensittiche dem Stereotyp der jeweiligen Spezies. Doch in jedem Fall müssen wir uns der Tatsache bewusst sein, dass unsere Erfahrung der Wirklichkeit, auch wenn sie mit der unserer Lieblinge übereinzustimmen scheint, nicht dieselbe ist wie ihre. Grundsätzlich gilt, dass sie Frieden und Ruhe brauchen.

Tierärzten ist seit Langem bekannt, dass laute Partys und Geräusche wie Gewitter, Feuerwerkskörper und Alarmanlagen unsere Haustiere unter Stress setzen; ebenso ergeht es ihnen bei Veränderungen in ihrer täglichen Routine, sei es durch die Anwesenheit von Gästen oder neuen Familienmitgliedern – egal ob Mensch oder Tier. Extremer Stress kann dazu führen, dass Ihr Haustier sich versteckt, zittert, auf den Teppich kotet oder uriniert, nicht fressen will oder aggressiv wird.

Zu viel Lärm, Stimulation und emotionales Drama, vor allem aggressives Verhalten, belasten Lebewesen mit einem ruhigen und empfindsamen Gemüt. Wie wirkt es sich aus, wenn morgens als Erstes der Fernseher eingeschaltet wird und das Bombardement von Schlagzeilen, Musikfetzen und Werbefilmen über die Tiere (und uns) hereinbricht? Und wenn derselbe Fernseher bis in die Nacht hinein läuft? Aus der Perspektive der Tiere werden sie einer hohen Lärmbelastung in einer unverständlichen Sprache ausgesetzt – und es ist kaum überraschend, dass sich viele Haustiere, wenn sie die Wahl haben, lieber davonmachen und einen ruhigen Ort woanders vorziehen.

Wenn wir Anregung suchen, indem wir uns mit Musik beschallen, oder mit Familie und Freunden ein rauschendes Fest feiern, brauchen unsere Tiergefährten eine Fluchtmöglichkeit. Wenn ein Mensch schwerhörig ist und die Lautstärke des Fernsehers oder Radios aufgedreht werden muss, stellt sich auch hier die Frage: Was ist mit dem Tier? In einer Umgebung, wo es viel Platz gibt, muss man sich wahrscheinlich keine Sorgen machen. Doch in ein einem engen Appartement, oder in einem Haus, in dem es in den kalten Wintermonaten nur in einigen Zimmern warm und gemütlich ist, wären zum Beispiel Kopfhörer eine gute Alternative, um sowohl unsere Bedürfnisse zu erfüllen als auch die unserer Haustiere zu berücksichtigen.
Wir sollten uns der Bedürfnisse unserer Tiergefährten bewusst sein und für eine friedliche Umgebung sorgen. Damit legen wir das Fundament für ihr geistiges Wohlbefinden – und für unser eigenes ebenso.

Bewusste Einstimmung auf unsere Tiergefährten

Nachdem wir das richtige Umfeld geschaffen haben, wie können wir uns bewusst auf unsere Tiergefährten einstimmen?
Indem wir ihnen unsere Aufmerksamkeit schenken.
Die meisten Tierfreunde genießen es, ihren Lieblingen Zeichen der Zuneigung zu schenken und welche von ihnen zu empfangen – das ist der Grund, warum wir sie haben. Doch bewusst für sie da zu sein, mag bei den meisten von uns eine subtile, jedoch sehr wesentliche Veränderung erfordern.
Vielleicht glauben wir, dass wir eine glückliche und fürsorgliche Beziehung mit unserem Haustier führen. Doch angesichts der vielen Anforderungen, mit denen wir uns in unserem turbulenten Leben konfrontiert sehen, kann unser Verhalten gegenüber unseren Tieren in Routine erstarren. Wir reagieren auf die Forderungen eines Papageis, aus dem Käfig gelassen zu werden, indem wir

die bekannten Bewegungen absolvieren: die Tür seines Käfigs zu öffnen, ihn auf unseren Arm klettern zu lassen und ihm vielleicht noch eine liebevolle Nackenmassage anzubieten, bevor er sich auf das Dach seines Käfigs setzt, seinen Lieblingsplatz.

In einem anderen Fall führen wir vielleicht ein »Gespräch« mit unserem Haustier. Beispielsweise erklären wir, nachdem wir von der Arbeit nach Hause gekommen sind, unserem Hund, der entzückt ist, uns zu sehen, was für eine Schande es ist, dass wir diesen Abend damit verbringen müssen, einen Bericht zu schreiben, um ihn rechtzeitig für einen wichtigen Termin am nächsten Morgen abliefern zu können. Selbst wenn das Thema unseres freundlichen Geplauders der Hund selbst ist – wie war denn sein Tag, war er ein guter Junge und hat er dem Wunsch widerstanden, die Fußmatte zu zerkauen? – handelt es sich hier in Wahrheit um bedeutungsloses, wenn auch liebevoll gemeintes Geplapper. Wir sind nicht wirklich da für unseren Liebling. Vielmehr benutzen wir ihn als Adressaten für unseren eigenen nie enden wollenden inneren Monolog.

Viele von uns lieben es, mit Tieren zu reden. Was wir nicht so gut können ist, ihnen zuzuhören. Für sie präsent zu sein. Unser eigenes endloses inneres Geschwafel abzustellen, damit wir uns auf das einstimmen können, was die Tiere uns sagen möchten.

Es bedarf keiner übergroßen Vorstellungskraft, um uns in die Lage eines Lebewesens zu versetzen, das liebend gerne einen Eindruck oder ein Gefühl mit jemandem teilen würde, vielleicht sogar eine wichtige Botschaft, jedoch keine Möglichkeit dazu hat, weil das andere Wesen nie den Mund hält. Wir haben es alle schon erlebt, vielleicht mit älteren und irgendwie schwerhörigen Freunden oder Verwandten. Man versucht es immer wieder, bis man irgendwann merkt, dass man keine Chance hat, zu Wort zu kommen, und aufgibt.

Wie toll wäre es (nicht nur aus der Sicht des Tieres), wenn das andere Wesen sich eines Tages umdrehen und sagen würde: »Es tut mir leid, dass ich so viel Zeit damit vergeudet habe, über mich

selbst zu labern. Jetzt bin ich für dich da. Ich werde mein Bestes tun, um einfach nur offen zu sein für dich und für alles, was du kommunizieren möchtest. Ich bin jetzt ganz still und bereit.«
Was passiert, wenn wir das tun? Wenn Sie es noch nicht ausprobiert haben, schlage ich Ihnen ein Experiment vor (siehe Seite 99). Vielleicht werden Sie schon gleich zu Beginn eine gewisse Veränderung in Ihrer Beziehung feststellen. Sie öffnen die Tür zu einer ganz neuen Dimension voll Möglichkeiten, wenn Sie für Ihr Haustier bewusst da sind.

Achtsamkeit als Basis für die Kommunikation mit Tieren

»Vor langer Zeit, als Tiere sprechen konnten« – mit diesen Worten begannen zuweilen die Volkssagen vergangener Zeiten, indem sie sich auf die idealisierte Unschuld einer Epoche beriefen, als Menschen und Tiere miteinander kommunizierten und die Welt in gegenseitiger Achtung, Respekt und Harmonie teilten.
Das Konzept der »Sprache der Vögel« beruht darauf und weist auf eine Form der Kommunikation unter Vögeln hin, die – da sie als fliegende Wesen »dem Himmel nahe sind« – traditionell als göttliche Boten betrachtet wurden.
Taoistische Texte spiegeln die gleiche Idee wider:

»Auch heute in dem Land von Jie im Osten gibt es viele Menschen, die die Sprache domestizierter Tiere verstehen; diese Erkenntnis ist selbst für unser begrenztes Wissen nachvollziehbar. Die göttlichen Weisen längst vergangener Zeiten kannten die Gewohnheiten all der Myriaden von Dingen … die Tatsache, dass die Weisen … menschliche Wesen aus den acht Gegenden zusammenriefen, und danach die Vögel und wilden Tiere und Insekten, weist darauf hin, dass es keine großen Unterschiede in Bewusstsein und Intelligenz zwischen den Lebewesen gibt.«[3]

Da wir die meiste Zeit unserer Existenz im Einklang mit der Natur gelebt haben, hatten wir seit jeher vielfältige Verbindungen mit Tieren: von engen Freundschaften mit Katzen und Hunden, die sich durch die Jahrtausende fortgesetzt haben, bis hin zu Ehrfurcht und Respekt gegenüber jenen Tieren, die uns inspirieren, und Verbundenheit mit anderen, die ihr ganzes Leben damit verbracht haben, uns treu zu dienen.

Doch was wäre, wenn es tatsächlich eine Zeit gab, als Tiere sprechen konnten? Oder als Menschen zuhören konnten? Könnte es sein, dass sich nicht so sehr die Fähigkeit der Tiere zu kommunizieren verändert hat, sondern wir vielmehr unsere eigene Fähigkeit verloren haben, darauf zu hören, was sie sagen?

Telepathie scheint die Basis zu sein, auf der Tiere gewöhnlich Botschaften senden und empfangen, ermöglicht durch ihr relativ entspanntes Gemüt. Als Menschen haben wir uns so weit von der Natur entfernt, und unser Geist ist dermaßen aufgewühlt, dass es nicht verwunderlich ist, dass wir kein Wort von dem hören können, was Tiere uns zu sagen versuchen. Ihre intuitiven Signale erreichen uns genauso gut, wie wenn uns jemand bei einem Heavy-Metal-Konzert etwas zuflüstert.

Zu unserem Glück steht im Buddhismus die Beruhigung des Geistes an erster Stelle. Er bietet eine Fülle praktischer Werkzeuge, um uns zu helfen, unsere geistige Unruhe zu bändigen. Daher wird es Sie nicht verwundern, dass unter den erfahrensten Meditationsmeistern subtile Phänomene wie Hellsichtigkeit, Telepathie und Vorahnungen als Nebenprodukt eines ruhigen Gemüts gelten. Als Buddhisten streben wir nicht nach Hellsichtigkeit. Doch im Streben nach zunehmend feineren Erfahrungen des Bewusstseins entwickelt sich Hellsichtigkeit ganz automatisch als Nebenprodukt mit.

Da der Buddhismus die marktschreierischen Zurschaustellungen von Siddhis, oder paranormalen Kräften, missbilligt, werden die meisten Meditierenden niemals öffentlich verkünden, dass sie irgendwelche besonderen Fähigkeiten besitzen; und diejenigen, die es dennoch tun, sollten mit Vorsicht genossen werden. Doch wenn wir Zeit in buddhistischen Kreisen verbringen, entdecken wir irgendwann, dass unsere Handlungen für unsere erleuchteten Meister so offensichtlich sind, als würden sie uns mit einer Videokamera folgen. Manche werden sogar unter vier Augen zugeben, dass alles, was wir tun, für sie so klar ist, als würden sie uns auf der Leinwand sehen – selbst wenn wir uns auf der anderen Seite der Welt befinden.

In den letzten Jahren hat der Bereich der Tierkommunikation an Bedeutung zugenommen, mit immer mehr Büchern und Trainingsprogrammen, von Autoren veröffentlicht, die aus den verschiedensten Bereichen auf dieses Thema gestoßen sind. Früher die Domäne von Hellsehern und Wahrsagern – die, wenn es nach Papst Gregor IX. gegangen wäre, bei lebendigem Leibe auf dem Scheiterhaufen verbrannt worden wären – ist Tierkommunikation zu einer aufkommenden Disziplin geworden, mit einer Vielzahl von Praktizierenden, einschließlich solcher aus traditionell intellektuellen Kreisen, zum Beispiel Veterinärmediziner und Umweltschützer. Manche zeigen wahrhaft verblüffende Resultate, wenn es darum geht, verlorene Haustiere zu finden, das Verhalten von depressiven oder aggressiven Tieren zu verändern und die Ursache von Problemverhalten oder einer Krankheit zu diagnostizieren.

Allen Tierkommunikatoren ist die Fähigkeit gemein, ihren eigenen Geist ruhigzustellen, ihre Gedanken loszulassen und sich stattdessen auf jegliche Botschaften zu fokussieren, die ein anderes Wesen aussendet. Wenn unterschiedliche Lehrer auch unterschiedliche Aspekte betonen, neigen sie generell dazu, ein paar wichtige Leitsätze zu teilen, wenn sie mit Haustieren kommunizieren:

Eine friedliche Umgebung, frei von digitaler Ablenkung, ist einer subtilen Kommunikation zuträglicher als ein Ort, wo es laut ist und wir gestört werden könnten.

Achten Sie auf den richtigen Zeitpunkt, der sich nicht mit einer bevorstehenden Mahlzeit, dem üblichen Abendspaziergang oder einer anderen regulären Aktivität überschneiden sollte, die eine Ablenkung darstellen würde.

Wir müssen unseren eigenen Geist entspannen und uns öffnen, um aufnahmebereit zu sein.

Davon ausgehend, dass sowohl das Tier als auch wir entspannt und präsent sind, **sollten wir in förmlicher Weise unser Tier fragen, ob es bereit ist, mit uns zu kommunizieren.** Nur wenn wir eine positive Antwort bekommen, sollten wir fortfahren, zu Beginn mit einer einfachen Frage.

Positive und negative Reaktionen können unterschiedliche Formen annehmen, von nonverbalen Aktionen – wenn zum Beispiel Ihre Katze von ihrem Platz aufsteht, zu Ihnen kommt und Sie mit ihrem Kopf anstößt – bis zu einem Gedanken, Eindruck, Gefühl oder gar einem Symbol oder anderen inneren Bildern.

Antworten können verzögert kommen. Schließlich senden wir uns nicht Textnachrichten auf einer Social-Media-Plattform. Es kann eine Weile dauern, bis wir eine Antwort erhalten. Wir müssen geduldig, fokussiert und still bleiben. Darüber hinaus müssen wir einen offenen Geist haben, um eine vielleicht ganz unerwartete Form von Antwort zu empfangen.

Fühlen Sie sich frei, **mit inneren Bildern zu experimentieren,** etwa einem Lichtstrahl von Ihrem Herzen zu Ihrem Liebling, sowie anderen Visualisierungen, die vielleicht für Ihr Tier und Sie von Bedeutung sind.

Üben Sie! Seien Sie bereit, Vertrauen in Ihre eigene Intuition zu entwickeln.

Üben hilft!

Tierkommunikatoren bestätigen allgemein, dass nur relativ wenige Menschen hoch entwickelte Fertigkeiten als Kommunikatoren besitzen, wir alle jedoch bis zu einem bestimmten Grad dieser Art der Kommunikation fähig sind, und viele von uns es auch praktizieren, obgleich wir uns dessen vielleicht nicht immer bewusst sind.

Einen Tipp, den ich mir im Laufe der Jahre zu Herzen genommen habe, ist die Idee, dass Haustiere genauso gut auf innere Bilder reagieren wie auf vokalisierte Aufforderungen. Sie können Ihre Katze rufen, damit sie für die Nacht ins Haus kommen soll, und je nach ihrer Laune und der Wärme des Abends wird sie darauf reagieren, oder auch nicht. Doch versuchen Sie zur Abwechslung mal, nicht zu rufen, sondern sich nur *vorzustellen*, dass Sie rufen und Ihre Katze darauf reagiert. Visualisieren Sie, wie sie durch die Haustür oder durchs Fenster hereinkommt. Vielleicht werden Sie überrascht sein festzustellen, dass dies genauso wirksam ist wie das tatsächliche Rufen, wenn ein paar Minuten später Ihre Katzenfreundin erscheint – oder, durchaus möglich, nicht erscheint!

Ein wichtiger Punkt bei dieser Methode ist interessanterweise, dass das, was Sie visualisieren, mit dem, was Sie sagen, übereinstimmen muss. Einer Katze zum Beispiel zu sagen, sie solle nicht aufs Sofa springen und sich dabei vorzustellen, dass sie schon draufsitzt, sendet widersprüchliche Botschaften aus, wobei die visualisierte Botschaft die vokalisierte durchaus übertrumpfen kann.

Der Bereich der Tierkommunikation ist faszinierend und entwickelt sich rapide. Gleichzeitig werden in zunehmendem Maße weltweit Studien zu den Themen Wahrnehmungsfähigkeit, Erkenntnisvermögen, Vorahnungen und Verhalten in Bezug auf Tiere durchgeführt. Für Leser, die sich näher mit diesem Thema befassen möchten, empfehle ich die Arbeit von Anna Breytenbach, die Sie auf www.animalspirit.org finden können.

EXPERIMENT: BEWUSST DA SEIN FÜR IHR HAUSTIER

Wählen Sie einen Moment, in dem Ihr Liebling wach und aufmerksam ist, aber nicht unbedingt auf eine bevorstehende Mahlzeit, Ankunft oder einen Spaziergang fokussiert ist.
Setzen Sie sich zusammen an einen ruhigen Ort, zu Hause oder draußen.
Entspannen Sie Ihren Geist ein paar Minuten, indem Sie sich auf Ihren Atem fokussieren.
Jedes Mal, wenn Sie einatmen, lassen Sie mehr und mehr jegliche Gedanken und Gefühle los.
Nachdem Sie Ihren Geist ein wenig entspannt haben, fragen Sie Ihr Haustier, ob es ein paar schöne Momente mit Ihnen teilen möchte. Idealerweise sollten Sie diese Frage nicht nur verbal stellen, sondern außerdem ein inneres Bild erzeugen, wie Sie auf ihn oder sie eingehen, da Tiere empfänglich sein können für visualisierte Zeichen. Versichern Sie Ihrem Haustier, dass es während dieser Zeit im Fokus Ihrer Aufmerksamkeit stehen wird. Was immer es kommunizieren oder tun will, Sie sind offen dafür.
Haben Sie Geduld. Schauen Sie hin. Erwarten Sie nicht, dass die Antwort sofort kommt. Sie kann sich in Form einer Aktion zeigen – etwa wenn das Tier zu Ihnen kommt –, als Symbol oder inneres Bild. Hier geht es nicht um sekundenschnelle Chats.
Wenn Sie eine positive Antwort erhalten, fragen Sie Ihr Tier, was es sich am meisten von Ihnen wünscht.
Bleiben Sie offen und bereit zu antworten.
Machen Sie diese Übung regelmäßig.

KAPITEL FÜNF

Fünf Vorteile eines achtsamen Umgangs mit Haustieren

Die Psychologin Mel Keen mit Will. Der Umgang mit Pferden kann Patienten, die unter traumatischen Störungen leiden, Gelegenheiten zu emotional sicherer und daher weniger bedrohlicher Kommunikation bieten.

VICKI YEATES/FIFTY-TWO PHOTOGRAPHY

Achtsamkeit zu praktizieren ist ein täuschend sanfter und einfacher, wenn auch nicht unbedingt leichter Prozess. Was könnte direkter und angenehmer sein, als schöne Momente mit unseren Tiergefährten zu verbringen? Doch sollten wir die enormen Vorteile dieser wichtigen Praktik nicht unterschätzen. In diesem Kapitel untersuchen wir, was passiert, wenn wir uns wirklich bemühen, die Praxis der Achtsamkeit in Bezug auf unsere Haustiere zu kultivieren.

1. Wir entwickeln engere Beziehungen

Als ich meine Blogleser darum bat, mir Beispiele zu nennen, wie sich das Praktizieren von Achtsamkeit auf die Beziehungen mit ihren Haustieren ausgewirkt hat, erhielt ich jede Menge Antworten von reumütigen Tierfreunden, die zugaben, dass ihre Tiere ihnen gegenüber wesentlich achtsamer waren als umgekehrt. Durch unsere hektische Lebensweise, unseren unruhigen Geist und unsere kulturelle Konditionierung sind viele von uns einfach nicht daran gewohnt, für unsere geliebten Tiere da zu sein. Doch wir alle haben die Fähigkeit, uns zu ändern.

Salin Joseph, eine technische Redakteurin aus Bangalore, erklärte, sie sei Katzenliebhaberin, jedoch aufgrund ihrer Arbeit oft wochenlang nicht zu Hause. Während dieser Perioden kümmerte sich ihr Vater um ihre Katzen, was ihr das Gefühl vermittelte, dass die Katzen mittlerweile eine engere Verbindung mit ihrem Vater hatten als mit ihr.

»Als ich das letzte Mal von einer Reise nach Hause zurückkam, machte ich den bewussten Versuch, in der Zeit, die ich mit den Katzen verbrachte, voll präsent zu sein und nicht an irgendetwas anderes zu denken. Das Resultat war verblüffend. Ich konnte fühlen, wie meine Katzen den Kontakt mit mir aufnahmen. Früher kamen sie nie zu mir und setzten sich auf

meinen Schoß, wenn ich sie rief. Doch dieses Mal war es anders. Ich konnte die positive Energie zwischen uns fühlen. Es ging so weit, dass sie mir folgten, wann immer ich kurz das Haus verließ, und sie waren verspielt und voller Energie. Ich legte alle meine Sorgen ab, wann immer mir meine Katzen ihre unschuldige Liebe zeigten.
Mir fiel sogar auf, dass sie sich immer dann, wenn ich an etwas anderes dachte, von mir entfernten. Bald wurde mir klar, dass Achtsamkeit das größte Geschenk ist, sowohl für meine geliebten Katzen als auch für mich.«

Wenn wir bewusst da sind für unsere Tiere, haben wir die Möglichkeit, sie besser kennenzulernen und ihre Gefühle und Wünsche zu verstehen. Gleichzeitig vertiefen wir unsere Beziehung mit ihnen. Möglicherweise spüren wir, dass unser Tier uns eine Botschaft übermitteln möchte, die in Worte gefasst werden könnte, wie »Ich wünschte, du würdest mich nicht auf diese Weise aufheben«, oder »Ich habe es lieber, wenn das Licht ausgeschaltet ist«. Doch genauso gut kann es sein, dass die Kommunikation jenseits der Begriffe stattfindet – zum Beispiel in Form von Eindrücken, einem Gefühl oder innerem Wissen.
Wie im vorherigen Kapitel beschrieben, ist begriffliches Denken nur *ein* Element des Bewusstseins und, aus der buddhistischen Perspektive, nicht das wichtigste. Die überbegriffliche Erfahrung von etwas ist das, was zählt – der Geschmack von Schokolade anstatt die Theorie darüber, wie Schokolade schmeckt. Oder selbst ein Auto zu fahren anstatt des akademischen Wissens darüber, wie Autos gefahren werden sollten. Die Erfahrung, verliebt zu sein, anstatt den Text von einhundert Liebesliedern zu kennen.
Manche von uns, die gelernt haben, ihre Gefühle zu ignorieren und ihrer Intuition zu misstrauen, empfinden es als schwierig, ihnen mehr Beachtung zu schenken. Doch die Gefühle sind

immer da, direkt unter der Oberfläche. Und selbst wenn wir uns als hundertprozentig rationale Intellektuelle betrachten: Die Wahrheit ist, dass wir dennoch auf die nonverbalen Zeichen unserer Mitmenschen achten und darauf reagieren. Ohne dass man es uns gesagt hat, wissen wir zum Beispiel, was vor der Brust überkreuzte Arme oder die Vermeidung von direktem Augenkontakt in der jeweiligen Situation bedeuten. Wir empfangen nach wie vor nonverbale Informationen, auch wenn wir entscheiden, nicht viel Wert auf diese Informationen zu legen.

Bewusst für unsere Tiergefährten da zu sein erfordert, dass wir diese Hemmungen überwinden und wir wieder lernen, unserer Intuition zu vertrauen. Wir werden nicht immer alles richtig machen, doch gibt es einige Dinge, die wir nicht übersehen werden können – zum Beispiel den plötzlichen Eifer eines Tiergefährten, Zeit mit uns verbringen zu wollen, wenn wir zeigen, dass wir bereit sind, ihm unsere ganze Aufmerksamkeit zu schenken. Das Gefühl der Nähe, das wir genießen, wenn wir auf einer Ebene kommunizieren können, die jenseits aller Worte liegt.

2. Wir sind besser in der Lage, ihnen zu helfen

Entsprechend Ihrer persönlichen Definition von Spiritualität mag die Verbindung, die wir mit unseren Tiergefährten haben, als Ausdruck einer spirituellen Dimension gesehen werden. Mit Sicherheit ist sie nicht auf das rein Materielle beschränkt. Wenn wir in der Lage sind, einen gewissen Grad geistiger Nähe und Verbundenheit zu entwickeln, ist allein dies schon eine wundervoll beglückende Erfahrung. Aus der buddhistischen Perspektive sind wir dadurch auch besser in der Lage, unseren Tiergefährten umfassender zu helfen.

Inwieweit wir irgendein anderes Lebewesen beeinflussen können, hängt zum großen Teil von unserer Beziehung zu ihm ab. Wenn unsere Seelen eng miteinander verbunden sind und wir bestimmte Praktiken, insbesondere die Rezitation von Mantras, gemeinsam durchführen können, ist der positive Einfluss, den wir auf den Geist unseres Tiergefährten haben, schier unermesslich. Aus diesem Grund ist Achtsamkeit im Hinblick auf unseren Tiergefährten die Basis, auf der wir am wirkungsvollsten seine innere Entwicklung voranbringen können. In Kapitel Sieben fasse ich spezifische Übungen zusammen, um das Karma unserer Tiergefährten zu begünstigen.

3. Sie sind besser in der Lage, uns zu helfen

Bewusst da zu sein für unsere Haustiere kann auch uns selbst einige sehr praktische Vorteile bieten. Wenn wir nur halbherzig mit unseren Tieren umgehen und währenddessen telefonieren, fernsehen oder im Internet unterwegs sind, werden wir kaum auf das achten, was sie uns vielleicht unbedingt sagen wollen – vergleichbar mit unserem erfolglosen Versuch, den Monolog eines schwerhörigen alten Mannes im Gemüseladen zu unterbrechen und ihm zu sagen, dass sein Hosenschlitz offensteht. Eine weniger subtile Unterbrechung mag hier vonnöten sein.
Haustiere können uns zuweilen buchstäblich lebensrettende Dinge sagen. Hier ist ein Beispiel von Jane Jackson aus dem Nordwesten der USA:

»Mein freiheitsliebender Kater Max, der nach der Devise lebt, ›Vielleicht darfst du mich streicheln, wenn ich es möchte‹, fing eines Tages an, sich auf meinen Schoß zu setzen und meinen Unterleib mit seinen Pfoten zu kneten. Er folgte mir von einem Zimmer ins andere und behielt mich die ganze Zeit im Auge. Das ging ungefähr einen Monat lang so.
Ungefähr zu diesem Zeitpunkt ging ich zwecks einer Routineuntersuchung zum Arzt und fand heraus, dass ich Dickdarmkrebs hatte.

Max schien gespürt zu haben, dass irgendwas nicht stimmte, bevor ich oder ein Arzt es wussten.
Während meiner Chemotherapie beobachtete Max mich aufmerksam. Folgte mir durchs Haus. Miaute vor der Badezimmertür, bis ich wieder rauskam. Mittlerweile hat er seinen Hang zur Unabhängigkeit wiederentdeckt, oder vielleicht sind es auch die Chemikalien, jedenfalls sitzt er jetzt nicht länger auf meinem Schoß. Er mag diese Nähe nur noch selten.
Aber dieser Kater wusste, dass ich Krebs hatte, bevor ich es wusste.«

Es gibt eine Vielzahl von Berichten über Haustiere und andere Tiere, die versuchen, Menschen vor Krankheiten zu warnen. Nicht wenige dieser Berichte handeln von Delfinen, die bestimmten Körperbereichen von Personen besondere Aufmerksamkeit schenkten, während sie mit ihnen schwammen. In den meisten Fällen wussten die Betreffenden nichts von ihrer Krankheit, bis spätere Untersuchungen enthüllten, was die Delfine ihnen augenscheinlich zu sagen versucht hatten.[1]
Delfine, so wie andere Wale, »sehen« dreidimensional, indem sie ein hochsensibles Sonar – Echolotung genannt – benutzen. Man nimmt an, dass sie ein holografisches Bild empfangen, ähnlich dem, das von machen Abtastgeräten produziert wird. Infolgedessen scheint es kein großer Sprung zu der Annahme zu sein, dass Delfine die Fähigkeit besitzen, ein krankes Organ von einem gesunden zu unterscheiden. Warum sie uns darauf aufmerksam machen wollen, ist ein Thema, mit dem sich die Forschung bislang nicht weiter beschäftigt hat. Doch angesichts der spontanen Art dieser Vorfälle – in manchen Fällen beim Schwimmen mit freilebenden Delfinen im Meer – ist die einfachste und plausibelste Erklärung Empathie und Wohlwollen.
Die bei Weitem größte Zahl von Krankheitsdiagnosen durch Tiere hat mit Hunden zu tun. Während Menschen sich seit

frühester Zeit als Jäger und Sammler auf den Geruchssinn von Hunden verlassen haben, der tausendmal feiner ist als unser eigener, haben wir erst vor Kurzem die potenziell lebensrettende Rolle erkannt, die Hunde bei der Früherkennung einer Vielzahl von Gesundheitsproblemen spielen können. Hunde sind in der Lage, winzige Geruchskonzentrationen im Verhältnis von eins zu einer Billion wahrzunehmen – vergleichbar mit einem Teelöffel Wasser in zwei olympischen Schwimmbecken. Dies macht sie extrem feinfühlig für die kleinsten Veränderungen des Atem- und Körpergeruchs eines Menschen.

Diabetes-Rettungshunde sind trainiert, auf Geruchsveränderungen zu reagieren, die gefährliche Veränderungen im Blutzuckerspiegel anzeigen. Indem sie auf eine bestimmte Weise mit ihrem Besitzer kommunizieren, bieten sie einen wertvollen Alarm an, damit der Betreffende die nötigen Gegenmaßnahmen treffen kann – in der Regel durch die Aufnahme eines schnell wirkenden Kohlenhydratmittels, um eine Unterzuckerung zu vermeiden.

Rettungshunde für Epileptiker, die spüren, wann ein Anfall bevorsteht, bieten das gleiche Frühalarmsystem, wobei die Fähigkeit, einen Anfall vorauszusehen, nur bestimmten Hunden zu eigen ist, was das Training schwieriger macht.

Medical Detention Dogs ist eine britische Organisation, die es sich zur Aufgabe gemacht hat, Krankheitsfrüherkennung bei Menschen durch den Geruchssinn von Hunden zu erforschen. Seit 2002 haben Dr. Claire Guest und ihr Team in mehreren Studien gezeigt, dass Hunde Krebs, zum Beispiel Prostatakrebs, früher und akkurater erkennen können als die üblichen Standardtests. Gegenwärtig werden sie zudem bei der Früherkennung unter anderem von Brust-, Lungen- und Dickdarmkrebs sowie Morbus Parkinson eingesetzt.

Wir beginnen erst langsam zu verstehen, wie wir die weit überlegenen sensorischen Fähigkeiten anderer Lebewesen in ähnlicher Weise nutzen können. Die Wissenschaft ist zunehmend in der Lage, die anekdotischen Beweise zu bestätigen, die bereits zur Verfügung stehen – dass unsere Tiergefährten nicht nur viel feinfühliger auf die Welt um uns herum reagieren als wir, sondern darüber hinaus die Fähigkeit besitzen, extrem nützliches Feedback über unser physisches Wohlbefinden zu geben.

Auch andere Wege, auf denen Tiere uns helfen können, werden langsam immer mehr akzeptiert. Die britische Wohltätigkeitsorganisation Dogs for Good trainiert und bietet Hunde an, die nicht nur Menschen mit physischen Behinderungen helfen, sondern auch Kindern mit Autismus. Diese spezialisierten Hunde können Familien helfen, so einfache Dinge zu tun wie gemeinsam einkaufen zu gehen, was vorher vielleicht unmöglich war. Sie können das Verhalten eines autistischen Kindes verändern, indem sie eine Routine in sein Leben bringen, sein Rückzugsverhalten verringern, ständig wiederholte Aktionen unterbrechen und dem Kind helfen, mit neuen Umgebungen fertig zu werden, die es ansonsten überwältigen würden. Vor allem bieten sie die Liebe und Akzeptanz eines Wesens an, dessen Emotionen nie verwirrend oder schwer zu entziffern sind.[2]

Der Einsatz von Therapie-Hunden und -Katzen in Altersheimen nimmt immer mehr zu. Bis zu einem gewissen Grad betrachten wir sie vielleicht als Haustiere, die eine Rolle wiederholen, die sie seit Jahrtausenden innehaben – alternden Menschen Trost zu spenden. Der einzige wirkliche Unterschied ist der Kontext.

Außerdem finden diverse Tiere zunehmend Anwendung im Bereich der Psychotherapie und Beratung. In ihrer Praxis in den Hügeln außerhalb von Perth in Australien bietet die Psychologin Mel Keen »Equine Assited Counselling and Therapy (EACT)« (Beratung und Therapie mithilfe von Pferden) an. Sie sagt dazu: »Ich habe beobachtet, dass Pferde eine emotional sichere, weniger bedrohliche Option für Klienten bieten, um mit unterschiedlichen Verhaltensfähigkeiten zu experimentieren und Nähe oder Vertrautheit mit einem anderen nicht-menschlichen emotionalen Wesen wiederherstellen zu können. Oft berichten Klienten, dass sie sich von einem Pferd gesehen und verstanden fühlen und dass diese Unterstützung ihnen das Gefühl von Ruhe, Geborgenheit und Kontrolle vermittelt.«

Mel weist darauf hin, dass die heilende Kraft von Pferden keineswegs eine neue Entdeckung ist. Schon 400 vor unserer Zeitrechnung war die »Therapie« mit Pferden Teil der Rehabilitation verwundeter Krieger. EACT ist sowohl in den USA und Europa als auch in Australien weitverbreitet und kann eine besonders intensive heilende Rolle bei der Behandlung von Menschen spielen, die unter einem Trauma leiden.

»Ich bin vor allem an der Neurobiologie von Traumata, der physischen Verarbeitung und der sensomotorischen Herangehensweisen bei Beratungen und in der Therapie interessiert«, erklärt Mel Keen. »Meiner Erfahrung nach unterstützen Therapie-Pferde den Heilungsprozess, indem sie Klienten helfen, sich ihrer Körper und Verhaltensmuster bewusst zu werden. Sie reagieren auf Veränderungen in der Herzfrequenz, der Körperhaltung und dem Muskeltonus des Klienten und bieten sowohl wertvolles Feedback als auch Hilfe bei der Reduzierung der emotionalen Erregbarkeit. Pferde können eine einzigartige Rolle bei der Unterstützung der psychosozialen Rehabilitation und dem Verarbeiten interpersoneller Aspekte von Trauma spielen.«

4. Wir sind mehr auf ihre alltäglichen Wünsche eingestimmt

Wenn wir eine bewusste Beziehung mit unseren Tiergefährten eingehen, öffnen wir uns einer ganzen Bandbreite von Botschaften, einschließlich solchen, die mit ihren alltäglichen Wünschen zu tun haben. Oberflächlich betrachtet mögen diese Dinge nicht besonders wichtig scheinen, doch in dem jeweiligen Moment können sie für unser Haustier von größter Bedeutung sein. Unser eigenes tägliches Leben kann uns in alle möglichen Aktivitäten verwickeln, mit weitreichenden Konsequenzen. Besser auf unsere Tiergefährten eingestimmt zu sein, jeden Tag im richtigen Moment die bewusste Entscheidung zu treffen, einfach mal eine Pause einzulegen und die Verbindung mit unserem Haustier zu erneuern, kann uns dabei helfen das Leben unserer Tiergefährten angenehmer zu gestalten.

Helen Rose aus Tasmanien schreibt dazu:

»Meine Kommunikationserlebnisse sind sehr kurz. Ich weiß immer, wann der Wassereimer zur Neige geht… hahaha!

Das hört sich vielleicht komisch an, aber ich habe zwei Hunde und fülle den Wassereimer jeden Morgen auf, doch in diesem besonders heißen Sommer brauchten die Hunde mehr Wasser. Es scheint, dass ich im Laufe des Tages – egal wo ich bin – einen kurzen ›Gedankenblitz‹ empfange; dann gehe ich raus und prüfe den Wassereimer, und tatsächlich, er ist leer!

Eine andere Art kurzer Kommunikation kommt von meinem Weimaraner, Wilson; ich scheine ihm näher zu stehen als unserem Dobermann. Nachdem ich mit den beiden draußen war, lasse ich Wilson ein Weilchen auf unserem Bett schlafen. Ich mache die Tür zu, damit Sam, der Dobermann, ihn nicht stören und er sich ein wenig ausruhen kann. Auch wenn ich dann diverse Male ins Schlafzimmer gehe, wacht er nicht auf. Vielleicht erledige ich gerade meine Hausarbeit oder mache irgendetwas anderes, und plötzlich kommen mir Gedanken in den Sinn wie: ›Ich möchte jetzt rauskommen.‹ Und was soll ich sagen, wenn ich dann zur Schlafzimmertür gehe, ist Wilson schon da und wartet darauf, dass ich ihm die Tür öffne. Er bellt oder jault nie, aber ich weiß einfach, wann er rauskommen möchte.«

Pferdebesitzer haben mir einige sehr ähnliche Geschichten geschickt. In einem Fall besuchte eine Frau ihr altes Pferd draußen auf dem Feld nur alle paar Tage. Doch eines Tages spürte sie plötzlich das sehr dringende Bedürfnis, ihr Pferd zu sehen. Sie fuhr hin und stellte fest, dass der Hengst lahm geworden war. Sie sagte, dass sie seine Erleichterung angesichts ihrer Ankunft spüren konnte, in dem Wissen, dass man sich bald um ihn kümmern würde.

Viele Leser werden diese »alltäglichen« Beispiele der Einstimmung auf unsere Tiergefährten nachvollziehen können. Vielleicht schauen wir kurz vom Sessel auf und sehen am Fenster das Gesicht unseres Hundes, der ins Haus gelassen werden möchte. Manchmal am Nachmittag, wenn ich am Computer sitze und arbeite, spaziert Kahlua, unsere Schildpattkatze, durch mein Büro in Richtung des Meditationskissens und setzt sich daneben. Ein deutliches Zeichen für mich, dass es Zeit ist für die Nachmittags-Meditation. Kahlua liebt es, neben mir zu sitzen, wenn ich meditiere.

Eine achtsamere Beziehung mit unseren Tiergefährten versetzt uns in die Lage, im täglichen Leben bewusster zu sein und auf ihre Bedürfnisse einzugehen.

5. Wir können in Krisenzeiten besser reagieren

Eine bewusste Verbindung befähigt uns darüber hinaus, in Zeiten einer Krise effektiver zu handeln, indem wir einen Kommunikationskanal öffnen, der ansonsten nicht verfügbar wäre. Noelene Bolton aus Sydney erzählt ihre Geschichte:

»Ein Freund von mir brachte mir meine Golden-Retriever-Hündin von Canberra nach Sydney, und als sie in Sutton Forest eine Pause einlegten, beschloss er, sie ein wenig herumlaufen zu lassen. Unglücklicherweise rannte sie los und verschwand im Wald. Mein Freund suchte verzweifelt nach ihr, konnte sie aber nirgends finden. Als er niedergeschlagen bei mir ankam, einigten wir uns auf den Plan, am nächsten Tag zurückzufahren und sie zu suchen. Als ich gerade dabei war, ins Bett zu gehen, hörte ich plötzlich diese Botschaft in meinem Kopf: ›Fahr sofort nach Sutton Forest, sie wartet auf dich.‹ Ich zog mich wieder an, holte mein Auto und fuhr nach Sutton Forest, das mehr als eine Stunde entfernt liegt. Als ich dort ankam, dachte ich, was mache ich jetzt? Ich verließ die Landstraße, fuhr einen Feldweg entlang, um kehrtzumachen – und meine Scheinwerfer erfassten ihr Gesicht hinter einem Zaun. Ich folge stets meinem Instinkt, selbst wenn ich nicht weiß warum, und dieses Mal hat es sich definitiv bezahlt gemacht.«

Zu erkennen, dass Tiere telepathisch kommunizieren, und bereit zu sein, auf die empfangene Botschaft zu reagieren – selbst wenn das bedeutet, dass wir mitten in der Nacht eine Stunde mit dem Auto fahren –, kann uns die Kraft geben, unseren Tiergefährten zu helfen, besonders in Krisenzeiten. Diesbezügliche Botschaften wahrzunehmen, vor allem in ihrer größten Stunde der Not, ist unter Tierfreunden eine immer wiederkehrende Erfahrung. Achtsamkeit unterstützt diesen Prozess, indem sie unsere Fähigkeit verbessert, den ständigen Gedankenfluss zu unterbrechen, der unseren Kopf füllt; unsere Feinfühligkeit erhöht, Botschaften zu empfangen; und uns mehr Selbstvertrauen gibt, wenn es darum geht, in einer uralten und uns angeborenen Methode der Kommunikation aktiv zu werden.

FÜNF TIPPS FÜR DAS PRAKTIZIEREN VON ACHTSAMKEIT MIT TIERGEFÄHRTEN IM TÄGLICHEN LEBEN

1. Begrüßen Sie Ihr Haustier morgens, wenn Sie aufwachen. Auch wenn Sie noch im Halbschlaf und mürrisch sind, weil es ein Wochentag ist und Sie arbeiten gehen müssen, vergessen Sie nicht, dass das Leben eines Haustieres kurz ist. Jeder neue Tag ist einer der kostbaren wenigen Tage, die ihnen in der Regel vergönnt sind, verglichen mit dem längeren Leben, das Menschen erwarten können. Versuchen Sie, Ihrem Tiergefährten Anerkennung zu geben und die Dankbarkeit zu zeigen, die Sie fühlen, weil er oder sie bei Ihnen ist. Und seien Sie offen für das, was das Tier fühlt, hier und jetzt.
2. Reservieren Sie jeden Tag mindestens zwei mal zehn Minuten, die Sie ausschließlich Ihrem Haustier widmen, um ihm seinen Bauch zu streicheln oder seinen Nacken zu kraulen oder wie auch immer Sie die Gesellschaft Ihres Tieres genießen, mit dem Sie Ihr Leben teilen. Nutzen Sie diese Zeit, um Ihre Gedanken loszulassen und sich auf die Gefühle Ihres Lieblings einzustimmen. Öffnen Sie sich für die Eindrücke, Gefühle und Botschaften, die das Tier vielleicht mit Ihnen teilen möchte.
3. Wenn Sie nach Hause kommen und Ihr Liebling auf Sie losstürmt oder um Ihre Beine streicht, nehmen Sie sich ein paar Augenblicke Zeit, ihn mit seinem Namen zu begrüßen, die Gedanken loszulassen, die Ihnen eben noch durch den Kopf gingen, und dem Tier Ihre ganze Aufmerksamkeit zuzuwenden. Sich zu bücken und ihm kurz auf den Rücken zu klopfen, während Sie noch telefonieren, ist keine Begrüßung. Außerdem: Wie Sie sich fühlen, ist nur die halbe

Geschichte. Wie fühlt sich Ihr Haustier jetzt, in diesem Moment?

4. Wenn Sie mit Ihrem Hund Gassi gehen, lassen Sie das Handy zu Hause, oder beschließen Sie zumindest, es in Ihrer Tasche zu lassen und nur für einen dringenden oder wichtigen Anruf zu benutzen.
5. Bevor Sie abends im Bett das Licht ausmachen, streicheln Sie Ihr Tier physisch – falls Sie das Bett teilen – oder im Geiste, falls es sich in einem anderen Teil des Hauses aufhält, und erinnern es daran, wie viel es Ihnen bedeutet. Seien Sie offen für alles, was Ihr Tiergefährte Ihnen vielleicht sagen möchte.

KAPITEL SECHS

Meditieren mit unseren Haustieren

David meditiert mit Kahlua. Am Nachmittag, wenn sie das Gefühl hat, ich hätte zu lange an meinem Schreibtisch gesessen, stolziert Kahlua direkt über meine Tastatur, springt runter auf den Teppich und erinnert mich an meine Prioritäten.

JANMARIE MICHIE

Wenn Achtsamkeit bedeutet, bewusst und vorurteilsfrei den gegenwärtigen Moment wahrzunehmen, was ist dann Meditation? Eine Definition von Meditation lautet, die Achtsamkeit für einen spezifischen Zeitraum auf ein bestimmtes Objekt zu lenken. Zum Beispiel können wir bewusst auf das eine oder andere Detail unseres Atems achten, wie etwa auf das Gefühl an unserer Nasenspitze, wenn wir ein- und ausatmen, wobei wir den Zyklus viermal wiederholen. Und wir können uns entscheiden, dies zehn Minuten lang fortzusetzen.

Schon meditieren wir.

Der Buddhismus folgt einer etwas anderen Definition von Meditation: Es geht darum, den Geist gründlich vertraut mit etwas Rechtschaffendem zu machen. Der Grund dafür ist, dass der Buddhismus die Meditation als Mittel zu unserer ultimativen Erleuchtung einsetzt.

Egal ob wir aus spirituellen oder rein weltlichen Gründen meditieren, kann man durchaus sagen, dass Meditation für ein achtsames Leben das Gleiche ist wie physisches Training für ein körperlich fittes Leben. Wenn Sie regelmäßig ins Fitnessstudio gehen, werden Sie in der Lage sein, schwere Koffer zu tragen, Treppen hochzusteigen und die physischen Herausforderungen des täglichen Lebens mit größerer Leichtigkeit zu meistern als jemand, der sich kaum bewegt und meistens sitzt. Und auf die gleiche Weise versetzt regelmäßiges Meditieren Sie in die Lage, mit stressigen Arbeitsbedingungen, aggressiven Personen und sonstigen mentalen Herausforderungen mit größerer Leichtigkeit umzugehen als ein Mensch, dem weniger geistige Ressourcen zur Verfügung stehen.

In wissenschaftlichen Versuchen sind bereits unzählige positive Effekte der Meditation bewiesen worden, die zeigen, wie wir physisch und psychisch von dieser Praktik profitieren. Und mittlerweile wird noch viel mehr Forschung in dieser Richtung betrieben. Falls Sie interessiert sind, dieses faszinierende Thema im Detail zu erforschen, möchten Sie vielleicht mein Buch *Why Mindfulness Is Better Than Chocolate* lesen.

Können Tiere wirklich meditieren?

Oft wird gesagt, dass Hunde, Katzen und andere Tiere die idealen Voraussetzungen mit sich bringen, um zu meditieren. Sie sind fähig, lange Zeit still zu sitzen, den Blick ruhig schweifen zu lassen, und erwecken den Eindruck, ohne dem Bedürfnis nach physischer Bewegung oder mentaler Stimulation einfach zu verweilen. Im Gegensatz zu den meisten von uns scheinen sie die Fähigkeit zu haben, allein in einem stillen Raum zu sitzen.

Ob sie nun entsprechend der oben erwähnten Definition meditieren oder nicht, erkennen wir ebenso wenig wie wir die Antwort auf die Frage geben können, ob die Person, die neben uns auf dem Meditationskissen sitzt, meditiert oder einfach nur ihren Tagträumen nachhängt. Doch die Tatsache, dass so viele Haustiere hochgradig empfänglich für alle Formen nonverbaler Kommunikation sowie von Natur aus intuitiv und sogar telepathisch sind, lässt den Schluss zu, dass sie zumindest lange Perioden im gegenwärtigen Moment verbringen, im Hier und Jetzt. Mit anderen Worten, sie sind präsent.

In den Weisheitslehren des Ostens zeichnet sich die Rolle der Meditation durch einen ganz bestimmten Fokus aus: Sie ist das Mittel, mit dem wir die Natur unseres eigenen Bewusstseins verstehen und erfahren können. Der große Vorteil von Meditation besteht darin, dass sie eine direkte Erfahrung unseres eigenen Geistes jenseits von Begrifflichkeiten ermöglicht – etwas, das einen weitaus größeren Wert für uns hat als das rein theoretische Verstehen.

Es gibt keinen Grund, warum unsere Haustiere nicht genau dasselbe erfahrungsbasierte Verständnis von Bewusstsein haben sollten. Bücher zu lesen, Lehrern zuzuhören und ein konzeptuelles Rahmenwerk zu entwickeln mag für die zwanghaften Denker unter uns hilfreich sein. Doch irgendwann müssen wir lernen, Gedanken loszulassen und einfach nur das Bewusstsein als das zu erfahren, was es ist. In dieser Hinsicht ist es durchaus möglich, dass unser Hund oder unsere Katze höher entwickelt ist als wir!

Ein paar Tipps zum Meditieren mit Haustieren

Ich nehme an, dass viele Leser dieses Buches bereits einige Erfahrung mit Meditation haben. Für alle, die gerade erst mit dem Meditieren angefangen haben oder eine kleine Auffrischung brauchen, habe ich später in diesem Kapitel den Abschnitt »Wie man meditiert« eingefügt, der Ihnen grundlegende Instruktionen anbietet. Außerdem haben Sie online auf meiner Webseite www.davidmichie.com Zugang zu einer Vielzahl geführter Meditationen, die Sie kostenlos downloaden können.

Wenn Sie mit Ihren Tierfreunden meditieren, müssen Sie dann die Art verändern, wie Sie normalerweise meditieren? Wenn Ihre Meditation in irgendeiner Weise auf Ihr Haustier bezogen ist, zum Beispiel auf seine Heilung (siehe Kapitel Acht), wird der Inhalt Ihrer Sitzung zwangsläufig anders sein. Generell würde ich vorschlagen, dass Sie beim Ausüben Ihrer gemeinsamen Meditationspraxis nur die folgenden praktischen Schritte berücksichtigen sollten:

ERMÖGLICHEN SIE IHREN HAUSTIEREN, DORTHIN ZU KOMMEN UND ZU GEHEN, WO SIE MEDITIEREN

Als meine Frau und ich von unserer Katze Princess Wussik – die mich zu der Buchreihe *Die Katze des Dalai Lama* inspirierte – adoptiert wurden, hielt ich an meiner Angewohnheit fest, mich jeden Morgen in mein Büro zurückzuziehen und die Tür zu schließen, um in Ruhe und Frieden zu meditieren. Nach ein paar Tagen jedoch hörte ich ein Kratzen an der Tür. Ich ignorierte es, so wie Meditierende gelernt haben, ihre Aufmerksamkeit nicht auf äußere Geräusche zu legen.

Das Kratzen wurde nachdrücklicher. Ebenso wie meine Bemühungen, es zu ignorieren.

Als nach einer Pause das Kratzen von Neuem begann, ergab ich mich dem Unvermeidlichen. Ich stand auf, öffnete die Tür und ließ die kleine Wussik zu mir herüberkommen, wo ich saß, bevor sie es sich neben mir gemütlich machte und zufrieden zu schnurren begann. Es war immer noch ein externes Geräusch, doch eines, an das ich mich gerne gewöhnen konnte.

Wussik weilt nicht länger unter uns, und seither haben meine Frau und ich unser Leben mit anderen Katzen geteilt. Heute schließe ich nicht länger die Tür, wenn ich meditiere, sondern benutze einen Türstopper, um sie weit genug offen zu lassen, dass ein kleiner, wuscheliger Körper hereinschlüpfen kann.

Ihrer eigenen meditativen Konzentration als auch der Annehmlichkeit Ihres Tieres zuliebe empfehle ich Ihnen, eine Tür oder ein Fenster offen zu lassen und damit Ihrem Gefährten die Möglichkeit zu geben, im Laufe der Sitzung zu kommen und zu gehen, ohne Sie zu stören.

Heutzutage stelle ich oft fest, dass immer dann, wenn ich meine Meditation beende, doch bevor ich bereit bin aufzustehen, meine gegenwärtige Meditations-Gefährtin Kahlua zu mir herüberrollt und sich genüsslich streckt, bevor sie sich erhebt und aus dem Zimmer geht. Es ist, als würde sie sagen: »Mit dem Meditieren sind wir fertig. Was jetzt?«

LASSEN SIE IHR HAUSTIER ENTSCHEIDEN, WANN ES PHYSISCHEN KONTAKT HABEN MÖCHTE

Ich weiß, dass einige Menschen sagen, Sie sollten meditieren und dabei die Hand auf Ihren Hund, Meerschweinchen, Hasen oder Katze legen, um Kontakt aufzubauen und das Tier zu beruhigen. Aus meiner Sicht gibt es einen Grund, warum die Sieben-Punkte-Meditationsposition seit 2500 Jahren von Meditierenden benutzt wird, und das ist der Grund, warum ich meine Hände wie zwei Muscheln im Schoß halte, selbst wenn ein Tier direkt neben mir sitzt.

Ihr Haustier muss nicht von Ihnen berührt werden, um von dem friedlichen Zustand Ihres Körpers und Geistes zu profitieren, wenn Sie meditieren. Er oder sie spürt es, selbst wenn sie sich in einem anderen Teil des Hauses aufhalten. Und weil sie generell mehr intuitiv mit uns verbunden sind, als die meisten von uns in der Regel glauben, wissen sie genau, wann Sie in den einzigartigen Zustand übergehen, den das Meditieren hervorruft – das heißt körperlich entspannt sind und einen fokussierten Geist haben. Sollte Ihr Liebling beschließen, sich direkt neben Sie zu legen oder sogar auf Ihren Schoß zu klettern, liegt es natürlich an Ihnen, inwieweit Sie dem Tier entgegenkommen wollen, ohne sich von Ihrer Meditation ablenken zu lassen. Judy Sampson-Hobson schrieb mir in einer amüsanten E-Mail über ihren großen Kater Charlie, der es liebte, sie zu um»pfoten«, seine Nase an ihrer Wange zu reiben und laut zu schnurren.

»Wann immer ich meditieren wollte, Charlie war da. Jedoch schmiegte er sich dann viel achtsamer an. Sehr langsam und behutsam fand er seinen Weg auf meinen Schoß, selbst wenn dies bedeutete, unter einen Schal zu kriechen. Dann rollte er sich zu einem großen, jedoch heimlichen 13-Pfund-Ball zusammen und schnurrte viel leiser, so als wolle er nicht stören, um im nächsten Augenblick einzuschlafen.«

Diese Beschreibung reflektiert genau das, was mir Hundeliebhaber oft als die nicht-so-heimlichen Versuche ihrer großen Hunde beschrieben haben, sich auf ihren Schoß zu stehlen, während sie dabei sind zu meditieren!

AUS DEN AUGEN IST NICHT AUS DEM SINN

Sie können ein Haustier ebenso wenig zum Meditieren zwingen wie einen Menschen. So gerne Sie Ihr Haustier beim Meditieren in der Nähe haben wollen, besser ist es, eine offene Einladung anzubieten, anstatt irgendwelche Forderungen zu stellen. Und mit Sicherheit sollten Sie nicht versuchen, ein widerstrebendes

Meerschweinchen oder Kaninchen im Zimmer einzuschließen, wenn Sie meditieren, in der Hoffnung, dass sie sich der wundervollen Energie hingeben werden, die Sie erschaffen.

Wenngleich wir vielleicht die Fähigkeit verloren haben, uns auf den Geist anderer einzustimmen, gibt es mannigfache Beweise dafür, dass dies bei unseren Haustieren nicht der Fall ist. Soweit es sie betrifft, bedeutet aus den Augen zu sein nicht, dass wir außer Reichweite sind. Unsere Haustiere mögen sich sehr bewusst darüber sein, was wir auf dem Meditationskissen tun, fühlen sich jedoch aus welchen Gründen auch immer nicht geneigt, mitzumachen. Vielleicht ziehen sie es vor, die Erfahrung innerlich mit uns zu teilen anstatt physisch. Oder vielleicht nicht einmal das. Es ist ihr Vorrecht.

Selbst wenn unser Liebling während der Meditation nicht physisch präsent ist, heißt das nicht, dass er das, was wir tun, nicht schätzt oder nicht davon profitiert. Wenn die Meditation für uns noch neu ist, werden unsere Tiere vielleicht eine Weile brauchen, sich dafür zu erwärmen. Machen Sie Ihre Meditationspraxis nicht davon abhängig, ob Ihr Haustier Ihnen dabei Gesellschaft leistet. Es reicht aus, dass Sie Ihr eigenes Gefühl von Wohlergehen, Harmonie und Klarheit des Geistes kultivieren. Ihr Tiergefährte wird zu den ersten Nutznießern gehören.

Die Vorteile des Meditierens mit unseren Haustieren

UNSERE TIERGEFÄHRTEN WERDEN RUHIGER

Haustiere verbinden ihren Geist mit unserem und sind hoch empfänglich für unseren emotionalen Zustand. Denken Sie daran, wie leicht es ist, einen Hund in Aufregung zu versetzen, indem Sie auf und ab hüpfen und begeistert schreien. Die meisten Hundebesitzer werden Ihnen sagen, dass ihr Hund daraufhin innerhalb weniger Sekunden anfängt zu bellen und herumzuspringen.

Haustiere reagieren auch dann, wenn wir ruhiger und entspannter werden. Und von allen bewiesenen Vorteilen der Meditation sind wahrscheinlich die diversen Resultate des Entspannungsprozesses, sowohl körperlicher als auch geistiger Natur, die am besten bekannten. Es ist nachgewiesen, dass Meditation unser Immunsystem stärkt; uns hilft, Schmerzen zu bekämpfen; entzündungshemmend wirkt; Angst und Depressionen entgegenwirkt; und unser Wohlbefinden steigert, um nur ein paar segensreiche Vorteile zu nennen. Wenn wir meditieren, auch wenn wir noch Neulinge auf diesem Gebiet sind, beginnen wir, den tiefgehenden Frieden und das Wohlgefühl unseres eigenen ursprünglichen Geistes anzuzapfen.

Wenn wir mit unseren Tiergefährten meditieren, bieten wir ihnen die Möglichkeit, genau die gleichen Vorteile zu genießen. Die Wissenschaft muss die Auswirkungen noch beweisen, doch die durch Fallbeispiele belegte Intensität, mit der Haustiere sich zu uns hingezogen fühlen, wenn wir meditieren, weist darauf hin, dass es die durch die Meditation hervorgerufene geistig-physische Veränderung ist, die sie so stark anzieht – vielleicht weil sie fähig sind, selbst auf diese Veränderung zu reagieren; oder weil sie sich von unserem veränderten Zustand innerer Balance angezogen fühlen, der ihr eigenes Wohlbefinden verstärkt.

WIR STÄRKEN UNSER VERTRAUEN ZUEINANDER

Regelmäßig etwas gemeinsam zu tun, stärkt auf natürliche Weise die Verbindung zwischen den Teilnehmenden. Es vermittelt ein Gefühl, dass wir etwas teilen, das sich von anderen Aktivitäten unterscheidet, etwas Wichtiges und Segensreiches, das uns miteinander verbindet. Dies trifft besonders dann zu, wenn wir mit unseren Tiergefährten meditieren. Je länger wir immer wieder zusammen meditieren, desto intensiver wird die Verbindung.

WIR VERBESSERN DEN TRAININGSPROZESS

Eine direkte Folge einer intensiven Verbindung ist die gesteigerte Bereitschaft, auch andere Dinge füreinander zu tun. Wir kennen einander, und was am wichtigsten ist, wir fühlen, dass wir im Wesentlichen auf der gleichen Wellenlänge sind. Es ist nicht überraschend, von Hundetrainern zu hören, dass gemeinsames Meditieren mit Haustieren dank der Vertrauensbasis, die dadurch geschaffen wird, den Trainingserfolg verbessert.[1]

WIR KÖNNEN DAS KRÄFTESPIEL IN EINER SCHWIERIGEN BEZIEHUNG VERÄNDERN

Meditation bietet eine Möglichkeit, auf eine ganz andere Art und Weise als sonst zusammen zu sein. Unsere Haustiere lernen uns von einer neuen Seite kennen, eine, die sie leichter teilen können. Manchmal kann dies alles sein, was nötig ist, um störende Hindernisse in einer schwierigen Beziehung zu beseitigen.

Ich habe diverse E-Mails von Personen bekommen, die berichten, dass aus dem Tierheim adoptierte Haustiere verschlossen und unnahbar waren, ihr Verhalten jedoch änderten, sobald sie ihren Besitzer beim Meditieren erlebten.

Mir gefällt diese Geschichte von einer Leserin aus den USA:

»Als ich meinen Lebensgefährten Peter kennenlernte, mochte meine Katze Marney ihn nicht besonders. Sie schien Vergnügen daran zu haben, auf seinem Schoß zu sitzen, sich von ihm streicheln zu lassen, um ihn dann plötzlich zu kratzen und zu beißen. Nicht unbedingt was Neues – ich höre Leute immer wieder sagen, dass die meisten Katzen Veränderungen nicht mögen, und da Peter allergisch ist, hätte das sehr schnell böse für ihn ausgehen können. Das führte dazu, dass unsere gemeinsamen Abende unterbrochen wurden, weil Peter nach Hause gehen musste, um dem ›Katzenproblem‹ zu entfliehen.

Ich rechne es Peter hoch an, dass er es mit uns durchhielt. Er begann regelmäßig Antihistamin zu nehmen und ungefähr zehn Monate später zog er bei mir ein. Marney war ihm gegenüber immer noch gleichgültig, die beiden schien nichts Positives zu verbinden. Wenn Peter sich ›kratzig‹ fühlte, zog er sich in das zweite Schlafzimmer zurück, das zur katzenfreien Zone erklärt worden war.
Peter begann zu meditieren und benutzte dazu die Technik des bewussten Atmens und er tat dies hinter verschlossenen Türen in der Privatsphäre des nicht benutzten Schlafzimmers. Eines Abends hatte er die Tür nicht richtig geschlossen und Marney spazierte herein. Sie sprang aufs Bett und legte sich neben Peter, während er meditierte. Weder verscheuchte er sie, noch kümmerte er sich weiter um sie, doch sie blieb bei ihm, offenbar um sich zu entspannen und die Atmosphäre zu genießen, während sie sich auf den Rücken rollte und sich zum ersten Mal in seiner Gegenwart total wohlfühlte. Heute setzt sie sich oft beim Meditieren neben ihn und genießt die friedliche Energie, und anstatt einfach nur irgendwann nach oben zu gehen, scheint sie sogar zu wissen, wann er meditieren wird. Sie ist viel freundlicher zu ihm und hat ihn seither weder gebissen noch gekratzt, was zu einigen wunderbaren Abenden geführt hat, an denen wir uns alle drei auf dem Sofa zusammengekuschelt haben, wie eine glückliche Familie.«

Die einfache und sanfte Praktik der Meditation bietet einen potenziellen Schutzschalter in problematischen Beziehungen wie die zwischen Marney und Peter. Es ist verblüffend zu sehen, wie sehr sich das Kräftespiel hin zu Akzeptanz und sogar Wärme verlagern kann, ohne die Notwendigkeit einer Intervention, und ohne dass auch nur ein Wort gesagt werden muss.
Ich kann dafür bürgen, dass unsere Haustiere fähig sind, den Unterschied zu erkennen, ob wir meditieren oder einfach nur auf einem Stuhl sitzen. Gelegentlich habe ich, noch auf meinem

Bürostuhl sitzend, beschlossen, ein paar Minuten mit dem Rezitieren von Mantras zu verbringen. Kurze Zeit darauf erschien dann jedes Mal Kahlua, begierig darauf, sich neben mich auf den Schreibtisch zu setzen. Bei einer anderen Gelegenheit habe ich mit meiner Meditation begonnen, während sie draußen auf der Veranda schlief. Irgendwann im Verlauf der Sitzung wachte sie dann auf und erschien prompt mit einem schrillen Miau, das für mich den Eindruck erweckte, sie sei erschrocken darüber, meine Meditation versäumt zu haben.

WIR KÖNNEN UNSEREN TIERGEFÄHRTEN IN ZEITEN DER VERÄNDERUNG HELFEN

Der Aufenthalt in einem Tierheim, in eine neue Familie zu kommen oder mit der gewohnten Familie in ein neues Zuhause umzuziehen… diese Umbrüche können bei Haustieren großen Stress verursachen. Ein geliebtes Wesen zu verlieren – Mensch oder Tier – oder sich an ein neues Familienmitglied gewöhnen zu müssen, stellen Zeiten wichtiger Veränderung dar, in denen das Meditieren mit Haustieren eine Schlüsselrolle beim Abmildern der traumatischen Erlebnisse spielen kann.

Es ist noch nicht lange her, da adoptierte ein uns bekanntes Paar zwei sechsjährige Dackelhündinnen – Schwestern – aus dem örtlichen Tierheim. Da sie vorher noch nie formell Haustiere adoptiert hatten, waren sie sich nicht sicher, ob und wie die Hunde sich eingewöhnen würden. Im Tierheim hatte man ihnen geraten, ihre neuen Gefährten nicht durch zu viel Aufregung zu überfordern, sondern sie ab dem ersten Tag an eine Routine zu gewöhnen und den Dackeln ausreichend Zeit zu geben, um sich an ihre neue Umgebung anzupassen.

Nachdem sie zu Hause angekommen waren und die beiden Hunde sich sofort daran machten, alles näher zu erforschen, schienen sie sich sehr schnell an ihre neue Umgebung zu gewöhnen. Schon am nächsten Tag, als Familienmitglieder zum Grillen vorbeikamen, hießen sie jeden mit wedelndem Schwanz willkommen, so als würden sie sie schon ewig kennen.

Jedes Haustier ist anders, und das gilt auch für die Beziehung zu ihren Besitzern. Meditation übt eine nicht zu unterschätzende Wirkung auf diese Beziehung aus. Als sich die Besitzer der Dackel am ersten Tag nach der Adoption hinsetzten, um zu meditieren, kamen beide Hunde von allein ins Zimmer und setzten sich neben sie. Im Laufe der Zeit hat die eine Dackelhündin eine Vorliebe für das Meditieren mit der Frau entwickelt, während die andere sich beim Meditieren neben den Ehemann setzt. Die Hunde sind so begierig darauf, diese Gewohnheit beizubehalten, dass sie häufig schon vor der Tür des Meditationsraums darauf warten, dass ein Besitzer oder auch beide zur Morgensitzung erscheinen.

Nur wenige Wochen nach der Adoption fühlte es sich an, als wären die beiden Dackel schon seit Jahren Teil der Familie. Die Hunde legten sehr unterschiedliche Persönlichkeiten an den Tag und suchten sich ihre jeweiligen Lieblingsplätze in Haus und Garten selbst aus. Besucher bemerkten häufig, welch überaus zufriedenen Eindruck sie machten – als hätten die Hunde und ihre neuen Besitzer schon ihr ganzes Leben zusammen verbracht.

Wenngleich die Meditation nicht als Ursache für diese erstaunliche Veränderung bewiesen werden kann, haben die Besitzer nicht den geringsten Zweifel, dass die beiden Hunde von der beruhigenden Wirkung profitiert haben, mit zwei Personen zu leben, die regelmäßig meditieren, und dass ihnen dies geholfen hat, sich sicher und behaglich zu fühlen.

Sowohl unseren Tiergefährten als auch uns selbst jeden Tag Zeit zu geben, uns mit dem Frieden und Licht in unserem Inneren wieder zu verbinden, hilft uns, die Ruhe zu bewahren, wenn unsere Welt aus den Fugen gerät, und entsprechend damit umzugehen. Während wir mit dem klarzukommen versuchen, was sich in der äußeren Wirklichkeit verändert hat, ist es von größtem Nutzen, auf täglicher Basis die tiefere, beständigere Wirklichkeit zu erfahren, die uns zeigt, dass letzten Endes alles gut ist.

IM LAUFE DES TAGES WERDEN WIR UNSEREN TIERGEFÄHRTEN GEGENÜBER AUFMERKSAMER

Manchmal merken wir, dass Achtsamkeit ein Leichtes für uns ist. Uns daran zu erinnern, achtsam zu sein, ist das Schwierige. Während es möglich ist, Achtsamkeit durch rein beiläufige Aktivitäten zu kultivieren – zum Beispiel uns daran zu erinnern, achtsam zu sein, wann immer wir ein gutes Essen genießen oder eine Dusche nehmen – erleben wir einen höheren Grad der Achtsamkeit, wenn wir jeden Tag mit einer Meditation beginnen. Meditation ist der beste Weg, unsere Achtsamkeit zu stärken.
Wenn wir mit unseren Haustieren meditieren, stärken wir unsere Gewohnheit, ihnen gegenüber aufmerksam zu sein. Die Entwicklung einer engeren Beziehung mit ihnen und die gemeinsame Erfahrung von Achtsamkeit tragen dazu bei, dass wir auch im Alltag achtsamer werden. Zudem sind wir erreichbarer für unsere Haustiere und optimieren das Potenzial für eine nonverbale Kommunikation.

WIR BEREITEN DEN WEG ZUR HEILUNG

Meditation und Heilung sind sehr eng miteinander verknüpft. Viele Reiki-Praktizierende sagen, dass Meditation Heilung ist. Die Angewohnheit, mit unseren Tiergefährten zu meditieren, stärkt uns darin, unsere segensreiche Aufmerksamkeit und Energie auf ihr physisches Wohlbefinden zu fokussieren. Dieses Thema wird in Kapitel Acht detaillierter beschrieben. Da Haustiere sich so sehr von unserer eigenen Befindlichkeit mitreißen lassen, erleben sie die gleiche Veränderung, wenn wir uns in einen Zustand inneren Gleichgewichts und Wohlbefindens versetzen. Spezifische Methoden zu kennen und zu praktizieren, um das Wohlergehen anderer zu unterstützen, hilft uns, ihre körperliche und geistige Heilung auf eine sanfte, jedoch sehr wirkungsvolle Weise zu fördern.

WIR SORGEN FÜR EINE TIEF REICHENDE PRÄGUNG

Während alle oben genannten Vorteile ihre Berechtigung haben, besteht aus buddhistischer Sicht die Hauptaufgabe der Meditation nicht darin, mit Stress umzugehen oder Beziehungen zu verbessern. Dies sind nur erfreuliche Nebenwirkungen. Die wahre Aufgabe der Meditation besteht darin, das innere Wachstum auf eine Weise zu fördern, die nur durch die direkte Erfahrung der wahren Natur unseres eigenen Geistes jenseits aller Worte möglich ist.

Wenn wir mit unseren Tiergefährten meditieren, prägen wir – abgesehen von irgendwelchen unmittelbaren Vorteilen, die daraus gewonnen werden können – ihr Bewusstsein, oder konditionieren sie, damit sie in zukünftigen Inkarnationen offen für Meditation sind. Wir helfen ihnen, ihren Geist mit einer wertvollen Tugend vertraut zu machen. Wenn sie lernen, den Zustand der Meditation mit Frieden und etwas Positivem zu verbinden, haben wir unseren Haustieren das wundervollste karmische Erbe mitgegeben. Und mehr noch, wenn sie sich mit dem Klang eines transformativen Mantras vertraut machen, kann aus buddhistischer Sicht allein dies die Ursache für sie sein, in ihrem nächsten Leben eine höhere Wiedergeburt zu erlangen.

Um es in zwei Sätzen zusammenzufassen: Wenn wir mit unseren Haustieren meditieren, nützen wir ihnen nicht nur kurzfristig. Wir können ihren Geist auf eine sehr tiefe und positive Weise prägen und ihnen damit helfen, ihren eigenen Weg zur Erleuchtung zu ebnen.

Wie man meditiert: Anleitungen

WO UND WANN?

Es empfiehlt sich, am frühen Morgen an einem ruhigen Ort zu meditieren. Das ist für die meisten von uns das Beste, da wir nach einem guten Schlaf ausgeruht und frisch sind und unser Geist nicht mit allen möglichen Dingen überfüllt ist wie am Abend.

WIE LANGE?

Ich würde vorschlagen, dass Sie mit zehn oder fünfzehn Minuten beginnen, wenn Sie noch nie meditiert haben. Wichtig ist, die Meditation nicht als eine Pflicht anzusehen, sondern als etwas, das Sie tun möchten, oder auf das Sie zumindest neugierig sind und das sich dann im optimalen Fall zu einer Quelle größeren inneren Friedens entwickelt. Idealerweise werden Sie eine Sitzung angesichts dieser neuen Erfahrung mit einem positiven Gefühl beenden, anstatt erleichtert zu sein, dass es vorbei ist. Indem Sie zunächst nur für wenige Minuten meditieren, werden Sie allmählich dank Ihrer verbesserten Konzentrationsfähigkeit die Dauer Ihrer Sitzung ganz automatisch verlängern. Manche Meditierende legen eine Uhr vor sich hin, um die Zeit im Auge zu behalten. Falls Sie feststellen, dass Sie dadurch abgelenkt werden, könnten Sie einen sanften Weckruf auf Ihrem Handy benutzen.

KÖRPERHALTUNG

Ziehen Sie Ihre Schuhe aus und lockern Sie alle engen Kleidungsstücke, wie zum Beispiel einen Gürtel. Am besten geeignet sind T-Shirts oder Sweatshirts, Shorts oder Jogginghosen, oder auch ein Bademantel.

Sitzen Sie mit geradem Rücken. Tausende Jahre lang war die empfohlene Position zum Meditieren das Sitzen auf dem Boden mit überkreuzten Beinen. Doch wenn Ihnen das wegen Rückenproblemen, schmerzenden Knien oder aus irgendeinem anderen Grund zu schwer fällt, ist es völlig in Ordnung, auf einem Stuhl mit gerader Rückenlehne zu sitzen. Von allen Anleitungen bezüglich der Körperhaltung ist dies die wichtigste, da Ihr Rückgrat der Kanal Ihres Zentralnervensystems ist. Ihr Rücken sollte gerade sein, doch seiner natürlichen Neigung folgend an der Basis leicht gekrümmt. Wenn Sie meditieren, ist es wichtig, das Rückgrat weder zusammensacken zu lassen noch künstlich gerade zu halten. Diese Anweisungen gelten immer, egal ob Sie auf einem Meditationskissen oder einem normalen Stuhl sitzen, oder auch im Bett liegen.

Lassen Sie Ihre Hände in Ihrem Schoß ruhen. Legen Sie Ihre rechte Hand in Ihre linke, mit den Handflächen nach oben wie zwei Muscheln, wobei die Spitzen Ihrer Daumen sich ungefähr auf Höhe Ihres Bauchnabels treffen.

Entspannen Sie Ihre Schultern. Idealerweise sollten sie leicht zurückgebogen sein und nach unten zeigen. Dadurch werden Ihre Arme locker an Ihrer Seite ruhen.

Justieren Sie die Neigung Ihres Kopfes. Wenn Sie sich besonders nervös fühlen, neigen Sie Ihren Kopf ein wenig nach unten, da dies helfen wird, die Nervosität zu verringern. Wenn Sie sich schläfrig fühlen, halten Sie Ihren Kopf gerader, um die Schläfrigkeit zu vertreiben.

Entspannen Sie Ihr Gesicht. Ihr Mund, Kiefer und Ihre Zunge sollten weder schlaff noch zusammengepresst und Ihre Stirn entspannt sein. Indem Sie Ihre Zungenspitze hinter Ihre Schneidezähne positionieren, können Sie die vermehrte Speichelbildung kontrollieren.

Schließen Sie die Augen oder schauen Sie ohne sich zu fokussieren auf einen Punkt circa eineinhalb Meter vor Ihnen. Obwohl empfohlen wird, die Augen halb offen zu lassen und nach unten zu schauen, finden die meisten Menschen, die zum ersten Mal meditieren, dass es besser ist, die Augen ganz geschlossen zu halten, um Ablenkungen zu vermeiden.

Sobald Sie Ihre optimale physische Position gefunden haben, nehmen Sie ein paar tiefe Atemzüge und **lassen Sie jedes Mal beim Ausatmen alle Gedanken, Gefühle und Empfindungen los, die Sie gerade noch hatten**. Nutzen Sie diese Übung als eine Art Trennstrich zwischen dem, was bis jetzt in Ihrem Kopf rumort hat, und der Meditationssitzung, die Sie nun beginnen. Versuchen Sie, soweit es Ihnen möglich ist, total in der Gegenwart präsent zu sein, ohne Vergangenheit oder Zukunft, einfach nur im Hier und Jetzt zu ruhen.

Geben Sie sich selbst die Erlaubnis zu meditieren. Für die nächsten zehn Minuten, oder wie lange auch immer Sie zu meditieren beschlossen haben, ist es okay, nicht an irgendeine Ihrer normalen Sorgen denken zu müssen. Dies ist Ihre Auszeit, um sich zu erholen, neue Kraft zu sammeln. Ihr inneres Gleichgewicht wiederzufinden.

Beginnen Sie mit einer klaren Absicht. Nachstehend biete ich Ihnen zwei Optionen an: eine für Menschen, die noch keine Erfahrung mit Meditation und Buddhismus haben; die andere für Personen, die sich in irgendeiner Form dem tibetischen Buddhismus verpflichtet haben.

WELTLICHE ABSICHT

Durch diese Meditation
Werde ich ruhig und entspannt,
Glücklicher und effizienter in allem, was ich tue,
Sowohl mir selbst als auch anderen zuliebe.

Fühlen Sie sich frei, diese Worte zu personalisieren, um Ihre persönlichen Prioritäten hervorzuheben. Vergessen Sie nicht, dass diese Ansagen in der Gegenwartsform und nicht in der Zukunftsform geschrieben werden und positiv formuliert sein sollten (zum Beispiel »Ich bin zunehmend geduldig«) anstatt negativ (zum Beispiel »Ich werde immer weniger wütend«). Außerdem sollten Sie das Wohlergehen anderer zu einem Teil Ihrer Absicht machen.

TIBETISCH-BUDDHISTISCHE ABSICHT

Diese kombiniert drei Übungen: die dreifache Zuflucht (zu Buddha, Dharma und Sangha); die Verpflichtung, die sechs befreienden Handlungen (Großzügigkeit, Ethik, Geduld, freudige Beharrlichkeit, Konzentration und Weisheit) zu praktizieren; sowie den Geist von Bodhichitta zu verkörpern:

Oh Buddha, Dharma und Sangha,
Ich nehme Zuflucht, bis mir Erleuchtung zuteilwird.
Durch das Geben und andere Übungen
Möge ich Buddhaschaft erlangen, um allen Wesen zugutezukommen.

Es hilft, eine formulierte Absicht auswendig zu lernen, damit Sie diese zu Beginn der Sitzung dreimal mit geschlossenen Augen wiederholen können. Auf diese Weise verbinden Sie einen entspannten körperlichen und geistigen Zustand mit dem Text.

Meditation 1: Atemzüge zählen

Das Zählen der Atemzüge wird von den meisten meditativen Traditionen und auf allen Stufen der Meditation angewandt, von Meditationsanfängern bis zu Meditationsprofis. Dafür gibt es eine Reihe von Gründen. Der Atem ist ein sehr praktisches Instrument beim Meditieren, weil wir ihn ohne Schwierigkeit wahrnehmen. Es ist daher ganz natürlich, ihn in den Fokus zu rücken.

Während der Meditation tendiert unser Atem automatisch dazu, langsamer zu werden, was unseren gesamten Stoffwechsel verlangsamt und uns das Gefühl gibt, entspannter zu sein. Ein ruhiger und zugleich fokussierter Zustand dient uns dabei, uns zu stabilisieren.

Bei der folgenden Übung des Atemzählens besteht das Ziel darin, aktiv unseren Fokus auf den Atem zu verlagern. Dies tun wir, indem wir innerlich eine zuvor festgelegte Anzahl von Atemzügen jeweils beim Ausatmen mitzählen. Ich empfehle Ihnen, damit anzufangen von Eins bis Vier zu zählen, bevor Sie wieder bei Eins beginnen.

Das Ganze läuft folgendermaßen ab: Fokussieren Sie Ihre Aufmerksamkeit auf die Spitze Ihrer Nasenlöcher, wie ein Wachtposten, und beobachten Sie den Luftzug, während Sie ein- und dann wieder ausatmen. Im Idealfall sollte die Luft, die Sie ein- und ausatmen, durch die Nase kommen, wobei Ihr Mund fest geschlossen bleibt. Wenn Sie damit aus irgendeinem Grund Schwierigkeiten haben, sollten Sie in jedem Fall Ihre Lippen leicht öffnen, um ein- und auszuatmen.

Beim Ausatmen sagen Sie sich innerlich die Zahl »Eins« vor und beim nächsten Ausatmen »Zwei«, dann Drei, Vier und so weiter. Richten Sie Ihren Fokus auf nichts anderes – folgen Sie zum Beispiel nicht der Luft, wie sie in Ihre Lungen fließt, oder Ihrem Brustkorb, wie er sich hebt und senkt. Erlauben Sie Ihrer Aufmerksamkeit nicht, von der Spitze Ihrer Nasenlöcher zu wandern. Und versuchen Sie, nicht einzuschlafen!

Was wir erreichen wollen, ist wirklich sehr einfach – aber nicht unbedingt leicht. Die beste Art, dies für sich selbst zu entdecken, besteht darin, es auszuprobieren. Schon bald werden Sie merken, wie viele verschiedene Gedanken Ihre Aufmerksamkeit fordern. Obwohl Sie diese Zeit für Ihre Meditation reserviert haben, kann es sein, dass sich sehr schnell gewohnheitsmäßig Unruhe oder Müdigkeit einstellt, bis Sie vielleicht sogar merken, dass Sie nicht einmal bis Vier zählen können!

Dies bezeichnet man als übergroße Unruhe, und wir alle haben sie schon erlebt. Wenn dieser Fall eintritt und Sie erkennen, dass Sie das Objekt Ihrer Meditation, den Atem, aus dem Auge verloren haben, fokussieren Sie sich einfach neu und fangen Sie wieder bei Eins an. Versuchen Sie, sich nicht wegen dieses Aufmerksamkeits-Verlustes zu verurteilen, und laufen Sie nicht in die Falle zu glauben, dass Sie einer der wenigen Menschen sind, die nicht meditieren können. Ihre Erfahrung ist tatsächlich völlig normal. Unser Geist ist erstaunlich erfinderisch darin, Gründe zu finden, Selbstdisziplin zu vermeiden: Sie sollten auf keinen dieser Gründe hereinfallen!

Während Sie sich an Ihre Meditationspraxis gewöhnen, wird Ihr Fokus auf den Atem klarer werden. Versuchen Sie sich verstärkt auf die Details jedes Momentes zu konzentrieren. Das subtile, physische Gefühl auf der Spitze Ihrer Nasenlöcher, während Sie einatmen. Die Kühle der Luft. Das wärmere Gefühl, wenn Sie ausatmen. Beachten Sie den Beginn des Einatmens, wie es sich verstärkt und dann anhält. Die Pause zwischen Ein- und Ausatmen. Dann der Beginn, die Mitte und das Auslaufen beim Ausatmen. Die viel längere Pause am Ende jedes Ausatmens.

Wenn Sie in Ihrer Meditation fortfahren, wird Ihre Atmung wahrscheinlich langsamer, und Sie werden sich der Pausen zwischen dem Ein- und Ausatmen mehr und mehr bewusst. Worauf richten Sie Ihren Fokus dann? Nur auf die Atempausen und die totale Entspannung, die Sie erleben, ohne dass Sie irgendetwas ablenkt, und ohne dass irgendwelche Forderungen an Sie gestellt werden. Dies mag kein ambitioniertes Ziel sein, doch seien Sie versichert, es ist zutiefst beruhigend.

Atembasierte Meditationen sind eine schnelle und äußerst effektive Möglichkeit, Ihren seelischen und physischen Zustand zu beeinflussen. Innerhalb von Minuten werden Sie sich ruhiger und geerdeter fühlen. Angesichts der erwiesenen Fähigkeit von Tieren im Allgemeinen – und unseren Haustieren im Besonderen – intuitiv auf uns zu reagieren, profitieren sie als Erste davon, wenn wir einen Zustand tiefen inneren Friedens und Wohlergehens kultivieren können. Ich erlebe diese simple Wahrheit jeden Tag, wenn meine Katze sich offensichtlich magnetisch zu mir hingezogen fühlt, sobald ich anfange zu meditieren. Häufig kommt sie dann, rollt sich direkt neben mir zusammen und beginnt zu schnurren – ganz im Gegensatz zu anderen Zeiten des Tages, wenn sie mich zuweilen behandelt, als hätte ich eine hochansteckende Krankheit!

Die subjektiven Erfahrungen körperlichen und geistigen Wohlbefindens sind Grund genug, Meditation zu praktizieren. Doch es gibt noch andere, nicht sofort sichtbare, jedoch sehr entscheidende Vorteile, die in diesem Kapitel und dem darauffolgenden beschrieben werden.

BEENDEN SIE IHRE MEDITATION AUF EINE FORMALE ART

Genauso wie Sie Ihre Meditation mit einer klaren Absicht begonnen haben ist es sinnvoll, sie mit einer solchen auch wieder zu beenden. Warum ist das nötig? Weil Ihr geistig-physischer Zustand sich verändert hat, kann das Wiederholen derselben Worte eine größere Wirkung haben, ähnlich dem Stein, der in einen stillen See geworfen wird.

SEKULARE ENDUNG

Durch das Praktizieren dieser Meditation
Werde ich ruhig und entspannt,
Glücklicher und effizienter in allem, was ich tue,
Sowohl mir selbst als auch anderen zuliebe.

TIBETISCH-BUDDHISTISCHE ENDUNG

Oh Buddha, Dharma und Sangha.
Ich nehme Zuflucht und werde erleuchtet.
Durch die Praktik des Gebens und so fort
Möge ich Buddhaschaft erlangen,
Zum Wohle aller Wesen.

Meditation 2: Kokon-Visualisierung

Folgen Sie den oben genannten Anweisungen bezüglich der optimalen physischen und geistigen Haltung beim Meditieren.
Visualisieren Sie sich selbst, wie Sie im Zentrum eines großen Kokons aus goldenem Licht sitzen. Dieses goldene Licht repräsentiert Glückseligkeit, unbegrenzte Energie, Gesundheit, Wohlstand, erfüllende Beziehungen und andere gute Dinge. Bei Ihrem nächsten Atemzug stellen Sie sich vor, dieses goldene Licht und alle seine wundervollen Eigenschaften einzuatmen. Visualisieren Sie das Licht, wie es in Ihren Körper strömt. Mit jedem Atemzug sind Sie mehr und mehr von einem Gefühl großer Glückseligkeit, Energie und Freude erfüllt. Wenn Sie mit Ihrem Tiergefährten meditieren, fühlen Sie sich frei, Ihr Tier in die Visualisierung miteinzuschließen, indem das Licht auch in seinen Körper strömt.
Stimmen Sie diese Visualisierung auf Ihre gegenwärtige Situation ab. Falls es einen Aspekt Ihres eigenen physischen oder emotionalen Wohlergehens oder dessen Ihres Haustieres gibt, der Ihnen Sorgen bereitet, stellen Sie sich vor, wie das goldene Licht alle Negativität, Ängste und Befürchtungen auflöst. In den nächsten paar Minuten wird, einen Atemzug nach dem anderen, jeder Aspekt Ihres eigenen Lebens und der Ihres Tiergefährten erfüllt mit positiver Energie, Zuversicht und einem umfassenden Wohlgefühl.

Im weiteren Verlauf der Meditation visualisieren Sie, wie das goldfarbene Licht Ihren ganzen Körper durchdringt, von der Spitze Ihres Kopfes bis zu Ihren Zehenspitzen. Stellen Sie sich vor, wie es in jeden Teil Ihres Körpers fließt, in jedes Organ, jede einzelne Zelle – und die Ihres Haustieres – und Ihr ganzes Wesen mit strahlendem Glanz, Glückseligkeit und tiefer Zufriedenheit erfüllt. Mit jedem Atemzug absorbieren Sie mehr und mehr ein umfassendes Wohlgefühl, bis Sie eins werden mit dem golden leuchtenden Licht. Sie und Ihr Tiergefährte *werden* Energie und tiefste Glückseligkeit.

Wenn Sie zum Ende Ihrer geführten Visualisierung kommen, achten Sie darauf, wie Sie sich fühlen. Genießen Sie die positive Wirkung Ihrer Meditation auf Körper und Seele. Nehmen Sie sich vor, im weiteren Verlauf des Tages oder am Abend so oft wie möglich zu diesem Gefühl zurückzukehren.

Beenden Sie die Meditationssitzung, indem Sie Ihre Absicht wiederholen.

Viele Menschen genießen sowohl das Neuartige und die Verspieltheit dieser Visualisierung als auch ihre tief gehende Wirkung auf Körper und Seele. Wenn Sie möchten, können Sie die Visualisierung individuell gestalten und Ihren jeweiligen Bedürfnissen anpassen, indem Sie die Farbe des Lichts verändern, das Sie einatmen. Zum Beispiel ist tiefes Blau die Farbe der Heilung, und mit diesem Licht zu meditieren kann eine äußerst nützliche Meditation sein, um nach einer Krankheit die körperliche und geistige Gesundung zu unterstützen. Vergessen Sie nicht, dass Katzen und Hunde nur Gelb/Gold und Blau sehen können, daher sind diese beiden Farben am besten geeignet, wenn Sie mit Haustieren meditieren.

Diese beiden Meditationen eignen sich besonders gut für den Anfang, doch es gibt noch viele andere. »Meditation« ist ein wenig so wie der Begriff »Sport«: Sie beinhaltet viele verschiedene Übungen, von denen einige manchen Menschen mehr gefallen als andere. Wichtig ist, die Meditationsform zu finden, die Ihnen am meisten zusagt, und sie zu kultivieren.

In Kapitel Acht über das Thema Heilung werden Sie weiteren Meditationsformen begegnen. Außerdem sind auf meiner Webseite www.davidmichie.com eine Reihe kostenloser Downloads mit geführten Meditationen verfügbar.

KAPITEL SIEBEN

Karma: Wie wir unsere Tiergefährten in eine positivere Zukunft führen können

Der wunderbare Yeshe hat das Glück,
von buddhistischen Objekten umgeben zu sein,
und liebt es, mit seiner Besitzerin, Autorin Debra Denker,
zu meditieren.

DEBRA DENKER

Zu welcher Spezies wir im Moment auch gehören, unsere gegenwärtige Erfahrung der Realität basiert nicht auf einem Zufall. Vielmehr ist sie das Resultat in der Vergangenheit geschaffener Ursachen. So sieht es der Buddhismus.
Im Rahmen einer einzigen Lebenszeit sehen das auch viele Psychologen so, die uns darauf hinweisen, dass unsere Weltsicht sowohl in den prägenden Jahren der frühen Kindheit geformt wurde – oder entsprechend in der Welpen- und Kätzchen-Zeit unserer Haustiere – als auch von dem ständig sich verändernden Kaleidoskop innerer und äußerer Einflüsse.
Von all diesen Dingen werden die inneren Einflüsse als die wichtigeren betrachtet, denn wenn wir auch vielleicht nicht in der Lage sind, äußere Ereignisse zu kontrollieren, können wir lernen, unseren eigenen Geist zu trainieren. Auf diese Weise gewinnen wir die Kontrolle über unsere Erfahrung der Realität. Wie Buddha im Dhammapada, einer Sammlung seiner Lehren in Versform, sagt:

»Der Geist ist der Vorbote jeden Tuns.
Alle Taten sind geführt vom Geist, erschaffen vom Geist.
Wenn jemand mit einem heiteren Geist spricht und handelt,
Folgt Glück,
So sicher wie der eigene Schatten.«

Die Vorstellung, dass Dinge auf eine bestimmte Art sein oder geschehen müssen, damit wir glücklich sind, ist aus buddhistischer Perspektive betrachtet ein unseliger Aberglaube. Doch unsere Konsumkultur, bei der Hersteller sich bemühen, spezifische Probleme zu definieren, die ihre Produkte reparieren oder heilen können, verstärkt kontinuierlich diese falsche Annahme. Wenn wir den geringsten Zweifel daran hegen, dass der elegante Luxuswagen, oder ein Haus in einem bestimmten Vorort, oder ein Partner, der unserem Lieblingsstar ähnlich sieht, keine Garanten dafür sind, glücklich zu sein, müssen wir uns nur die

Menschen anschauen, die bereits mit diesen Dingen und Personen leben.
Sind sie, soweit wir es feststellen können, tatsächlich glücklicher als Menschen, die diese »beneidenswerten« Dinge oder Beziehungen nicht haben? Wenn man die Situation insgesamt betrachtet – das heißt sowohl die Verpflichtungen, die ihre Lebensweise mit sich bringt, als auch die Vorzüge – sind sie dann wirklich zu beneiden?
In Perth, der Stadt, in der ich lebe, sind jene Vororte, in denen Antidepressiva am häufigsten verschrieben werden, gleichzeitig die Gegenden mit den meisten Wohlhabenden. Ich bin sicher, dass Perth in Australien in dieser Beziehung ein ziemlich typisches Beispiel ist.
Geld kann finanzielle Lösungen bieten, doch es kann nicht ein Gefühl von Sinnhaftigkeit, Ausgeglichenheit, Liebe oder von Herzen kommender Verbindung mit anderen liefern, um nur eine Handvoll wichtiger Dinge zu nennen, die uns wirklich glücklich machen.
Der Buddhismus ermutigt uns, diese geistigen Qualitäten zu kultivieren, wenn wir jetzt und in Zukunft ein rundum zufriedenes Leben führen möchten. Wenn wir uns nach Glück sehnen, sollten wir die Ursachen des Glücks selbst erschaffen. Wenn wir Leiden verhindern wollen, sollten wir dafür sorgen, die Ursachen für Leiden zu verhindern. In konventioneller Hinsicht ist diese Erklärung sehr direkt und klar, selbst wenn unsere eigene persönliche Konditionierung es uns nicht immer leicht macht, so offenen Herzens oder sanftmütig zu sein, wie wir es gerne wären.
Wie können wir anderen helfen, diese glücklich machenden Eigenschaften zu entwickeln? Egal ob es sich bei diesen »anderen« um Menschen oder Haustiere handelt: Es gibt Grenzen bezüglich dessen, wie sehr wir ihr inneres Leben verändern können. Doch einen gewissen Einfluss haben wir, auch wenn wir uns dessen nicht immer bewusst sind.

Dieses Kapitel erforscht einige der wichtigsten Einflussmöglichkeiten und bietet praktische Vorschläge an, wie sie am besten anzuwenden sind. Das Ziel, wenn wir unsere Tiergefährten mit spezifischen geistigen Zuständen, Lauten und Bildern vertraut machen, besteht nicht nur darin, ihnen eine positive Erfahrung der Realität in diesem Leben zu ermöglichen. Unser Ziel ist weit umfassender.

Positive Ursachen erzielen eine positive Wirkung

Die buddhistische Sichtweise besagt, dass Kausalität, oder Karma, nicht auf diese eine Lebenszeit begrenzt ist, sondern sich weit in die Zukunft erstreckt. Was den Einsatz beträchtlich erhöht. Jede körperliche, sprachliche und geistige Aktion erzeugt einen Abdruck, der die Art verändern wird, wie wir die Realität wahrnehmen; doch ihre volle Wirkung wird sich vielleicht erst in einer zukünftigen Inkarnation entfalten.

Buddhisten sagen, wenn Sie wissen möchten, welche Art von Leben Sie in einer früheren Inkarnation geführt haben, sollten Sie sich die Erfahrungen in Ihrem jetzigen Leben anschauen. Wenn Sie wissen möchten, welche Art von Leben Sie in der Zukunft haben werden, stellen Sie sich selbst die Frage, welche Ursachen Sie heute schaffen: Sind Sie in Ihrem Leben völlig auf sich selbst fokussiert? Oder ist in Ihrem Herzen und Ihrer Seele Raum für das Wohlergehen anderer? Genießen Sie es, großzügig zu sein? Und Geduld zu haben? Wie viel moralische Zurückhaltung praktizieren Sie, wenn jemand oder etwas Sie in Versuchung bringt, auch wenn Sie wissen, dass es andere verletzen wird, wenn Sie Ihre Triebe oder Wünsche in die Tat umsetzen?

Es heißt, dass die Ursache einer Inkarnation als Mensch Rechtschaffenheit ist. Also, lieber Leser, Sie wissen jetzt, dass Sie in der Vergangenheit rechtschaffend gewesen sind, selbst wenn Sie in diesem Leben die Neigung haben, hier und da Unheil anzurichten! Großzügigkeit ist die Ursache von Reichtum, und Geduld die Ursache von Attraktivität, um ein paar der eher materiell relevanten Beispiele von Kausalität zu nennen. Es ist wichtig zu wissen, dass das Karma, das den Strom unserer Gedanken und die daraus resultierenden Handlungen antreibt, nicht unbeweglich und gleichbleibend ist, sondern dynamisch und sich vervielfacht, sodass auch einfache Ursachen – sobald sie auf bestimmte Bedingungen treffen – Konsequenzen weit jenseits der ursprünglichen Aktion zur Folge haben. Die Absicht ist der Schlüsselfaktor, der dem Karma Tragweite verleiht oder nicht.

Von besonderem Interesse für Tierfreunde ist die Art, wie das Karma uns in eine bestimmte Erfahrung versetzt, die wir als Mensch oder Tier machen. Wie mein Lehrer, der hochwürdige Lama Geshe Acharya Thubten Loden, in seinem Buch *Path to Enlightenment in Tibetan Buddhism* erklärt: »Der Begriff ›werfendes Karma‹ wird so genannt, weil es uns in eine Wiedergeburt ›wirft‹. Die Notwendigkeit, ein Karma zu vollenden, entscheidet über die Umstände des Lebens, in das man ›geworfen‹ wird.«[1]

Positives Karma kann uns in eine Wiedergeburt als Mensch treiben, doch negatives Restkarma kann dazu führen, dass man Krankheit, Armut und Krieg erlebt. Geshe-la führt hierzu auch das folgende Beispiel an: »Eine durch negatives Karma geworfene Wiedergeburt, ausgeglichen durch positives Karma, wäre beispielsweise die Wiedergeburt im Bereich der Tiere, jedoch als Corgi der Königin von England.«[2]

Eine Wiedergeburt als Mensch wird als bestes aller möglichen Resultate betrachtet, da wir als Menschen in der Lage sind, jene spezifischen Praktiken zu identifizieren und zu kultivieren, die zu einer besseren Zukunft und letzten Endes zur Erleuchtung führen. Das heißt nicht, dass Tiere sich nicht die erforderliche Tugend aneignen können, um in der Zukunft Transzendenz zu erreichen, sondern nur, dass unsere Fähigkeit dazu um ein Vielfaches größer ist.

Manchmal erhalte ich E-Mails von Lesern, die sagen, dass sie Tiere als dem Menschen moralisch überlegen ansehen, da sie sich nicht der mutwilligen, systematischen Misshandlung ihrer eigenen oder anderer Spezies schuldig machen; dass sie nicht habgierig sind und in erschreckendem Tempo unsere gemeinsame Umwelt zerstören; sowie aus diversen anderen Gründen. Insgesamt ist die menschliche Erfolgsbilanz sicherlich schwankend. Doch auf einer individuellen Basis, als menschliche Wesen, ist unsere Fähigkeit, sowohl uns selbst als auch anderen zu helfen, generell viel größer als selbst die des wohlmeinendsten Delfins.

Entscheidend ist, bis zu welchem Grad wir diese kostbare und zeitlich begrenzte Gelegenheit nutzen.

Das grösste Ziel, das je erdacht wurde

»Wozu das Ganze?« werde ich zuweilen gefragt, nachdem ich die buddhistische Sichtweise beschrieben habe, dass alle Wesen geboren werden, leben, alt werden und sterben, nur um den gleichen Prozess endlos zu wiederholen, angetrieben von dem Karma, das wir selbst geschaffen haben. Wir alle sind schon Könige und Sklaven gewesen, Tiere und Menschen, Heilige und Schurken. Wir drehen uns im Kreis, wieder und wieder, und sind uns meistens nicht einmal der Kräfte bewusst, die am Werk sind, und des Spiels, das gespielt wird.

»Wozu das Ganze?« ist eine sehr gute Frage. Und egal, ob wir diese Frage im Hinblick auf unser gegenwärtiges Leben stellen, oder in einem größeren Zusammenhang, die Antwort ist stets dieselbe: Es gibt keinen Grund, es sei denn, wir beschließen, dem Ganzen einen zu geben. Unser persönlicher Weg zur Erleuchtung beginnt, wenn wir des endlosen Leidens von Samsara – eine Seele, angetrieben von Karma und Verblendung – überdrüssig sind und die Entscheidung treffen, uns davon loszureißen.

Eines der bekanntesten Symbole des Buddhismus ist die Lotusblume, die diese Reise repräsentiert, diesen Weg zur Erleuchtung. Verwurzelt im Schlamm, der zyklischen Existenz, erhebt sich der Lotus in seiner sumpfigen Umgebung über alles, um sich an der Oberfläche als eine Blüte von höchster Erhabenheit zu entfalten.

Kein Schlamm, kein Lotus.

Bei einem objektiven Blick auf die heutige Welt kommt man nicht umhin, das offensichtliche Leiden wahrzunehmen, egal ob es sich um Krieg, Armut und die unerbittliche, gestörte Rastlosigkeit der Menschen handelt, oder die unzähligen Millionen Tiere, die im Rahmen der industrialisierten Landwirtschaft auf die Welt kommen, oder die 3000 Tiere, die *jede Sekunde* in Schlachthäusern getötet werden. Und dies sind nur einige schnell hingeworfene Beispiele.

Wenn es auch keine schnelle Lösung gibt, gibt es dennoch einen Weg heraus aus all diesem Leid, auf Pfaden, die von Millionen vor uns beschritten wurden. Wir schulden es uns selbst, und all jenen, die uns am Herzen liegen, uns dieser Wege bewusst zu werden.

Im tibetischen Buddhismus werden wir ermutigt, nicht nur die persönliche Freiheit zu suchen, sondern auch Erleuchtung zu erlangen, um allen anderen fühlenden Wesen zu helfen, den gleichen Zustand zu erreichen: Bodhichitta, die edelste Absicht, das altruistischste Ziel, das je erdacht wurde. So vertraut mit Bodhichitta zu werden, dass es zum Mittelpunkt unseres Denkens, Sprechens und Handelns wird, dieses Ziel – von unendlichem Nutzen für das Selbst und andere – ist es wahrlich wert, kultiviert zu werden.

Wie wir Bodhichitta zu unserem wichtigsten inneren Antrieb machen

Wir haben jeden Tag Gelegenheiten, den Geist unseres Haustieres – und unseren eigenen – so zu prägen, dass sie künftig glücklich sein werden. Angesichts der Tatsache, dass Bodhichitta der ultimative Schlüssel zur Glückseligkeit ist, bedeutet das: Je öfter wir nicht nur uns selbst, sondern auch unsere Tiergefährten daran erinnern, desto größer ist der Nutzen.

Aus der Sichtweise des Karmas ist daher jede Handlung, die auf Bodhichitta basiert, ungleich wirkungsvoller. Wir erschaffen unmittelbar die Ursachen für unsere zukünftige Erleuchtung.

In meinem Buch *Täglich 1x Erleuchtung*, eine Einführung zu dem klassischen Text von Shantideva, *Eintritt in den Weg der Erleuchtung*, habe ich ausführlich über Bodhichitta geschrieben. Shantideva schreibt viele schöne und eindrucksvolle Verse über das Kultivieren von Bodhichitta, doch werde ich hier nur einen zitieren, in dem er Bodhichitta als einen »erwachenden Geist« bezeichnet:

»Alle anderen Tugenden sind wie Kochbananen,
Die, nachdem sie Früchte getragen haben, einfach verschwinden.
Doch der immerwährende Baum des Erwachten Geistes
Trägt ohne Unterlass Früchte und blüht daher ewig.«

Hier erklärt Shantideva einen der größten Vorzüge von Bodhichitta: Anstatt auf einmaliger Basis mit positiven Aktionen positive Resultate zu schaffen, vergleichbar der Frucht der Kochbanane, sind die Vorzüge nie endend, wenn die gleichen Aktionen von Bodhichitta motiviert sind. Von allen Methoden für den Umgang mit Karma ist Bodhichitta die wirkungsvollste.

Sie müssen nicht glauben – offen zu sein genügt

Auf den folgenden Seiten fasse ich einige Vorschläge zusammen, wie das Gesetz von Ursache und Wirkung angewandt werden kann, um Ihnen zu helfen, eine bessere Zukunft sowohl für Ihr Haustier als auch für sich selbst zu erschaffen. Durch die Praxis der Achtsamkeit, wie in den vorherigen Kapiteln beschrieben, können wir anfangen, Kontrolle über das auszuüben, was in unserem Geist vor sich geht. Motiviert von Bodhichitta kultivieren wir bewusst spezifische Praktiken, um das Bewusstsein unserer Haustiere auf die wirkungsvollste und vorteilhafteste Weise zu prägen.

Wenn Sie sich noch nicht näher mit dem Buddhismus beschäftigt haben, mag das Konzept von Karma und Wiedergeburt offen gesagt bizarr erscheinen. Sogar unglaubwürdig.

Und das ist okay. Sie müssen diese Dinge nicht glauben. Sie sind nicht Teil unserer abendländischen Kultur, und es braucht eine Weile, sich damit vertraut zu machen. Zumindest ging es mir so. Zum Glück liegt dem Buddhismus nichts daran, Menschen zu konvertieren; vielmehr bietet er uns Hilfsmittel an, um uns glücklicher zu machen. Egal ob wir dann glücklichere Atheisten, Katholiken, Juden oder was auch immer sind. Fühlen Sie sich frei, die Hilfsmittel zu benutzen, die Ihnen sinnvoll erscheinen, und legen Sie die anderen beiseite. Bleiben Sie einfach offen für Neues. Oft kommt es vor, dass ein Thema, sobald wir es umfassend verstanden haben, ein völlig unerwartetes Licht auf andere Themen wirft. Schritt für Schritt entdecken wir einen feinsinnigen Zusammenhang zwischen allen Praktiken.

Folgender Punkt ist wert betont zu werden. Selbst wenn der Buddhismus in Bezug auf Karma total daneben liegt; selbst wenn es nicht die geringste Beziehung gibt zwischen dem, was wir jetzt tun und denken und was wir in Zukunft erleben werden; und selbst wenn der Gedanke besteht, dass zusammen mit unserem Körper auch unser Bewusstsein stirbt – es hat immer noch einen gewissen Wert, uns um das Glück anderer verdient zu machen: Auch wir fühlen uns dann glücklicher. Und nicht auf eine oberflächliche Weise.

Die alten Griechen benutzten den Begriff *eudomonia* (Eudaimonie), um das tiefe Wohlgefühl, das wir erleben, wenn wir der Welt etwas geben, von *hedonia* (Hedonie) zu unterscheiden, dem Vergnügen, das wir fühlen, wenn wir etwas von der Welt bekommen. Die folgenden Seiten sind Eudaimonie-Territorium. Die alten Griechen hätten mit Buddha übereingestimmt, dass, wenn wir anderen etwas geben, wir selbst die Ersten sind, die davon profitieren.

Das letzte Wort zu diesem Thema stammt von Buddha selbst:

> »Glaube nicht an irgendetwas, nur weil du es gehört hast. Glaube nicht an irgendetwas, nur weil es von vielen ausgesprochen und gemunkelt wird. Glaube nicht an irgendetwas, nur weil es in unseren religiösen Büchern geschrieben steht. Glaube nicht an irgendetwas, nur aufgrund der Autorität deiner Lehrer und Väter. Glaube nicht an Traditionen, nur weil sie seit vielen Generationen vererbt worden sind. Doch nachdem du alles genau angeschaut und analysiert hast, und dann irgendetwas findest, das sinnvoll erscheint und dem Guten sowie dem Nutzen von Einem und Allen förderlich ist, dann akzeptiere es und werde dieser Erkenntnis gerecht.«[3]

Die Ursache für Glückseligkeit schaffen

Welche praktischen Möglichkeiten gibt es, mit denen wir unserem Tiergefährten helfen können, sich die Ursachen für Glück einzuprägen, jetzt und in der Zukunft?

Haustiere verbinden ihren Geist mit unserem. Das, was wir als übernatürlich bezeichnen, ist für sie normal. Wie und wann genau sie diese Fähigkeiten benutzen, mag nicht offensichtlich sein, doch ein wiederholter Wunsch oder gesprochener Satz ist etwas, das ihnen auffallen wird und mit dem sie sich vertraut machen werden. Wenn wir den richtigen Kontext wählen und ein mentales Bild tiefen Wohlbefindens hervorrufen, wird unser Haustier das mit angenehmen Assoziationen verbinden. Darum ist es einer der wirkungsvollsten und segensreichsten Liebesdienste für unsere Haustiere, wenn wir jeden Tag so viel Bodhichitta wie möglich zum Ausdruck bringen. Und angesichts der Tatsache, dass die Intuition der Tiere genauso von innerem Bild und Gefühlen angesprochen wird, wie durch Worte, kann es hilfreich sein, sie mit einer wohlwollenden Visualisierung zu verbinden. Wenn ich zum Beispiel unsere Katze in die Arme nehme, stelle ich mir oft vor, wie wir in eine strahlende, goldene Sphäre des Lichts eingehüllt sind, die die Glückseligkeit der Erleuchtung repräsentiert.

Wenn wir unseren Hund am Morgen umarmen, können wir ihm ins Ohr flüstern: »Mögen wir durch diesen Akt der Liebe zum Wohle aller fühlenden Wesen erleuchtet werden.« Wenn wir eine Dose Katzenfutter öffnen und sie unserem Liebling hinstellen, können wir murmeln: »Mögen wir durch diesen Akt der Großzügigkeit zum Wohle aller Lebewesen erleuchtet werden.« Wenn wir Gassi gehen, das Fell des Tieres bürsten, ihm anbieten, auf unseren Schoß zu springen, oder bei anderen positiven Kontakten mit unseren Tiergefährten, können wir die Bodhichitta-Absicht zitieren: »Mögen wir durch …. (welch positiver Akt es auch immer ist) … zum Wohle aller fühlenden Wesen erleuchtet werden.«

Am Anfang wird sich diese Praktik erzwungen und sogar falsch anfühlen: Führt den Hund zu umarmen wirklich zur

Erleuchtung? Ich hätte die Dose mit dem Katzenfutter sowieso geöffnet. Und überhaupt, was genau ist Erleuchtung?

Der Dalai Lama erklärt, warum es vorteilhaft ist, nichtsdestotrotz damit weiterzumachen: »Unser Bodhichitta mag vielleicht noch nicht spontan sein. Es ist etwas, das wir erschaffen müssen. Doch wenn wir erst einmal diese außergewöhnliche Einstellung übernommen und begonnen haben, sie zu kultivieren, wird jede unserer positiven Handlungen, auch wenn sie nach außen hin nicht anders erscheinen mögen, vielfach bessere Resultate erzielen.«[4]

Vergessen Sie nicht, dass »Liebe«, wie der tibetische Buddhismus sie versteht, der Wunsch ist, anderen Lebewesen zum Glück zu verhelfen, und »Mitgefühl« der Wunsch, andere vom Leiden zu befreien. Dies sind sinnvolle, allgemeingültige Erklärungen. Wenn Sie also zum Beispiel für den Hund ein Stöckchen werfen oder mit Ihrem Pferd im Wald reiten gehen, handelt es sich in beiden Fällen um »Handlungen der Liebe«.

Einer der Gründe, warum Bodhichitta ein derart realitätsveränderndes Konzept ist, besteht darin, dass es reine, große Liebe und reines, großes Mitgefühl verkörpert. »Rein« wird hier als frei von der Erwartung definiert, etwas im Gegenzug zu erhalten. »Groß« bezieht sich auf die Tatsache, dass wir *allen* Wesen wünschen, Glück und Wohlbefinden zu erfahren, nicht nur dem kleinen Kreis jener, auf die wir normalerweise unsere Aufmerksamkeit fokussieren.

Nach und nach, während wir vertrauter werden mit Bodhichitta, können wir es immer besser im positiven Sinne anwenden. Es wird zu einer Angewohnheit. Dann suchen wir Gelegenheiten, sie zu praktizieren, egal ob im Kleinen oder in bedeutenderen Situationen. Die Bodhichitta-Absicht beginnt, unser Leben zu formen, zuweilen auf sehr unerwartete Weise. Und irgendwann beginnen wir, das zu werden, was wir denken.

Nebenbei bemerkt, wenn diese Empfehlung auch in erster Linie darauf abzielt, Haustieren zu helfen, können Sie diese Angewohnheit auch dann kultivieren, wenn Ihre Tiergefährten nicht physisch präsent sind. Jeder Gang auf die Toilette wird zu einem Akt der Reinigung. Auch jede Tasse Kaffee und jedes nahrhafte Mahl kann ein Grund sein, unsere Bodhichitta-Absicht anzuwenden.

Bis zu welchem Grad auch immer unsere Haustiere das Konzept von Bodhichitta verstehen, akzeptieren und nachvollziehen können, wichtig ist, dass wir ihrem Geist ein außerordentliches und transformatives Ziel einprägen können. Auf diese Weise wird die Wahrscheinlichkeit größer, dass sie in einer zukünftigen Inkarnation dem Konzept von Bodhichitta erneut begegnen werden. Und wenn dies der Fall ist, wird es ihre Aufmerksamkeit wecken. Wenn sie dann, als Menschen, beschließen, Bodhichitta für sich selbst zu entdecken und anzuwenden, haben wir geholfen, sie mit dem kostbarsten Geschenk zu beglücken, das man sich vorstellen kann.

WIEDERHOLEN VON MANTRAS

Das Wiederholen von Mantras ist eine weitere wirkungsvolle Möglichkeit, mit der wir helfen können, das Bewusstsein unserer Haustiere auf die kommende Transformation vorzubereiten. Wie die Geschichte von Vasabandhu zeigt (siehe Kapitel Drei), reichte das Hören heiliger Worte aus, damit eine Taube nicht nur als Mensch, sondern als herausragender Gelehrter wiedergeboren wurde.

Das Wort »Mantra« geht auf einen Begriff aus dem Sanskrit zurück, der so viel bedeutet wie »den Geist schützend«. Mantras bestehen aus einer Anzahl von Silben – normalerweise in Sanskrit, Tibetisch oder sogar einer Kombination verschiedener Sprachen –, die eine bestimmte Wahrheit, Bedeutung oder Erkenntnis verkörpern. Der Segen des Wiederholens dieser Silben kann sich auf verschiedene Ebenen auswirken.

Zunächst einmal bietet das Rezitieren von Mantras unserem Geist ein Objekt der Rechtschaffenheit, auf das er sich fokussieren kann. Wenn wir uns an die buddhistische Definition von Meditation erinnern – den Geist gründlich mit Rechtschaffenheit vertraut zu machen –, dann tun wir beim Wiederholen von Mantras genau das. Zumindest beschützen wir unseren eigenen Geist während der Zeit, wenn wir das Mantra rezitieren, davor, nicht rechtschaffend zu sein. Und wenn wir unseren Haustieren laut Mantras rezitieren, tragen wir dazu bei, auch ihren Geist mit Rechtschaffenheit vertraut zu machen. Je öfter wir ein Mantra für sie wiederholen, desto vertrauter werden sie damit.

Auf einer zweiten Ebene bieten Mantras eine einzigartige Möglichkeit, spirituelle Einsichten zu gewinnen. Die eigentliche Bedeutung von Mantras kann ziemlich prosaisch sein. Nehmen Sie zum Beispiel eines der meist-rezitierten Mantras in Tibet, das Mantra von Chenrezig, dem Buddha des Mitgefühls: *Om mani padme hum*. Auf Deutsch heißt das so viel wie »Sei gegrüßt, Juwel des Lotus«. Diese wörtliche Übersetzung ist ohne Frage zweitrangig gegenüber der symbolischen Wirkung, wobei jede der Silben verschiedene Bedeutungen hat und auf unterschiedlichen Wegen zur Kontemplation führt. Wenn wir beim Rezitieren eines Mantras über seine Bedeutung nachsinnen, gelangen wir zu einem »Aha!«-Erlebnis, dank dem wir ein tieferes Verständnis für eine bestimmte Sache gewinnen.

Vielleicht können wir diese Veränderung in unserer Wahrnehmung oder unserem Verständnis artikulieren, vielleicht auch nicht. Die Veränderung mag vielleicht nicht direkt greifbar sein, ist aber dennoch real – wie wenn wir zum ersten Mal den Geschmack von Schokolade erleben. Wir benutzen die gleichen Worte wie zuvor, um den Geschmack zu beschreiben. Doch es handelt sich nicht länger um reine Theorie. Wir sprechen jetzt aus unserer persönlichen Erfahrung.

Es heißt, dass unser reiner Geist aus zwei Eigenschaften besteht: Scharfsinn und Energie. Auf einer dritten, tieferen Ebene wirkt sich das Rezitieren von Mantras entsprechend nicht nur auf den *wissenden* Aspekt des Geistes aus, wie bereits beschrieben. Auch die spezifischen Schwingungsqualitäten eines Mantras beeinflussen die feinstoffliche Energie unseres Geistes und führen dazu, dass sie auf eine bestimmte und überaus segensreiche Weise nachhallen.

Da dieser Aspekt des Dharma esoterischer Natur – also verborgen – ist, muss ein Mensch die Initiationen und die damit verbundenen Praktiken empfangen haben, um sie umfassend zu verstehen. Darüber hinaus ist es sinnvoll, sich bewusst zu sein, dass wir durch Mantra-Rezitation das Prana, Chi oder die Lebenskraft nutzen, auf die sich andere östliche Traditionen beziehen.

Ich persönlich glaube, dass diese Veränderung in unserem eigenen Energiefeld der Grund ist, warum sich Haustiere zu uns hingezogen fühlen, wenn wir meditieren. Viele Tiere sind sich der Qualität unserer Präsenz *bewusst*. Wenn wir uns in einem Zustand des Friedens, Wohlwollens und der Ausgeglichenheit befinden, ziehen wir die Tiere an, weil sie in unserer Nähe sein möchten.

Auf einer vierten Ebene verbinden wir uns beim Rezitieren eines Mantras mit den Eigenschaften der Gottheit, mit der das Mantra assoziiert wird. Selbst wenn wir nur wenig von dem verstehen, was wir da gerade tun, solange wir auf das Resultat vertrauen, setzen wir dadurch große innere Kräfte frei. In den Worten meines Lehrers Zasep Tulku Rinpoche: »Es sind nicht die Worte selbst, die den Mantras ihre Macht geben; es ist der Glaube, mit dem die Worte rezitiert werden.«[5]

Die Macht der Mantra-Rezitation zeigt sich auch an ihrer Resonanz über die Grenzen der Zeit hinweg. Indem wir ein sehr spezifisches Ritual wiederholen, verbinden wir uns nicht nur direkt mit jenen, die in der Vergangenheit dasselbe getan haben, sondern wir profitieren davon, dass sie es taten.

Wir schenken unseren geliebten Tiergefährten nicht nur die warme Zufriedenheit des Momentes, in dem wir ihnen Mantras vorsagen. Jedes Mantra, mit Überzeugung wiederholt, versetzt uns in die Lage, ein kollektives Energiereservoir anzuzapfen, das von unseren Ahnen einschließlich der größten Meister erschaffen wurde, und das sowohl uns selbst als auch unseren Gefährten das karmische Potenzial bietet, um in Zukunft erblühen zu können und auf dem Weg der Erleuchtung voranzuschreiten.

REGELMÄSSIGES MEDITIEREN

Im letzten Kapitel (Kapitel Sechs) habe ich die Vorteile der Meditation ausführlicher beschrieben. Indem Ihre Haustiere die Meditation als eine regelmäßige, natürliche und wohltuende Praktik kennenlernen, werden sie sich in einem zukünftigen Leben – vielleicht als Menschen – zur Meditation hingezogen fühlen. Dies ist eine außerordentlich positive karmische Prägung, die den Weg frei macht für die zukünftige Erleuchtung unserer Haustiere. Motiviert durch Bodhichitta können wir unseren Tiergefährten keinen größeren Dienst erweisen als diese Praktik.

THANGKAS AUFHÄNGEN SOWIE STATUEN UND ANDERE SAKRALE OBJEKTE AUFSTELLEN

Für Menschen, die an den Praktiken des tibetischen Buddhismus interessiert sind, empfiehlt es sich, das Heim mit »Thangkas« – tibetischen Wandbehängen – mit Abbildungen von Shakyamuni, dem historischen Buddha, oder anderen Buddhas, wie zum Beispiel Chenrezig oder Tara, ein weiblicher Buddha des mitfühlenden Handelns, zu schmücken. Je vertrauter sie uns in unserem täglichen Leben werden, desto stärker werden wir dazu neigen, sie auch in einer zukünftigen Inkarnation zu akzeptieren. (Siehe auch den Info-Kasten über buddhistische Gottheiten auf den Seiten 159 bis 161.)

Andere buddhistische Traditionen haben sakrale Objekte, die einen ähnlichen Zweck erfüllen, seien es die Honzon (als Schriftrolle oder Statue) in manchen buddhistischen Schulen Japans, oder die Skulpturen, Kunst und Architektur des Zen.

Buddha-Statuen sind nicht nur in vielen buddhistischen Traditionen beliebt, sondern heute auch als dekorative Teile der Inneneinrichtung populär, sogar bei Menschen ohne ausgeprägtes Interesse am Buddhismus. Die schlichte Darstellung einer in Meditation versunkenen Person kann manchmal ausreichen, um in einem Raum ein Gefühl ruhiger Gelassenheit zu erzeugen.

Da Menschen aus dem westlichen Kulturkreis sich oft nicht der genauen Vorgaben bezüglich der richtigen Platzierung von Buddha-Statuen bewusst sind, können wir – aus buddhistischer Perspektive betrachtet – spektakuläre Fehler machen. Zum Beispiel sind in meiner näheren Nachbarschaft hier und da Buddha-Statuen in den Vorgärten oder auf den Veranden der Häuser platziert. Als ein Objekt der Rechtschaffenheit und Hoffnung sollte Buddha immer leicht erhöht platziert werden, zumindest auf einem kleinen Podest, einer Bank oder einem Thron oder etwas, das einen erhöhten Sitz repräsentiert. Das sollte nicht zu schwer zu verstehen sein: Wir würden höchstwahrscheinlich die Büste von Beethoven bei einem Liebhaber klassischer Musik nicht unter der Vogeltränke finden – sie würde auf einem glänzenden Piano oder Regal stehen, um ihren hohen Status zu reflektieren.

Außerdem würden wir wahrscheinlich auch kein signiertes, gerahmtes Trikot eines Fußballstars finden, das in der Garage eines Sportfans verstaubt.

Und ebenso sollten wir gut über die Platzierung einer Buddha-Statue nachdenken und erkennen, dass sie nicht einfach eine östliche Variante des Gartenzwergs ist! Der Grund, Statuen und andere Buddha-Darstellungen oder Bilder mit Respekt zu behandeln, hat weniger mit der Angst zu tun, Buddha oder Buddhisten zu kränken – das ist irrelevant –, sondern mit der Wirkung auf unseren eigenen Geist und den unserer Lieben. Genauso, wie aufstrebende Sportler, Maler oder Schriftsteller ihre jeweiligen Helden verehren, die sie inspirieren, sollte der Ort, an dem wir physische Objekte der Erleuchtung platzieren, den Respekt widerspiegeln, den wir unserem eigenen höchsten Ziel entgegenbringen.

Die Ursachen von Leiden vermeiden

PRAKTISCHE SCHRITTE, UM AGGRESSION UND TÖTEN ZU STOPPEN

Einer der Gründe, warum eine kleine Minderheit von Menschen nichts mit Katzen zu tun haben will, ist die Tatsache, dass auch unsere Hauskatzen oft instinktive Jäger sind. Vor allem in Australien sorgt und empört man sich sogar darüber, dass sie einheimische Tiere, von denen einige vom Aussterben bedroht sind, erlegen. Einige der lautstarken Mitglieder der Anti-Katzen-Lobby scheinen die Tatsache aus den Augen verloren zu haben, dass Menschen seit mehreren Tausend Jahren Katzen als Haustiere halten, gerade weil sie so erfolgreiche Jäger sind. Wir mögen seit relativ kurzer Zeit unsere diesbezügliche Meinung geändert und beschlossen haben, dass Töten nicht länger Teil der Jobbeschreibung einer Katze ist, doch das ist kein Grund, von ihnen zu erwarten, dass sie ihre Instinkte von heute auf morgen aufgeben.

Im Laufe der Zeit wird sich eine Veränderung einstellen. Und manche Katzen sind ohne Frage hartnäckigere Jäger als andere. Wenn Sie feststellen, dass Ihre Katze ein Jagd-Enthusiast ist, ergreifen Sie praktische Schritte, um sie vom Jagen abzuhalten. Normalerweise ist das ein Glöckchen am Halsband. Katzen im Haus einzusperren, vor allem wenn sie es gewohnt sind, draußen herumzustreunen, ist eine unnötig strenge Einschränkung. Ein vernünftiger Mittelweg muss eingeschlagen werden, um unsere Katzen vor sich selbst und anderen zu schützen, und andere vor unseren Katzen.

Kausal betrachtet, bringt das Töten einige schwerwiegende Folgen mit sich: das eigene Leben wird vorzeitig beendet; man wird in einem geringeren Rang wiedergeboren; in den nächsten Leben wird man Schwierigkeiten und Gewalt ausgesetzt sein und die Tendenz entwickeln, das Töten zu genießen, was zu einer Abwärtsspirale führt. Unseren Haustieren dabei zu helfen, das unbewusste Karma des Tötens zu vermeiden, ist daher von allergrößtem Wert. Das Gleiche gilt für die Vermeidung von Aggressionen.

Bei Hunden ist die Tendenz, Angriffslust und Aggressivität zu zeigen, vielleicht genauso weitverbreitet wie die Jagdleidenschaft bei Katzen. Doch selbst wenn es sich nur um einen tropischen Fisch in Ihrem Aquarium handelt, werden Sie diesem kleinen Tier einen großen Dienst erweisen, wenn Sie praktische Maßnahmen ergreifen, um eine Situation zu vermeiden, in der er sich feindselig verhält – zum Beispiel wenn Sie zu viele Fische in einem Aquarium halten.

STREITEN SIE NICHT, UND SETZEN SIE IHRE TIERGEFÄHRTEN NICHT DER GEWALT IM FERNSEHEN AUS

Einer meiner verehrten Lehrer, Zasel Tulku Rinpoche, empfiehlt, dass wir unseren Tiergefährten zuliebe aggressives Verhalten zu Hause vermeiden sollten. »Nicht vor den Kindern«, war das Klischee, mit dem ich aufgewachsen bin, durch das Eltern aufgefordert wurden, einander nicht in der Gegenwart ihres Nachwuchses zu streiten. Nun, die buddhistische Entsprechung mag lauten: »Nicht vor den Haustieren.« Angesichts seiner hohen Sensitivität gegenüber unserer Stimmung und Intuition kann ein Haustier gestresst und traumatisiert werden, wenn es Gewalt und Konfrontationen miterleben muss.

Wir sollten uns zudem der Wirkung gewalttägiger Filme und Fernsehsendungen bewusst sein, wenn Haustiere anwesend sind. Aus der Perspektive des Dharma sollten die bekannten Ratschläge für elterliche Führung auch für den Umgang mit Tieren gelten. Laute Geräusche, ohrenbetäubende Explosionen, Sirenen, Schüsse und Schreie mögen das dramatische Finale eines Films sein, der uns stundenlang in Bann gezogen hat. Doch ohne einen Kontext können die gleichen Geräusche für Haustiere, die eine Abneigung gegenüber lauten Geräuschen haben, extrem stressvoll sein.

SOLLTE ICH MEINEN HUND ODER MEINE KATZE VEGAN ERNÄHREN?

Führt es zu schlechtem Karma, wenn unsere Katze oder unser Hund Fleisch isst?

Zunächst einmal wird jegliche negative Wirkung durch die Tatsache abgeschwächt, dass die Tiere kein Mitspracherecht haben im Hinblick auf das Futter, das sie bekommen. Darüber hinaus ist das Verdauungssystem von Katzen und Hunden darauf angelegt, fleischbasierte Nahrung zu verarbeiten; ohne Frage sind Hunde eher Allesfresser, doch immer noch *Canis lupis familiaris*. Einem Tier von heute auf morgen Nahrungsveränderungen aufzuzwingen, kann schlimme Folgen haben. Wir sollten nicht versuchen, anderen unsere eigenen Verhaltensgrundsätze aufzuerlegen, egal wie leidenschaftlich wir sie vertreten. Und falls wir die Ernährung unseres Haustieres radikal verändern wollen, sollten wir zuerst einen Tierarzt konsultieren.

In der tibetisch-buddhistischen Tradition ist Tsong-Khapa – auf Thangkas dargestellt mit einem gelben Hut auf dem Kopf und begleitet von seinen zwei Schülern, Gyal Tseb Je und Khé Drub Je – einer der berühmtesten Lamas. Diese drei zusammen verkörpern die Qualitäten von Weisheit, Mitgefühl und Macht – ein Hinweis darauf, dass alle drei Eigenschaften nötig sind, um eine positive Veränderung zu bewirken. In Bezug auf Veganismus bei Haustieren haben wir vielleicht die Macht, Veränderungen herbeizuführen und würden dies vielleicht aus Gründen des Mitgefühls gerne tun, doch ist es weise? So wie ich es sehe, gibt es viel entscheidendere Möglichkeiten, unseren Tiergefährten zu helfen und die Massentierhaltung zu reduzieren, als die Ernährung unserer Haustiere umzustellen.

BUDDHISTISCHE GOTTHEITEN UND MANTRA-REZITATION

Der Buddhismus ist eine nicht-theistische Lehrtradition. Ob sie als Religion bezeichnet werden kann oder nicht, ist fraglich – die Etymologie des Wortes »Religion« bezieht sich auf Gott. Viele von uns sehen den Buddhismus eher als eine praxisbasierte Psychologie als eine glaubensbasierte Religion. Nichtsdestotrotz findet man im Buddhismus einiges von dem äußeren Prunk einer Religion, wie zum Beispiel Tempel, Ikonografie, Gebete und Räucherwerk. Außerdem gibt es im tibetischen Buddhismus Gottheiten, was nicht wenige Menschen aus dem Westen verwirrt.

Lassen Sie uns ganz von vorne beginnen.

Das Hauptziel des tibetischen Buddhismus ist es, uns zu helfen, Erleuchtung, also Buddhaschaft zu erlangen, damit wir allen Lebewesen von größtem Nutzen sein können. Erleuchtung ist ein Zustand jenseits unseres normalen Bewusstseins, der weder mit dem Verstand erfasst noch mit Worten beschrieben werden kann. Wie kann man Menschen helfen, etwas zu erreichen, für das es keine Worte gibt? Für etwas, das unsere Dimension übersteigt? Und wie kann man diesen Zustand anderen Menschen zugänglich machen, egal ob sie hochintelligent oder eher einfach gestrickt sind, vom Verstand gesteuert oder leidenschaftlich, praktisch veranlagt oder visionär, ernsthaft oder gelassen?

Shakyamuni, der historische Buddha, zeichnete sich unter anderem dadurch aus, dass er seinen unterschiedlichen Zuhörern unterschiedliche und sich ergänzende Versionen des Dharma lehrte, entsprechend ihrer Veranlagung und Fähigkeiten. Buddhismus ist keine dogmatische Tradition; vielmehr werden Sie eine riesige Auswahl buddhistischer Werkzeuge finden, die

von unterschiedlichen Menschen auf ihre Weise benutzt werden können.
Die Tradition des tibetischen Buddhismus kennt viele Gottheiten. Shakyamuni Buddha ist von zentraler Bedeutung, doch es gibt unzählige Millionen anderer Buddhas und Bodhisattvas oder erleuchtete Wesen. Manche von ihnen werden als Statuen oder in der Malereien dargestellt, wo sie für eine spezifische Qualität der Erleuchtung stehen, beispielsweise für mitfühlendes Handeln, Energie, Läuterung, Heilung, Macht, Weisheit und vieles mehr.
Wenn die Erleuchtung wie ein Diamant ist, kann sie als etwas mit vielen verschiedenen Facetten gesehen werden. Jede dieser Gottheiten kann mit einer anderen Facette verglichen werden. Der Versuch, die Natur des ganzen Diamanten zu verstehen, mag zunächst weit jenseits unserer Möglichkeiten liegen, doch können wir uns auf eine bestimmte Facette fokussieren. Indem wir uns geistig einer spezifischen Gottheit nähern, erlangen wir Zugang zu dem ganzen Diamanten.
Wie nähern wir uns einer Gottheit? Eine Möglichkeit besteht darin, das Mantra zu rezitieren, das mit ihr verbunden wird (siehe den vorherigen Abschnitt in diesem Kapitel über das Rezitieren von Mantras). Durch dieses Rezitieren rufen wir die Gottheit an und öffnen uns dafür, die Eigenschaften zu erlangen, die diese Gottheit repräsentiert.
Existieren diese Gottheiten wirklich? Ja – in unzähligen Manifestationen. Wenn wir die Erleuchtung anstreben, versuchen wir selbst diese Eigenschaften zu verkörpern, um allen Wesen von Nutzen zu sein – und unzählige Menschen haben im Laufe der Zeit die Erleuchtung erlangt. Ihr Bewusstsein existiert. Sie sind da draußen und wollen nichts anderes, als uns zu helfen. Doch sind sie durch unser jeweiliges Karma darin eingeschränkt, was sie tun können.

Wir haben die Möglichkeit, dieses Karma zu verändern, wenn wir uns den Gottheiten durch unsere Mantra-Rezitation direkt öffnen. Das ist, als würden wir bildlich gesprochen einen Kreis schaffen, bei dem sich Gottheiten »einklinken« und uns näher in den Orbit ihres Einflussbereiches ziehen können. Je mehr wir die Mantra-Rezitation praktizieren, desto unterschiedlichere Erfahrungen machen wir mit der Gottheit, sowohl im Wachzustand als auch im Schlaf. Diese Erfahrungen stärken unser Vertrauen, energetisieren unsere Meditationspraxis und unterstützen unsere eigene Erfahrung der Erleuchtung.
Hier sind drei Mantras, die vielleicht nützlich für Sie sind:

1. Der Buddha des Mitgefühls / Chenrezin (tibetisch) / Avalokiteshvara (Sanskrit):
Seine Heiligkeit der Dalai Lama wird von vielen Buddhisten als die Manifestation dieses Buddhas betrachtet.
Om Mani Padme Hum

2. Tara / Weiblicher Buddha mitfühlenden Handelns:
Om Tare Tuttare Ture Soha

3. Medizin-Buddha – für Heilung:
Tayatha Om Bekadeze Bekadeze Maha Bekadze Bekadze Radza Samungate Soha

Online finden Sie viele Quellen, die sich mit diesen Gottheiten beschäftigen, einschließlich der richtigen Betonung ihrer Mantras. Buchstabierung, Betonung und sogar die Mantras selbst können leicht variieren, je nach Überlieferung, was jedoch keinen Unterschied hinsichtlich ihrer Wirkung macht. Wichtig ist die Einstellung, mit der wir ein Mantra rezitieren, und die Verbindung, die mit jeder Wiederholung enger wird.

KAPITEL ACHT

Wie wir unseren Haustieren auf dem Weg der Heilung helfen können

Kathleen Prasad mit Bruce Lee:
»Dank Reiki werden wir uns der Verbundenheit mit anderen bewusst und lernen so unser Mitgefühl zu vertiefen, was zu heilsamen Veränderungen führt.«

Mit die größten Sorgen bereitet es Tierfreunden, wenn einer ihrer Tiergefährten krank wird. Das mag völlig unerwartet eintreten, wobei sich ihr Gesundheitszustand ganz schnell verschlechtern kann. In der einen Woche springen sie noch voll Energie und Lebensfreude in der Gegend herum, und in der nächsten will unsere Katze oder unser Hund nicht mehr fressen und ist kaum fähig, sich zu bewegen.

Am meisten fürchten wir jenen Besuch beim Tierarzt, bei dem uns eine ernste und sogar lebensgefährliche Diagnose präsentiert wird. Sofern eine Möglichkeit besteht, werden wir alles tun, um unserem Haustier zu helfen, wieder gesund zu werden. Falls nicht, werden wir uns schmerzhaft der sehr begrenzten Zeit bewusst, die uns mit unserem Liebling bleibt, und möchten dafür sorgen, dass sie die bestmögliche Lebensqualität genießen, solange sie noch bei uns sind.

Ziel dieses Kapitels ist es, Vorschläge anzubieten, wie wir unserem Haustier auf eine Weise helfen können, die die veterinäre Behandlung ergänzt. Es erübrigt sich vielleicht zu sagen, dass kein Tierarzt unfehlbar ist; dass sich der Radius diagnostischer Möglichkeiten und Behandlungen ständig erweitert; und dass Sie sich nicht scheuen sollten, eine zweite Meinung einzuholen. Zudem nimmt die angebotene Menge komplementärer Behandlungsweisen kontinuierlich zu. Akupunktur, kräuter- und naturheilkundliche Medikamente sind immer einfacher zu finden und bieten neue Heilweisen für Tiere an.

Nachdem sie ihren Liebling vom Tierarzt nach Hause gebracht haben, ist das Schlimmste für Tierfreunde das Gefühl der Hilflosigkeit. Was können Sie abgesehen von der Standardbehandlung noch tun? Sie würden alles dafür geben, dass sich Ihr Haustier so wohlfühlt wie möglich, und ihm zeigen, wie sehr Sie es lieben. Doch vielleicht haben Sie das Gefühl, dass Ihre Möglichkeiten beschränkt sind. Oder Sie glauben sogar, dass Sie auf irgendeine Weise dieses Wesen, das total auf Sie angewiesen ist, im Stich gelassen haben.

Zum Glück *gibt* es jedoch etwas, das Sie tun können. Etwas, das Sie und Ihren Tiergefährten nicht nur auf einer direkten, intuitiven Ebene verbindet, sondern das, aus einer buddhistischen Perspektive betrachtet, letztendlich von größerem Wert ist als irgendwelche anderen Dinge, die Sie oder andere für Ihren Liebling tun können.

Der Buddhismus bietet sehr spezifische und wirkungsvolle Heilungstechniken an. Diese Techniken zu praktizieren kann uns helfen, die Sicht auf unsere Haustiere und die Rolle der Krankheit zu überdenken. In Wahrheit ist es so, dass auch wir davon profitieren, da unsere Hilflosigkeit einem Gefühl tief greifender Verbundenheit und Fürsorge weicht. Und natürlich kann die Meditation auch eine starke Wirkung auf die physische Genesung unseres geliebten Gefährten haben.

Eine ganzheitliche Herangehensweise an Geist und Körper

Die Worte »Meditation« und »Medikation« unterscheiden sich nur durch einen Buchstaben. Das liegt daran, dass beide aus dem Lateinischen – *medeor* – kommen, was so viel bedeutet wie »heilen«. Im Englischen sehen sich die Worte »heal« (heilen) und »whole« (ganz) ähnlich und hören sich ähnlich an, da auch sie eine gemeinsame Quelle und Bedeutung haben. Ob bei der Meditation oder medizinischen Behandlung, in jedem Fall streben wir eine Rückkehr zu Gesundheit und einem umfassenden, ganzheitlichen Wohlbefinden an.

Warum ist das notwendig? Woran liegt es, dass Lebewesen überhaupt erst krank werden?

Bis vor Kurzem lag in der westlichen Medizin der Fokus auf dem »Reparieren« von gesundheitlichen Schäden anstatt auf deren Vorbeugung. Zudem konzentrierte man sich – im Gegensatz zur fernöstlichen Herangehensweise – auf die materielle anstatt auf die energetische Ebene. Man ging davon aus, dass genetische Faktoren entscheiden, warum manche Menschen anfälliger für bestimmte Krankheiten sind als andere. Jedoch zeigte das Human Genome Project (HGP), dass anstelle der mehr als 120 000 Gene, von denen man dachte, dass Menschen sie besitzen, wir nur 25 000 haben – weniger als Tiere, einschließlich eines so einfachen Lebewesens wie die Seegurke, und auch weniger als viele Pflanzen (Reis hat 38 000 Gene). In den Worten des Zellbiologen Bruce Lipton: »Es gibt einfach nicht genug Gene, um die Komplexität menschlichen Lebens oder menschlicher Krankheiten zu erklären.«[1]

Die Realität ist viel zu komplex, als dass man bestimmte Voraussetzungen von einzelnen Genen oder kleinen Gengruppen abhängig machen könnte. Was den Bereich der Epigenetik hervorgebracht hat, die untersucht, wie und warum Gene »an- oder abgeschaltet« werden, sowie die Wirkung des Lebensstils und geistiger Faktoren auf das physische Wohlbefinden.

Es gibt keinen Grund zu glauben, dass das gleiche Wechselspiel von geistigem und physischem Wohlbefinden nicht ebenso auf unsere Haustiere zutrifft.

Das ganzheitliche Verständnis von Gesundheit, das immer mehr Anhänger findet, geht davon aus, dass eine physische Krankheit die Manifestation einer Störung auf geistiger Ebene ist. Nicht unsere Körper werden krank, sondern *wir* werden krank. Die physischen Symptome einer Krankheit zu beseitigen oder zu reparieren – verengte Arterien, einen Tumor, entzündete Gelenke – wird wenig nützen, wenn wir nicht gleichzeitig in unserem Bewusstsein die zugrunde liegende geistige Ursache dieser Symptome beseitigen oder heilen.

Ich möchte es mit einem Beispiel versinnbildlichen. Wenn wir allein im Auto unterwegs sind, und plötzlich blinkt am Armaturenbrett ein unbekanntes Warnlicht, werden wir aller Wahrscheinlichkeit nach das Auto bei nächster Gelegenheit in die Werkstatt bringen, damit die Ursache dafür gefunden wird. Wir würden merken, dass etwas nicht stimmt und dringend untersucht werden muss.

Falls wir in der Werkstatt sehen würden, wie ein Mechaniker einfach hinter das Armaturenbrett greift, das störende Warnlicht entfernt und sagt, dass unser Problem gelöst ist – nun, selbst der am wenigsten technisch Begabte unter uns würde dieses Manöver durchschauen. Durch das Beseitigen des Warnlichts wird das Problem nicht gelöst. Es beseitigt nur den Beweis dafür, dass es ein Problem gibt.

Genauso ist die Behandlung der physischen Manifestation einer Krankheit, selbst wenn sie erfolgreich ist, nicht das Gleiche wie die Behandlung der eigentlichen Krankheit. Wenn wir nicht jenseits des Warnlichts der Krankheit blicken und uns der zugrunde liegenden Ursache zuwenden, gehen wir das Risiko ein, im Laufe der Zeit wesentlich größere Probleme zu bekommen.

Diese Analogie wird von den Autoren Thorwald Dethlefsen und Ruediger Dahlke in ihrem Buch *Krankheit als Weg* angeboten, wo es heißt: »Krankheit ist nicht ein zufälliges und daher unliebsames Ärgernis auf dem Weg, sondern der Weg selbst, auf dem der Mensch zu seiner Ganzheit fortschreitet. Je bewusster wir diesen Weg gehen, desto wahrscheinlicher ist es, dass er uns ans Ziel führt. Unsere Aufgabe ist es nicht, uns der Krankheit zu widersetzen, sondern sie zu benutzen.«[2]

Entsprechend dieser Sichtweise muss wahre Heilung auf der Ebene des Bewusstseins eintreten.

Es gibt bereits jede Menge Beweise für die negative Wirkung von Stress auf das körperliche Wohlbefinden, sowohl bei Menschen als auch bei Tieren. In getrennten Studien hat sich gezeigt, dass sowohl Menschen, die sich einsam fühlen, als auch jene, die pessimistisch eingestellt sind, ein auffallend stärker gefährdetes Immunsystem haben, unter erhöhtem Blutdruck leiden und eher zu Herzkrankheiten neigen.[3] Es gibt keinen Grund anzunehmen, dass das gleiche grundlegende Prinzip – dass Geist und Körper eine Einheit bilden – nicht auch auf Tiere zutrifft. Neben sich verdichtenden Hinweisen auf die schädliche Wirkung negativer geistiger Zustände auf den Körper gibt es auch erhebliche Beweise dafür, dass meditative Zustände die physische Heilung fördern. Besonders in den vergangenen zwei Jahrzehnten wurden umfangreiche Forschungen durchgeführt, die die tief gehende Wirkung der Meditation anhand einer großen Anzahl messbarer Werte nachweisen, die unser Wohlbefinden widerspiegeln. Es hat sich gezeigt, dass die Meditation hohen Blutdruck normalisiert, unsere Stressfaktoren reduziert und hilft, Herzkrankheiten zu heilen. Sie stärkt unser Immunsystem, verlangsamt den Alterungsprozess, lindert chronische Schmerzen und hilft bei entzündlichen Prozessen. Zudem wirkt die Meditation sich positiv auf einer epigenetischen Ebene aus, indem sie das Wachstum von Genen verhindert, die mit schweren Krankheiten einschließlich Krebs in Verbindung stehen. Wenn man auf die psychologischen Vorteile blickt, so besitzen Menschen, die regemäßig meditieren, eine größere emotionale Belastbarkeit; sie sind weniger anfällig für Depressionen, Ängste und Einsamkeit; und ihr Gehirn wird neu verdrahtet, was dazu führt, dass sie unbeschwerter und glücklicher sind. Es steht wohl außer Zweifel, dass die Vorteile der Meditation, wäre sie in Pillenform erhältlich, die bestverkaufte Arznei aller Zeiten sein würde.

Die Meditation kann für uns Menschen eine wirkungsvolle Möglichkeit sein, um zu heilen und ganz zu werden. Doch welchen Beweis gibt es, dass wir bei unseren Haustieren die Heilung fördern können, indem wir sie in unsere Meditation einschließen? Empirische Beweise müssen noch zusammengetragen werden, doch es gibt eine Fülle von Berichten, insbesondere von Personen, die bei ihren Tieren Reiki praktizieren.

Reiki stammt von den japanischen Begriffen *rei* (Geist) und *ki* (Energie) ab, mit anderen Worten »geistige Energie«. Die Praxis von Reiki mit Tieren kann die Meditation einschließen. Es ist nicht nötig, dass Sie dabei eine bestimmte Position einnehmen oder die Hände auf Ihr Haustier legen beziehungsweise in seine

Nähe. Vielmehr geht es darum, sich still mit einem Tier hinzusetzen und es einzuladen, Teil Ihrer Meditation zu sein, wie an früherer Stelle in diesem Buch beschrieben.

Frans und Bronwen Stiene sind zwei hochangesehene Reiki-Forscher, -Praktizierende, -Lehrer und Autoren, die viel Zeit in Japan mit dem Studium traditioneller Praktiken verbracht haben. Mit der Gründung des International House of Reiki in New South Wales, Australien, haben sie viel dazu beigetragen, die Spiritualität und Praktiken dieser Tradition in eine Form zu übersetzen, die Menschen im Westen nachempfinden können (siehe ihre Webseite www.ihreiki.com). Dazu gehört das Praktizieren von Reiki, um Tiere bei ihrem Heilungsprozess zu unterstützen.

Kathleen Prasad, eine in Kalifornien lebende Reiki-Lehrerin und Autorin, die bei den Stienes gelernt hat, ist in ihrer Reiki-Praxis darauf fokussiert, wie die Heilungskraft dieser Technik auf Tiere wirkt (siehe ihre Webseite wwww.animalreikisource.com). Als sie Reiki 1998 bei sich selbst anwandte, fiel ihr auf, dass ihr Hund Dakota sich jedes Mal so zu ihr hingezogen fühlte, dass er sich dicht neben ihre Füße legte. Sie erkannte, dass Dakota sich auf die Heilkraft des Reiki einstimmte, ohne dass Kathleen ihm explizit eine Behandlung geben musste. Sie sagt: »Es war, als beherrsche er bereits eine Sprache perfekt, die viel zu subtil war, als dass ich sie verstehen konnte.«

Die Australierin Carolyn Tretheway ist eine führende Vertreterin von Tier-Reiki. Sie arbeitet mit einer wachsenden Anzahl von Tierärzten und Tierheimen zusammen und hat bereits anhand vieler Haustiere und ihrer menschlichen Gefährten die sanfte Kraft der Meditation demonstriert (siehe ihre Webseite http://pausehg.com.au).

Sowohl die mannigfachen Erfahrungen dieser Praktizierenden als auch jene von Meditierenden diverser anderer Richtungen haben uns gezeigt, dass das Meditieren mit Tieren auf vielfältige und nicht zu übersehende Weise zu ihrer Heilung beitragen kann.

Wie Meditieren zur Heilung unserer Tiergefährten beitragen kann

ERMÖGLICHT SELBSTHEILUNG, SELBST WENN WIR DIE GENAUE URSACHE DER KRANKHEIT NICHT KENNEN

Als Tierfreunde können wir ängstlich und frustriert reagieren, wenn wir nicht wissen, was genau mit unserem Liebling los ist. Obwohl Tierärzten zunehmend differenziertere diagnostische Hilfsmittel zur Verfügung stehen, können auch diese zuweilen nicht punktgenau die Ursache der Krankheit eines Haustieres bestimmen. Darüber hinaus können diese Untersuchungen so teuer sein, dass sie die finanziellen Mittel des Tierfreundes übersteigen und ihm zusätzlich das Dilemma bescheren, nicht in der Lage zu sein, das geliebte Tier behandeln zu lassen.

Meditieren ermöglicht eine komplett andere Form der Heilung und bietet unseren Haustieren die beste Gelegenheit zur Selbstheilung, indem wir die optimalen Rahmenbedingungen dafür schaffen.

Carolyn Tretheway erzählt die Geschichte von Saba, einem Cockerspaniel, dessen Besitzerin, Verity, verzweifelt war. Saba hatte ein ernstes Problem mit der Milz (IPT), und der Tierarzt glaubte, dass nur eine Operation helfen könnte. Es gab jedoch ein Problem: Unter anderem hat die Milz die Aufgabe, Blutplättchen zu speichern, doch stattdessen zerstörte Sabas Körper sie. Solange ihr Blutplättchen-Level so extrem niedrig war, stellte eine Operation ein zu großes Risiko dar. Außerdem reagierte sie nicht auf das Medikament, das ihr gegeben wurde, um die Produktion der Blutplättchen anzukurbeln. Saba musste in der Klinik bleiben und wurde 24 Stunden überwacht. Das allein schon war ein großer Stress für sie und Verity.

Carolyn bot an, Saba im Krankenhaus zu besuchen. Sie sah auf den ersten Blick, wie benommen und schwach der Hund zu sein schien. Außerdem fielen ihr die grelle Beleuchtung, die überwältigenden Gerüche und die allgemeine Geschäftigkeit in der

Klinik unangenehm auf. Nachdem sie eine ruhige Ecke gefunden hatte, setzten sie und Verity sich hin, um mit Saba zu meditieren. Carolyn zeigte Verity eine einfache Atemmeditation, die sie praktizieren sollte. In ihrem Herzen versuchte Carolyn, Saba die einfache Botschaft zu kommunizieren, sowohl das grelle Licht, die Gerüche und den Lärm in der Tierklinik sowie ihr Gefühl der Schwäche loszulassen.

Nachdem sie ein paar Minuten still zusammen gesessen hatten, machte Saba es sich neben ihrer Besitzerin Verity bequem und schlief ein. Verity erwähnte gegenüber Carolyn, dass Saba zum ersten Mal seit Langem entspannt schien.

Nach der Meditation verabschiedete sich Carolyn, und Saba ging zurück in ihren Käfig. Später erzählte Verity ihr, dass Saba vierzehn Stunden durchgeschlafen hatte. Als sie aufwachte, prüfte der Tierarzt ihren Blutplättchen-Level. Er war wieder normal. Nach weiteren Untersuchungen stellte der Arzt fest, dass keine Operation nötig war. Saba konnte nach Hause gehen.

Dr. Herbert Benson von der Harvard Medical School war der Erste, der auf die Fähigkeit des Körpers zur Selbstheilung aufmerksam gemacht hat – sofern wir ihm die richtigen Bedingungen dafür bieten. Durch die Meditation optimiert man diese Bedingungen. Es hat den Anschein, dass, wenn wir mit Haustieren meditieren, sie aufgrund ihrer Angewohnheit, ihren Geist auf den unseren abzustimmen, in der Lage sind, von der Ruhe oder dem Mitgefühl zu profitieren, das wir ihnen bieten können. Sie sind offenbar fähig, mit diesen Qualitäten in Resonanz zu gehen, wodurch die Selbstheilung gefördert wird, ungeachtet der Art der Krankheit, unter der sie gelitten haben.

BESCHLEUNIGT DIE HEILUNG, AUCH NACH EINER OPERATION

Dr. Benson erkannte zum ersten Mal den Einfluss der Meditation auf die Selbstheilung, als er Patienten beobachtete, die Herzinfarkte überlebten. Diejenigen, die meditiert hatten, gesundeten auffallend schneller als jene, die nicht meditierten. »Die Entspannungs-Reaktion«, wie er sie nannte, half nicht nur den Patienten, ausgeglichener zu sein und sich generell wohler zu fühlen, sie beschleunigte auch ihre Selbstheilung. Unsere Körper können sehr effektiv sein, wenn es um Selbstheilung geht, vorausgesetzt wir bieten ihnen die dafür nötigen Bedingungen.

Das Gleiche gilt für Haustiere. Wenn ihnen optimale Bedingungen geboten werden, erholen auch sie sich schnell von einer Krankheit oder Operation. Mit ihnen zu meditieren bietet eine höchst segensreiche Basis, dank der wir zu ihrer schnellen Genesung beitragen können. Wenn wir mit unseren Tiergefährten meditieren, helfen wir ihnen, positive Gefühle wie Liebe, Vertrauen und Wohlbefinden zu genießen. Die biologische Wirkung dieser Gefühle besteht darin, das Oxytocin im Körper zu erhöhen, weiße Blutkörperchen zu vermehren, die Entzündungen zu bekämpfen und ihre Immunabwehr zu stärken. Vor einer Operation zu meditieren kann dazu beitragen, dass die Operation effektiver ist, und eine Meditation danach kann helfen, den Heilungsprozess zu beschleunigen.

Wie Kathleen Prasad es so schön zum Ausdruck bringt: »Indem es diese Verbundenheit weckt, kultiviert Reiki Mitgefühl für andere, was wiederum zu einer heilsamen Veränderung führt.«

MEDITATION HILFT, SCHMERZEN ZU ERLEICHTERN

Die Meditation wird zunehmend als Methode zur Schmerzbekämpfung geschätzt und eingesetzt, insbesondere bei Menschen, die unter immer wiederkehrenden oder chronischen Schmerzen leiden, und manchmal auch in Fällen, wo alle anderen Optionen erschöpft sind.

Auch wenn es zunächst kontraproduktiv scheinen mag, dass ein verstärkter Fokus auf den Schmerz diesen vermindern kann, gibt es tatsächlich verschiedene Methoden, bei denen die Meditation helfen kann, uns vom Schmerzgefühl zu lösen – die Schmerzsignale werden weiterhin ausgesendet, doch wir können die »Lautstärke« reduzieren. Die schmerzbetäubende Wirkung hält an, auch nachdem die Meditation beendet ist. Und, ganz wichtig, sie steht auch jenen Menschen jederzeit zur Verfügung, die nie zuvor meditiert haben. Man muss kein Zen-Meister sein, damit sie ihre gute Wirkung entfalten kann.

Fallbeispiele legen nahe, dass auch Tiere, nachdem sie Zeit mit einem Meditierenden verbracht haben, weniger Schmerz empfinden als vorher. Es scheint, dass der gleiche Prozess der Loslösung vom Schmerz eintritt, und eine engere Verbundenheit mit dem positiven Seelenzustand geschaffen wird, der durch die Meditation hervorgerufen wird und Erleichterung, Trost und Wohlbefinden schenkt.

Dies führt uns zu einer umfassenderen Frage: Ist die Schmerzerfahrung unserer Haustiere so wie unsere oder anders? Die Nervenbahnen und -aktivitäten sind ähnliche, doch wie oben angedeutet, kann die Art, wie wir uns auf die Schmerzen fokussieren, ihre Intensität erheblich reduzieren.

Außerdem ist es so, dass wir Menschen dazu neigen, die Erfahrung von Schmerz mit kognitiver Aktivität zu überdecken, die jedoch letztlich unser Leiden erschwert. Ein Zahnschmerz kann zu Gedanken führen wie: »Der Zahnarzt wird mir eine Spritze geben müssen, und ich hasse Spritzen – sie tun weh! Das wird dann wahrscheinlich dazu führen, dass eine Wurzelbehandlung gemacht werden muss. Mir stehen traumatische Wochen bevor! Zahnarztrechnungen sind unglaublich teuer. Da kann ich meine Urlaubspläne gleich vergessen! Was mich das kosten wird! Meine Klienten/Boss/Kollegen werden mich dafür hassen, dass ich gerade jetzt nicht zur Arbeit kommen kann und sie hängen lasse. Das bedeutet einen totalen Karriereknick!«

Und so geht es weiter. Wenn wir dann schließlich genug negativen Druck aufgebaut haben, ist es schwer zu erkennen, wie sehr unsere Existenzangst auf die Schmerzen in unserem Mund zurückzuführen ist und wie sehr auf die Gedanken über die Schmerzen in unserem Mund.

Haben Haustiere eine ähnliche Art der Wahrnehmung? Wir können es nicht mit Sicherheit sagen, aber es sieht nicht so aus. Da ihr Gehirn nicht so sehr mit Gedanken zugemüllt ist, sollte das Bewusstsein der Tiere stärker im Hier und Jetzt verankert sein als beim Menschen. Das könnte bedeuten, dass sie dazu tendieren, physischen Schmerz nicht durch eine negative Wahrnehmung zu überlagern. Es könnte auch bedeuten, dass sie eher bereit sind, sich von uns als Meditierende beeinflussen zu lassen.

Ich hatte oft das intuitive Gefühl, dass meine Haustiere Achtsamkeit oder Meditation als eine Form von Schmerzbekämpfung benutzten. Da sie, anders als wir, keinen Zugang zu Paracetamol oder anderen Schmerzmitteln haben, können sie bei Kopfschmerzen nicht einfach an den Badezimmerschrank gehen und eine Tablette einwerfen. Alles, was ihnen übrig bleibt, ist ihr Geist – und vielleicht die Möglichkeit, sich innerlich so weit wie möglich von dem Schmerz zu lösen.

Wir wissen, dass Katzen manchmal schnurren, um ihren Schmerz zu bekämpfen und die Selbstheilung anzukurbeln. Ob sie dies nun instinktiv tun oder mittels einer bewussten Entscheidung ist eine Frage, die wir noch nicht beantworten können. Wie auch immer, Tierärzte berichten oft von dem hohen Grad stoischen Gleichmuts, den viele Haustiere angesichts von Unwohlsein und Schmerzen an den Tag legen, die bei Menschen zu einem Zustand tiefsten Elends führen würden. Dieser Gleichmut kann nur gestärkt werden, wenn wir in der Lage sind, nicht nur pharmakologische Unterstützung anzubieten, sondern mit Vertrauen, Liebe und Mitgefühl präsent sind.

REDUZIERT DIE NEBENWIRKUNGEN EINER BEHANDLUNG

Viele von uns haben sich schon mit den Nebenwirkungen medizinischer Behandlungen plagen müssen. Ob es die Verstopfung ist, die zuweilen von bestimmten Schmerzmitteln verursacht wird, oder die ernsteren und umfassenden Nebenwirkungen, die mit einer Chemotherapie einhergehen – zum Beispiel Übelkeit, Geschwüre im Mund, Haarausfall und große Müdigkeit –, wir alle haben gesehen, oder es sogar persönlich erlebt, wenn sich der Körper von einem medizinischen Eingriff erholt.

Die vielen klinischen Studien über die Meditation in den letzten Jahren haben gezeigt, wie positiv sich die Meditation auf die Genesung nach einer Krankheit auswirken kann. Wie seit Dr. Herbert Benson immer wieder bewiesen, verbessert die Meditation sowohl den Genesungsvorgang und reduziert auch den manchmal schädlichen Einfluss von Nebenwirkungen auf tief greifende Weise.

Kontrollierte Untersuchungen haben gezeigt, wie die Meditation Menschen helfen kann, Stresssymptome, Mattheit, Erschöpfung und Übelkeit zu verringern sowie die Stimmung, Energie und Immunfunktion bei Patienten zu verbessern, die sich einer Chemotherapie unterziehen müssen.[4]

Die gleiche Entwicklung wurde bei den Meditationen mit Haustieren beobachtet. Ihre Fähigkeit wächst, die Behandlung in der Tierklinik besser zu verkraften und sich schneller wieder wohlzufühlen.

Einen weiteren Vorteil gibt es für Tiere, die extrem reaktionsfreudig sind. Ihr Temperament äußerst sich darin, dass sie übernervös, verstört und unruhig sind, oder dass ein Besuch beim Tierarzt sie noch ängstlicher und verstörter macht, als sie sonst sind – fast genau das Gegenteil des Zustandes, in dem Heilung eintreten kann. Doch mit diesen Tieren zu meditieren, kann sie beruhigen, zumindest für die Dauer der Meditation, und es ihnen ermöglichen, ihre Selbstheilung zu aktivieren und den dafür am besten geeigneten Zustand zu erreichen, was die Wirkung der traditionellen Behandlung optimieren kann.

Wie Kathleen Prasad sagt: »Durch die achtsame Präsenz, die die Reiki-Meditation kultiviert, können wir leichter und mit größerem Gleichmut den Herausforderungen in unserem Leben begegnen und nicht dagegen ankämpfen, während wir lernen, auf unsere Tiere zu hören und auf eine mitfühlende Weise für sie da zu sein. So sind wir in der Lage, kostbare Momente der Heilung mit ihnen zu teilen.«

BIETET SOWOHL PSYCHOLOGISCHE ALS AUCH PHYSISCHE HEILUNG

Zur inneren Mitte zu finden, kann sowohl von der Heilung der Seele als auch des Körpers abhängen. Carolyn Trethewey berichtet von einem Besuch im Cat Haven in Shenton Park, einem Vorort von Perth in Australien, wo sie regelmäßig mit Katzen meditiert, die aus den verschiedensten Gründen dort untergebracht sind.

Gelegentlich wird Carolyn gebeten, mit einer bestimmten Katze zu meditieren, und eines Tages bat sie ein Mitarbeiter, sich mit einem Kater namens Finlay hinzusetzen, der sich sehr aggressiv verhielt. Cat Haven bemüht sich aktiv, Katzen in guten Familien unterzubringen, und benutzt dafür mit großem Erfolg die sozialen Medien. Doch nicht einmal das süßeste Facebook-Foto hätte dazu führen können, ein kuscheliges neues Zuhause für Finlay zu finden, wenn er weiterhin so aggressiv auf Besucher losgegangen wäre.

Zu den Behausungen, in denen die Katzen untergebracht waren, gehörten ein Kratzbaum, ein offener Bereich, ein Katzenklo und ein abgetrennter Teil, in den sich die Katzen zurückziehen konnten, wenn sie ungestört sein wollten. Als Carolyn bei Finlays Behausung ankam, sah sie, dass er sich in den privaten Bereich zurückgezogen hatte. Vorsichtig öffnete sie die Tür, und

er reagierte, indem er einen Buckel machte, wütend seine Zähne zeigte und zischte, wobei ihm das Fell zu Berge stand.
Sie schloss sofort die Tür und fand einen Ort zum Meditieren direkt vor seiner Behausung. Angesichts der Reaktion, die sie soeben erlebt hatte, erwartete sie nicht, dass ihre Sitzung eine große Wirkung haben würde. Doch sie könnte es ja versuchen.
Carolyn glaubt zu spüren, dass sich das Haustier, das sie behandelt, »ankoppelt«, sobald sich ihre Meditation vertieft. Und genau das passierte während der folgenden Sitzung. Draußen vor der Tür von Finlays Behausung sitzend, vertiefte sie ihre Meditation und entspannte so ihren Körper und Geist.
Nach ungefähr fünfzehn Minuten sah sie plötzlich ein Bild vor ihrem inneren Auge. Es war eine Katze, eingewickelt in eine Art Bettlaken oder Decke, die wie ein Lasso hin und her geschleudert wurde. Sie hatte keinen Zweifel, woher dieses innere Bild kam und dass es die schreckliche Ursache von Finlays Trauma war. Die Grausamkeit dieser Tat schockierte sie. Doch nachdem sie das innere Bild gesehen hatte, ließ sie es los und hielt weiterhin ihren friedlichen Zustand aufrecht. Sie meditierte noch eine weitere Viertelstunde, bevor sie ihre Meditation beendete. Und obwohl sie gerne die Tür zu Finlays Raum geöffnet hätte, fühlte sie intuitiv, dass es besser war, sich einfach nur leise davonzuschleichen.
Als sie in der darauffolgenden Woche wieder zu Cat Haven ging, berichtete derselbe Mitarbeiter, der sie gebeten hatte, Finlay zu behandeln, dass er ein völlig neuer Kater geworden und nicht wiederzuerkennen sei. Seit Carolyns letztem Besuch war er stets freundlich gewesen und schnurrte ständig. Tatsächlich war er so entzückend geworden, dass er ein neues Zuhause bei einer guten Familie gefunden hatte, die von ihm ganz hingerissen war.
»Finlay war bereit, jene schmerzvolle Erfahrung loszulassen«, sagt Carolyn. »Tiere sind viel schneller dazu in der Lage als wir. Manchmal ist nichts weiter nötig als unsere mitfühlende Präsenz, damit sie vergangene Verletzungen loslassen können und bereit sind, fröhlich weiterzuleben. Erlebnisse aus der Vergangenheit

können zuweilen tiefe Spuren bei Tieren hinterlassen; genauso wie wir Menschen manchmal noch nicht fähig sind, etwas loszulassen, sind Tiere es auch nicht. Doch Finlay war bereit gewesen, und daher war seine Verbindung zu seiner inneren Mitte, zu seinem wahren Wesen, viel tiefer geworden. Es ist ein Zeichen ihrer Seelentiefe, dass Tiere fähig sind, wesentlich leichter loszulassen, als dies Menschen vermögen – dies ist eine der vielen Lektionen, die zu lehren sie zu uns gekommen sind.«

Diese Geschichte stimmt mit den psychologischen oder energetischen Veränderungen überein, die wir bereits in vorausgegangenen Kapiteln besprochen haben. Zur inneren Mitte zurückzukehren ist ebenso sehr eine Sache des Geistes wie des Körpers. Unseren Haustieren den nötigen Raum zu geben, damit sie loslassen können, ist ein ganz besonderer Liebesdienst, den wir ihnen anbieten können, wenn wir mit ihnen meditieren.

HILFT UNSEREN TIERGEFÄHRTEN, WENN PHYSISCHE HEILUNG NICHT MÖGLICH IST

Zuweilen kommen wir an einem Punkt an, wo wir alle Möglichkeiten ausgeschöpft haben oder die noch zur Verfügung stehenden Optionen wenig dazu beitragen werden, sowohl die Lebensqualität als auch die Lebenszeit unseres Tiergefährten zu verbessern. Manchmal ist dieser Punkt klar erkennbar. In anderen Fällen ist es eine Erkenntnis, die sich im Laufe einiger Tage oder Wochen entwickelt. Der Zeitpunkt mag kommen, wenn wir erkennen, dass es eine weisere und mitfühlendere Entscheidung sein kann, unserem Tiergefährten einen natürlichen Tod zu erlauben, anstatt weitere Behandlungen und länger andauerndes Leiden in Kauf zu nehmen.

Haben wir versagt, wenn es unsere Absicht war, unserem Haustier zu helfen, physisch wieder vollkommen gesund zu werden und die wie auch immer gearteten seelischen Ursachen der Erkrankung zu beseitigen und unser Liebling nicht gesund wird oder gar stirbt? Bedeutet es, dass die heilsame Meditation nicht funktioniert? Oder wir uns nicht gut genug konzentriert haben, um positive Resultate zu erzielen? Diese wichtigen Fragen werden zuweilen gestellt, und sie verdienen es, beantwortet zu werden.

Es kann sein, dass das Karma Ihres Haustieres so stark ist, dass es nicht in Ihrer Macht steht, den Verlauf der physischen Krankheit zu ändern. Da wir alle als fühlende Wesen auf diesem Planeten geboren wurden, ist es unser Karma, dass wir sterben müssen. Es kann sein, dass sich Ihr Haustier gerade mit diesem Karma auseinandersetzen muss, genauso wie wir alle zu gegebener Zeit sterben müssen, egal wie vollendet wir gelernt haben zu meditieren. Doch dies bedeutet nicht, dass unsere Meditationen vergebens waren. Jedes Mal, wenn wir mit unserem Tier meditieren, hat das für beide Seiten eine positive Wirkung auf unser jetziges und künftiges Dasein. Wir helfen, negative Dinge zu eliminieren, die das Potenzial haben, zukünftige Krankheiten und Leiden zu verursachen; und wir mildern oder beseitigen sogar die Ursache, die zum Ausbruch dieser bestimmten Krankheit geführt hat.

Wenn unser Ziel nicht darin besteht, unserem Haustier zu helfen, die Krankheit zu vermeiden, sondern die Krankheit als Chance wahrzunehmen, um sich weiterzuentwickeln, dann gibt es kaum eine wirkungsvollere Möglichkeit auf die Krankheit zu reagieren, als wenn wir sie als Mittel verwenden, um die Meditationspraxis zu vertiefen. Wenn wir von einer übergeordneten Perspektive ausgehen, anstatt uns auf sofortige Resultate ausschließlich in diesem Leben zu fokussieren, können wir unseren Tiergefährten kein größeres Geschenk machen, als in ihren letzten Tagen, Wochen oder Monaten mit ihnen zu meditieren. Selbst wenn die physische Genesung keine Option mehr darstellt, ist die Gelegenheit, ihren Übergang mit einem von Liebe und Mitgefühl erfüllten Geist zu vollenden, das bei Weitem kostbarste und seltenste Privileg, das wir ihnen zuteilwerden lassen können. Wir helfen ihnen damit, einen großen Schritt hin zu ihrer künftigen Erleuchtung zu machen.

Heilsame Meditationen

Es ist nicht nötig, eine spezielle Meditation zu erlernen, um unseren Haustieren bei einer Krankheit zu helfen. Wie auf Tiere spezialisierte Reiki-Praktizierende gezeigt haben, reicht es, einfach mit offenem Herzen präsent zu sei, um eine Umgebung für Ihr Tier zu schaffen, in der Heilung stattfinden kann.

Und vor allem sollten Sie nicht die Wirkung Ihrer Meditation unterschätzen, selbst wenn diese Praxis etwas völlig Neues für Sie ist. Am Anfang können Sie vielleicht nicht aufhören, an alles Mögliche zu denken, und stellen dann den Nutzen des Ganzen infrage. Doch es ist eine messbare, wissenschaftliche Tatsache, dass die Meditation Körper und Geist auf tief greifende Weise verändert. Wenn wir mit unserem Tiergefährten meditieren, wirkt sich diese Veränderung auch auf ihn oder sie aus.

Im tibetischen Buddhismus gibt es eine Reihe von Meditationen, die speziell für Heilungszwecke entwickelt wurden, sowohl was unsere eigene Heilung als auch die anderer Lebewesen betrifft. Auf den folgenden Seiten beschreibe ich zwei dieser Methoden, und vielleicht möchten Sie sie einmal selbst ausprobieren. Wenn Ihnen eine besonders gut gefällt, oder wenn Sie fühlen, dass Ihr Haustier tatsächlich davon profitiert, bleiben Sie dabei. Wenn Ihnen zwei oder drei der in diesem Buch beschriebenen Meditationen gefallen, benutzen Sie diese abwechselnd. Die Wirkung verschiedener Meditationsmethoden ist ein bisschen wie die Benutzung unterschiedlicher Fitnessgeräte: Ihre kombinierte Anwendung kann bemerkenswerte ganzheitliche Vorteile bieten. Wichtig ist, nicht mitten in einer Meditation zu wechseln, sondern während der ganzen Sitzung eine bestimmte Methode beizubehalten, um ein Gefühl der Vertrautheit und Konzentration zu fördern.

GEBEN- UND NEHMEN-MEDITATION (TONG LEN)

Tong Len ist eine grundlegende Meditation im tibetischen Buddhismus, bei der wir uns vorstellen, das Leiden anderer zu beenden und ihnen Glückseligkeit zu geben. Es gibt viele verschiedene Versionen dieser Meditation; bei der folgenden handelt es sich um eine sehr einfache Version, die aber deswegen nicht weniger wirkungsvoll ist.

Nehmen Sie die optimale Meditationshaltung ein – achten Sie darauf, Ihren Rücken gerade zu halten.

Atmen Sie ein paar Mal tief ein und aus. Dabei stellen Sie sich vor, alle Gedanken, Gefühle und vergangenen Erfahrungen loszulassen. Versuchen Sie, so weit wie möglich reines Bewusstsein zu sein, voll präsent im Hier und Jetzt.

Beginnen Sie Ihre Meditation mit der folgenden Absicht:

Durch diese Meditation, mögen (Name des Haustieres) und alle lebenden Wesen sofort, vollständig und für immer von jeglichen Krankheiten, Schmerzen und Leiden befreit sein. Möge diese Meditation eine direkte Ursache für uns sein, Erleuchtung zu erlangen. Zum Vorteil aller fühlenden Wesen, ohne Ausnahme.

Indem Sie sich auf Ihren Atem fokussieren, stellen Sie sich vor, strahlendes weißes Licht einzuatmen. Dieses Licht steht für Heilung, Reinigung, Läuterung, Harmonie und glückselige Energie. Stellen Sie sich vor, wie es Ihren Körper erfüllt, bis jede Zelle total davon durchdrungen ist. Atmen Sie weiterhin auf diese Weise, den Fokus auf die Eigenschaften des Lichtes gerichtet, das Sie einatmen.

Nach einigen Minuten verlagern Sie den Fokus Ihrer Aufmerksamkeit auf Ihr Ausatmen. Visualisieren Sie, ein dunkles, von Rauch erfülltes Licht auszuatmen. Die Dunkelheit steht für jedwede Schmerzen, Krankheiten und alle negativen Dinge, die Sie erfahren. Bei jedem Ausatmen stellen Sie sich vor, mehr und mehr dieser Negativität loszulassen. Atmen Sie weiterhin auf diese Weise, den Fokus auf die Eigenschaften des rauchigen Lichtes gerichtet, das Sie ausatmen.

Nach einigen Minuten kombinieren Sie diese beiden Aspekte, sodass Sie sowohl Negatives und die Krankheit loslassen als auch strahlendes Wohlbefinden einatmen.

Nachdem Sie jetzt ein wenig Übung haben, stellen Sie sich vor, dass Sie zum Wohle Ihres Haustieres Wohlbefinden ein- und Krankheit ausatmen. Was immer Sie einatmen, wandert in seine Seele. Was immer Sie ausatmen, Sie tun es für das Tier. Sie sind ein Kanal für die heilende Energie und für das Loslassen allen Leidens.

Machen Sie dies zum Hauptfokus Ihrer Meditationssitzung – die Krankheit und das Leiden Ihres Tiergefährten wegzunehmen und ihm Reinigung, Heilung und Wohlbefinden zu ermöglichen. Sie könnten beschließen, jeder der folgenden Eigenschaften drei oder vier Atemzüge zu widmen, um Ihrer Meditation eine Struktur zu geben:

Einatmen	**Ausatmen**
Heilende Energie aufnehmen	**Jedwede physische und geistig-seelische Krankheit beseitigen**
Umfassende Klärung/Reinigung/Heilung	Jedwede physische Krankheiten/Schmerzen/Leiden
Strahlendes Wohlbefinden – Energie und Vitalität	Alle geistige Negativität/Kummer/Angst
Frieden, Harmonie, innere Ruhe	Hass, Gier und alle Täuschungen
Liebe und Mitgefühl	

Beenden Sie die Meditation, wie Sie sie begonnen haben:

Durch diese Meditation, mögen (Name des Haustieres) und alle lebenden Wesen sofort, vollständig und für immer von jeglichen Krankheiten, Schmerzen und Leiden befreit sein. Möge diese Meditation eine direkte Ursache für uns sein, Erleuchtung zu erlangen. Zum Vorteil aller fühlenden Wesen, ohne Ausnahme.

MEDIZIN-BUDDHA-MEDITATION

Wenn dieser Buddha Ihnen bislang unbekannt ist, können Sie ein Bild von ihm auf meinem Blog in der Kategorie »Medicine Buddha« finden (www.davidmichie.com). Außerdem finden Sie dort sowohl den Link zu einem Video, das zeigt, wie sein Mantra ausgesprochen wird, als auch weiterführende Quellen. Ich empfehle Ihnen, sich mit der Visualisierung und dem Mantra vertraut zu machen, bevor Sie diese Meditation ausprobieren.

Nehmen Sie die optimale Meditationsposition ein – achten Sie darauf, Ihren Rücken gerade zu halten.
Atmen Sie ein paar Mal tief ein und aus. Währenddessen stellen Sie sich vor, alle Gedanken, Gefühle und vergangenen Erfahrungen loszulassen. Versuchen Sie, so weit wie möglich reines Bewusstsein zu sein, voll präsent im Hier und Jetzt.

Beginnen Sie Ihre Meditation mit der folgenden Absicht:

Durch diese Meditation, mögen (Name des Haustieres) und alle lebenden Wesen sofort, vollständig und für immer von jeglichen Krankheiten, Schmerzen und Leiden befreit sein. Möge diese Meditation eine direkte Ursache für uns sein, Erleuchtung zu erlangen. Zum Vorteil aller fühlenden Wesen, ohne Ausnahme.

Visualisieren Sie den Medizin-Buddha, wie er Ihnen ein paar Meter entfernt gegenüber sitzt, auf der Höhe Ihrer Augenbrauen. Keine Sorge, wenn Ihre Visualisierung nicht perfekt ist. Ein Kreis von dunklem, blauem Licht reicht aus. Sollten Sie damit Schwierigkeiten haben, reicht es auch, sich seine Anwesenheit vorzustellen. Je realer Sie das Bild machen können, desto besser. Versuchen Sie sich vorzustellen, dass Sie, sobald Sie Ihren Blick erheben, direkt in seine Augen schauen.
Rufen Sie sich die wichtigsten visuellen Elemente des Medizin-Buddhas in Erinnerung – sein strahlender, lapislazuli-blauer Körper ist das Symbol heilender Energie. Die heilende Pflanze, die er in seiner rechten Hand hält, und in seinem Schoß die Schüssel mit dem reinigenden Nektar in der linken Hand, reflektieren die heilende Macht seiner Präsenz.
Indem Sie sich jenseits des Visuellen begeben, versuchen Sie sich vorzustellen, wie seine Präsenz sich *anfühlen* würde. Wenn Sie jemals die Gegenwart Seiner Heiligkeit des Dalai Lama erfahren haben, kann dies eine Anregung sein. Manchmal wird der Medizin-Buddha als jemand beschrieben, in dem sich alles Schöne vereint. Stellen Sie sich vor, wie er Ihnen und Ihrem Haustier in die Augen schaut mit mehr Liebe als sogar eine Mutter angesichts ihres einzigen Kindes empfindet. Er ist ein unglaublich mächtiges, mitfühlendes Wesen, und wenn Sie sich an ihn wenden, können Sie fühlen, dass er definitiv bei Ihnen ist und nichts mehr möchte, als Ihnen und allen, die Ihnen am Herzen liegen, zu helfen.
Rezitieren Sie sein Mantra:

Tayatha Om Bekadeze Bekadeze Maha Bekadze Bekadze Radza Samungate Soha.

Generell sollten Mantras geflüstert werden, damit nur Sie selbst sie hören können. Doch wenn Sie dieses Mantra für das Wohl Ihres Tiergefährten sprechen, empfehle ich, es laut genug zu murmeln oder zu flüstern, damit das Tier es hören kann.

Wiederholen Sie das Mantra mehrmals.

Sobald Sie sich mit dem Mantra vertraut fühlen, nehmen Sie die Visualisierung des blauen, heilenden Lichts und Nektars hinzu, das aus dem Herzen des Medizin-Buddhas erstrahlt. Das Licht und der Nektar fließen direkt durch die Spitze Ihres Kopfes in Ihren eigenen Körper und den Ihres Haustieres. Jetzt sind Sie und Ihr Gefährte von der stärksten Heilungsenergie erfüllt. Visualisieren Sie dieses endlose Ausströmen strahlenden, heilenden, blauen Lichts, während Sie mit der Rezitation des Mantras fortfahren.

Beim Rezitieren ist es sinnvoll, bei jedem Mantra – oder vielleicht nach drei oder vier – spezifische Resultate zu visualisieren, wie zum Beispiel:

Beseitigung aller Schmerzen und Leiden.
Heilung aller physischen Krankheiten.
Eliminierung aller geistigen Qualen und Bedrängnisse.
Reinigung aller möglichen zukünftigen Ursachen von Krankheit.
Gewähren von Energie und robuster guter Gesundheit.
Eine Fülle von Glückseligkeit, Liebe und Mitgefühl.

Je persönlicher und direkter Sie Ihre Meditation gestalten können, desto besser – was für die meisten Meditationen gilt. Wenn Sie also wissen, dass Ihr Kaninchen Nierenprobleme hat, richten Sie zumindest einen Teil Ihres Fokus auf die Heilung seiner Nieren. Dafür müssen Sie kein Anatomie-Experte sein. Es geht mehr um die Absicht und darum, Ihre Gedanken auf dieses spezielle Ziel auszurichten. Ganzheitliche Heilung ist auch aus dem am Anfang des Kapitels genannten Grund nützlich: Neben der physischen Manifestation kann auch die im Bewusstsein verborgene Ursache angesprochen werden.

Während der Meditation möchten Sie sich vielleicht zuweilen einfach nur auf die Visualisierung fokussieren und die Mantra-

Rezitation unterbrechen. Oder umgekehrt. Versuchen Sie, die gesamte Praktik mit all ihren Elementen – der deutlich imaginierten Präsenz des Medizin-Buddha, die Visualisierung des heilenden Lichtes und Nektars sowie die Mantra-Rezitation – so lebendig wie möglich zu halten.
Fahren Sie damit fort, bis Sie die Sitzung genauso beenden, wie Sie sie begonnen haben:

Durch diese Meditation, mögen (Name des Haustieres) und alle lebenden Wesen sofort, vollständig und für immer von jeglichen Krankheiten, Schmerzen und Leiden befreit sein. Möge diese Meditation eine direkte Ursache für uns sein, Erleuchtung zu erlangen. Zum Vorteil aller fühlenden Wesen, ohne Ausnahme.

Falls Sie sich besonders zu der Medizin-Buddha-Meditation hingezogen fühlen, möchten Sie vielleicht Mala-Perlen – ähnlich einem Rosenkranz – kaufen und sich zum Ziel setzen, in einer Sitzung zum Beispiel eine, fünf oder sieben Runden des Mantras zu absolvieren. Eine Mala hat in der Regel 108 Perlen, doch sie werden als 100 gezählt, was einen Spielraum für falsche Aussprache, Unachtsamkeit und so weiter erlaubt.

DIE MACHT IST MIT IHNEN!

Bei einer Heilungsmeditation, egal wie unsicher oder zaghaft Sie vielleicht damit beginnen, gibt es keinen Grund, sich hilflos oder nicht gut genug zu fühlen; es steckt viel mehr dahinter, als man auf Anhieb erkennen kann. Nicht nur ist die materielle Welt weniger stabil, als es den Anschein hat – dafür einer Illusion ähnlicher, als wir vielleicht begreifen können –, sondern Materie ist auch Energie. Unsere Gedanken, Worte und Handlungen besitzen ihre eigene energetische Qualität. Wenn sie gekonnt gelenkt und benutzt werden, andere unsichtbare und ungeheuer wirkungsvolle energetische Kräfte zu beschwören – wie jene des Medizin-Buddhas – sind wir mehr als einfach nur ein Mensch, der allein mit einem kranken Haustier in einem Zimmer sitzt. Stattdessen werden wir zu einem Kanal für heilende Energie, weit größer, als wir jemals verstehen können.

RESONANZ UND DIE KRAFT DER MEDITATION

Die Resonanz ist ein faszinierendes Konzept, besonders für Menschen, die vor allem Mantra-Rezitation praktizieren. Das Konzept bietet eine mögliche Erklärung dafür, wie Erinnerung und Gewohnheit in Fleisch und Blut übergehen.

Es hat sich gezeigt, dass Handlungen, die bereits in der Vergangenheit vorgenommen wurden, für andere Lebewesen in der Zukunft leichter und wirkungsvoller auszuführen sind. Wenn zum Beispiel Ratten in einem Labor in Los Angeles ein neuer Trick beigebracht wird, lernen im Allgemeinen andere Ratten in Labors in anderen Teilen der Welt denselben Trick viel schneller. Je mehr Menschen eine neue Fertigkeit praktizieren, beispielsweise Windsurfen, desto leichter werden andere auf dieses Können aufmerksam und möchten es ebenso lernen.

Ein gutes Beispiel ist der Flynn-Effekt. Im Laufe der Jahre schneiden Menschen bei den üblichen IQ-Tests immer besser ab. Durchschnittliche Ergebnisse von 100 steigen kontinuierlich im Laufe weniger Jahre. Es gibt kein Anzeichen dafür, dass Menschen intelligenter werden, sondern nur, dass sie diese Tests besser absolvieren können. Wenn die Ergebnisse überarbeitet werden, wie es regelmäßig der Fall ist, liegen die durchschnittlichen Ergebnisse wie zuvor um die 100.

Die Theorie der Resonanz legt nahe, dass wir immer dann, wenn wir etwas tun, das schon einmal getan wurde, durch ein organisierendes Muster oder Feld mit anderen verbunden werden, die das Gleiche getan haben. So wie andere Felder – elektrische, magnetische, radioaktive – kann das Feld unsichtbar sein, doch seine Auswirkungen sind es nicht. Und es erstreckt sich über Raum und Zeit.

Was passiert, wenn wir ein Mantra rezitieren, das seit Tausenden von Jahren von Millionen Menschen wiederholt worden ist? Wir bringen uns selbst in Einklang mit ihnen. Wir profitieren von ihrem geballten Einfluss, genauso wie wir wiederum zu diesem Einfluss beitragen.

Wenn wir in unserem Raum sitzen und Mantras rezitieren, sind wir vielleicht physisch allein mit unserem Tiergefährten, doch gleichzeitig stimmen wir uns auf ein energetisches Feld ein, das über Jahrhunderte zurückreicht und jeden einschließt, der unsere Tradition praktiziert hat.

KAPITEL NEUN

Wie wir unsere Haustiere während des Sterbevorgangs und danach unterstützen können

Gail Pope, Gründerin von BrightHaven und Pionierin der Tier-Hospiz-Bewegung, mit Joey. »Ich habe erfahren, dass es kein größeres Geschenk gibt, als sowohl während der Zeit im Hospiz als auch am Ende dieser wundervollen Reise Liebe miteinander zu teilen, und dies vor allem mit Tapferkeit, Mut und Dankbarkeit zu tun.«

Hier im Westen geben sich die meisten von uns viel Mühe, das Sterben nicht nur zu verhindern, sondern gar nicht erst daran zu denken. Unsere Kultur ermutigt uns nicht, über den Tod nachzudenken. Aus der Perspektive des Materialismus, wohl nach wie vor das vorherrschende Glaubenssystem, werden Gehirn und Bewusstsein als untrennbare Einheit betrachtet, wobei das Ende des einen gleichbedeutend mit dem Ende des anderen ist. Über den Tod zu sinnieren mag seinen Wert haben, wenn es darum geht, die Kostbarkeit des Lebens gebührend zu schätzen. Doch davon abgesehen kann man aus der materialistischen Perspektive so gut wie nichts daraus gewinnen, sich auf den Sterbeprozess zu konzentrieren. Aus der Perspektive des Christentums folgt unmittelbar nach dem Tod entweder der Aufstieg gen Himmel, der Abstieg in die Hölle, oder eventuell eine Übergangszeit im Fegefeuer. Diese Resultate werden nicht davon beeinflusst, wie wir sterben; obgleich interessanterweise der römisch-katholische Glaube die Anwendung von Salbung und Sterbekommunion empfiehlt, um die Seele auf das vorzubereiten, was vor ihr liegt.

Was unsere geliebten Tiergefährten betrifft, liegt ihr spirituelles Schicksal nach dem Tod noch mehr im Dunklen. Bekannte Hellseher versichern uns, dass jedes Tier über die »Regenbogenbrücke« geht, wo wir es auf uns wartend wiederfinden, wenn unsere Zeit des Übergangs kommt. Materialisten halten nicht viel von diesen »sentimentalen« Aussagen. Die Bandbreite verschiedener Ansichten aus der christlichen Perspektive ist beeindruckend, vor allem wegen der Debatte, wie der Begriff »Seele« interpretiert werden soll: Bedeutet er Lebenskraft? Oder bezieht er sich auf Unsterblichkeit? Und können beide Interpretationen auf alle fühlenden Wesen angewandt werden, oder nur auf eine einzige Spezies?

Die widersprüchlichen Aussagen und die generelle Unsicherheit, ganz zu schweigen von der düsteren Aussicht, jeden und alles zu verlieren, was uns lieb ist, führt dazu, dass man sich mit dem

Thema lieber erst gar nicht beschäftigt, sondern sich stattdessen auf das fokussiert, was unmittelbar vor uns liegt. Und wenn der Tod uns seine hässliche Fratze zeigt – in Form einer medizinischen, tierärztlichen oder sonstigen zu erledigenden Angelegenheit – überlässt man den Umgang damit den Experten und macht sich schnell aus dem Staub.

Der Buddhismus geht mit einer radikal anderen Sichtweise an das Thema Sterben heran. In den letzten 2500 Jahren, in all seinen vielen und unterschiedlichen Ablegern, ist die buddhistische Sichtweise auf den Sterbeprozess gleich geblieben. Darüber hinaus ist er seit jeher ein wichtiges Thema in den Lehren, Diskussionen und der Meditationspraxis gewesen.

Soweit es Buddhisten betrifft, ist der Tod nicht das Ende, sondern vielmehr die Zeit eines bedeutenden – und sogar ziemlich aufregenden – Wandels. Unser geistiger Zustand beim Zeitpunkt des Übergangs kann nicht nur für die unmittelbare Zukunft von großer Bedeutung sein. Er kann darüber hinaus unsere grundlegende Erfahrung der Realität in einem künftigen Leben maßgeblich bestimmen.

Aus dieser Sichtweise ergibt sich für Tierfreunde, dass die *Art und Weise*, wie unsere Haustiere sterben, tatsächlich von Bedeutung ist und wir bei diesem Prozess keine hilflosen Zuschauer sein müssen, sondern eine äußerst wichtige Aufgabe erfüllen können. Darüber hinaus können wir in den sieben Wochen nach dem physischen Tod unseres Tiergefährten weiterhin segensreich auf sein Wohlergehen einwirken, was ebenfalls sehr wichtig ist.

Um zu verstehen, wie all dies vor sich gehen kann, ist es hilfreich, sich einen Überblick über die Natur des Bewusstseins zu verschaffen und wie unsere Erfahrung der Realität aufgebaut ist. Vor allem sollten wir uns klar vor Augen führen, wie wir unsere Haustiere während des Sterbevorgangs und danach unterstützen können, um bei ihrer Wiedergeburt das bestmögliche Resultat für sie zu erreichen.

Die Natur des Bewusstseins

Der Buddhismus besagt, dass Menschen und Tiere gleichermaßen eine Seele besitzen, die – wie bereits in Kapitel Drei beschrieben – als *formloses Kontinuum von Klarheit und Kognition* definiert werden kann.

Eine unserer größten Herausforderungen in der westlichen Kultur ist es, unsere vorgefasste Meinung darüber loszulassen, was genau wiedergeboren wird. Konditioniert vom Christentum zum einen und vom Materialismus zum anderen, was nun die Seele ausmacht, haben wir die Tendenz zu denken, dass unsere Persönlichkeit zusammen mit Erinnerungen, Vorlieben und Abneigungen, dem Ego und seinem ganzen Kram von einem Körper in den nächsten wandert.

Dies ist nicht die buddhistische Sichtweise.

Selbst wir Meditations-Anfänger können nach kurzer Zeit zu der Erkenntnis gelangen, dass Bewusstsein auf verschiedenen Ebenen existiert. Jene Aspekte der Persönlichkeit mit ihren Erinnerungen, die wir im Laufe der Zeit als Teil eines konkreten, unabhängigen Gebildes namens »Ich« verstanden haben, stellen sich als bloße Ideen heraus. Ideen, die kommen und gehen, ohne jedwede Beständigkeit. Es gibt kein Selbst, außer dem Konzept, der Idee von Selbst. Und das Konzept wird kontinuierlich neu festgelegt. Fleischesser werden zu Veganern, linksgerichtete Studenten zu konservativen Politikern, und die unnachgiebigsten Kapitalisten werden zu warmherzigen Philanthropen.

Diese Ideen kann man mit Wolken am Himmel vergleichen. Die Wolken sind das narrative Geplapper, das sich je nach unserer Stimmung, den Menschen, die uns umgeben, oder tausend anderen Dingen verändert. Mit der nötigen Übung können wir lernen, diese häufig nutzlosen inneren Kommentare wahrzunehmen, anzuerkennen und loszulassen. Und uns stattdessen auf das zu fokussieren, was beständig ist: den Himmel, über den die Wolken ziehen.

Ein Geist, so klar wie der Himmel, ist das formlose Kontinuum von Klarheit und Kognition. Es ist dieses subtile Bewusstsein, von dem Buddhisten sagen, es sei das, was wiedergeboren wird. Dies ist einer der Gründe, warum der Buddhismus manchmal als »der mittlere Weg« bezeichnet wird, da er eine Alternative zwischen Ewigkeitsglauben einerseits und Nihilismus andererseits nahelegt.

Geht man von dieser Sichtweise aus, ist es absolut möglich, dass dieses subtile Bewusstsein in einer Inkarnation die Realität als Mensch erfahren könnte und in einer anderen als Hund oder Katze. Hierbei werden nicht die kognitive Komplexität, die Intelligenz, das Erinnerungsvermögen oder andere Aspekte der mentalen Funktion übertragen. Was bleibt, nachdem Körper und Gehirn am Ende eines Lebens – egal ob als Tier oder Mensch – ihre Funktion einstellen, ist lediglich ein formloses Kontinuum von Klarheit und Kognition. Und es wird vorwärtsgetrieben von der Konditionierung, die wir selbst erschaffen haben, auch Karma genannt.

Wie Realität entsteht

In der Regel gehen wir davon aus, dass Realität »da draußen« passiert, unabhängig von unserem Körper und Geist, und dass wir sie beobachten und mit ihr im Austausch stehen. Doch selbst auf neurowissenschaftlicher Ebene wurde dieses Denkmodell bereits im letzten Jahrhundert aufgegeben.

Nehmen wir das kognitive visuelle System als Beispiel: Heute wissen wir, dass circa 80 Prozent der Nervenfasern in dem Teil des Gehirns, das die Bildsymbolik verarbeitet, aus dem Kortex stammt – der unter anderem das Erinnerungsvermögen kontrolliert – und nur zu 20 Prozent aus der Netzhaut. Wie Professor Gregory, einer der angesehensten Neuropsychologen in Großbritannien, sagt: »Wir tragen in unseren Köpfen voraussagende

Hypothesen sowohl über die externe Welt der Objekte als auch uns selbst. Diese gehirnbasierten Hypothesen bezüglich der Wahrnehmung sind unsere unmittelbarste Realität. Doch umfassen sie viele Ebenen physiologischer Signale sowie die komplizierte kognitive Verarbeitung von Daten, was bedeutet, dass *Erfahrung nur indirekt in einer Beziehung zur externen Realität steht* (Kursiv vom Autor).«

Die Neurowissenschaft zeigt, dass die Wahrnehmung bis zu 90 Prozent aus Erinnerungen bestehen kann. In den Worten von Professor Gregory: »Diese aufsehenerregende Idee, dass die Wahrnehmung die Gehirn-Hypothesen nach draußen in die physische Welt projiziert, die Welt mit Farbe und Geräuschen und Sinn erfüllend, birgt überraschende Konsequenzen.«[1]

Es sind nicht nur die Neurowissenschaftler, die darlegen, dass unsere Erfahrung der Realität das Gegenteil dessen sein kann, was wir vielleicht erwarten. Auch Quantenwissenschaftler haben diesen Beweis erbracht. Wie es der österreichische Physiker Erwin Schrödinger ausdrückt: »Das Weltbild jedes Einzelnen von uns ist und wird immer ein Konstrukt seines Geistes sein und kann weder bewiesen werden, noch in einer anderen Weise existieren.«[2]

Zweieinhalbtausend Jahre vor Erwin Schrödinger und der Quantenphysik hat Buddha genau das Gleiche noch einfacher ausgedrückt: »Die objektive Welt ergibt sich aus dem Geist selbst.« Ich ziehe Buddhas Version vor, da er nicht spezifiziert, ob der Geist zu einem Mann, einer Frau, einem Hund oder einem Papagei gehört!

Der Gedanke, dass wir die Wahrnehmung der Realität selbst erschaffen, ist wert, weiterverfolgt und reflektiert zu werden. Wenn unsere Welt ein Produkt unseres Geistes ist, können wir die Welt ändern, indem wir unseren Geist, unsere Denkweise ändern. Jene Dinge, denen wir Aufmerksamkeit schenken, an die wir glauben und auf die wir unsere Energie fokussieren, werden zu unserer Realität. Sie entspricht nicht unbedingt der Realität anderer. Wir gehen vielleicht dieselbe Straße entlang wie andere

Wesen, teilen vielleicht sogar das Bett mit ihnen. Doch die Art, wie Blumen duften, Gebäude aussehen, Geräusche klingen und Ähnliches, ist offensichtlich für jeden Einzelnen von uns anders. Die Unterschiede können dabei subtil oder dramatisch sein.

Die Realität, die wir erfahren, wird von den Ursachen angetrieben, die wir geschaffen haben. Wenn wir unsere Haustiere in eine positive Zukunft führen und ihnen helfen wollen, die im Rahmen ihrer Möglichkeiten positivste Version der Realität zu erfahren, sollten wir die Angewohnheit kultivieren, uns an Bodhichitta zu erinnern und reine, bedingungslose Liebe, reines, allumfassendes Mitgefühl zu entwickeln und Mantras zu rezitieren. Auf diese Weise verbinden wir uns mit Wesenheiten, die erleuchteter sind als wir selbst. Je gewohnheitsmäßiger, instinktiver oder automatischer dies für uns wird, desto besser.

Das ist nicht nur im Leben wichtig, sondern ganz besonders während des Sterbeprozesses, den ich kurz umreißen werde, bevor ich die praktischen Schritte vorschlage, die wir unternehmen können, um unseren Haustieren optimal zu einem friedlichen und positiven Übergang zu verhelfen.

Der Sterbeprozess

So wie die Erfahrungen des Lebens für jeden von uns einzigartig sind, ist es auch beim Sterben. Jeder von uns, egal ob Mensch, Hund, Lamm oder sonstiges Lebewesen, erfährt die Realität seiner physischen Auflösung in irgendeiner Weise anders.

Der tibetische Buddhismus unterteilt den Sterbevorgang des Menschen in vier Stadien der physischen Auflösung, gefolgt von vier Stadien der mentalen Auflösung, die uns zu dem feinsten Zustand des Prozesses führt, bekannt als das Klare Licht. Als Buddhisten proben wir diese Erfahrung regelmäßig. Gleichwohl ist es wichtig zu betonen, dass jeder von uns das Sterben auf seine eigene Weise erfahren wird.

Es ist nicht ungewöhnlich für einen sterbenden Menschen, über die subjektiven Erfahrungen zu berichten, die mit den frühen Stadien der physischen Auflösung einhergehen. Zum Beispiel kann das erste Stadium wie ein unscharfes Fernsehbild wahrgenommen werden, oder als eine Art Fata Morgana, die man sieht, wenn man an einem sehr heißen Sommertag die Straße entlang fährt. Dies kann mit einem starken Gefühl des Sinkens einhergehen, und der Betreffende wird vielleicht darum bitten, man möge ihn stützen oder hochlagern, da er das Gefühl hat, nach unten gezogen zu werden, oder dass ein schweres Gewicht auf ihm lastet. Im zweiten Stadium ist es so, als befände man sich in einem von Rauch erfüllten Raum, und der Betreffende kann extremen Durst verspüren, so als würde er innerlich austrocknen. Vielleicht fühlt er sich, als sei er am Ersticken, und ist irritiert von den rauchähnlichen Erscheinungen, und bittet um Wasser. Menschen, die sich um Sterbende kümmern, sind eventuell mit solchen oder ähnlichen Berichten, wie zum Beispiel Kommentaren, dass es irgendwo in der Nähe ein Feuer geben muss, vertraut. Das dritte Stadium scheint wie die Funken eines Feuers oder ein Glühwürmchen-Schwarm. Wenn wir zum vierten Stadium gelangen, dem Bild einer einzelnen, flackernden Flamme, ist der physische Tod nahezu eingetreten.

Ein Freund von mir, der Opfer einer Landminen-Explosion wurde, erzählte davon, wie er kurz nach der Explosion per Hubschrauber in ein Krankenhaus geflogen wurde. Die Sanitäter fürchteten, er würde nicht überleben. Er sagte mir, dass ihm, auf der Bahre in einem Hubschrauber liegend, das sehr klare Bild einer Kerzenflamme erschien, die im Wind flackerte. Er wusste, er würde sterben, falls die Flamme erlischt. Er versuchte sein Bestes, sie mit seinem bloßen Willen zu zwingen, weiter zu brennen. Mit Erfolg.

Ob unsere Tiergefährten genau die gleichen subjektiven Erfahrungen machen, wissen wir nicht. Was wir jedoch wissen ist, dass wir am Ende des vierten Stadiums, wenn die physische

Auflösung vollendet ist, aus westlicher Sicht als tot gelten, egal ob wir Katze, Hund oder Mensch sind. Unsere Herzen haben aufgehört zu schlagen. Unser Gehirn funktioniert nicht länger. Wir sind jetzt, medizinisch ausgedrückt, eine Leiche.

Aus der buddhistischen Perspektive jedoch stehen uns, auch wenn die physische Auflösung abgeschlossen ist, noch die vier Stadien mentaler Auflösung bevor. Das formlose Kontinuum von Klarheit und Kognition verbleibt in unserem Körper und durchläuft zunehmend subtilere Stufen des Bewusstseins – ein Prozess, der wenige Momente oder auch wesentlich länger dauern kann, bis wir die Stufe erreichen, die als das Klare Licht bekannt ist.

Von außen mag es den Anschein haben, als würde nichts mehr passieren. Die Person, oder unser geliebtes Haustier, ist gestorben. Vielleicht ist es schon ein paar Minuten her. Der Tod scheint schon eingetreten zu sein.

Für das Wesen jedoch, das dieses Leben verlässt und weiterschreitet, führt die mentale Auflösung zur allerwichtigsten Phase überhaupt. Die Gedanken, Gefühle und Empfindungen, die in dieser Phase hochkommen, besitzen nicht nur das Potenzial, unsere Wahrnehmung der Realität in diesem bestimmten Moment zu formen. Wenn sie von dem Wunsch nach einer Wiedergeburt begleitet werden, katapultieren uns diese Gedanken und Gefühle in ein Zwischenstadium, Bardo genannt. Und von dort in ein ganz neues zukünftiges Leben in dieser Realität.

Daran gewöhnt, uns als Wesen aus Fleisch und Blut zu erfahren, egal welcher Spezies wir angehören, wird uns vielleicht ein Gefühl persönlicher Auslöschung überkommen, wenn wir unsere feinsten geistigen Zustände durchleben. Wo bin »ich«? Was ist mit »mir« passiert? Ich möchte »sein«! Dieses verzweifelte Greifen nach einem Selbst, verbunden mit allen möglichen Gedanken, die in uns hochkommen, ist es, was uns in den Bardo-Zustand wirft – der Zustand, der zwischen dem Leben existiert, das soeben zu Ende gegangen ist, und jenem, das uns erwartet.

Aus diesem Grund ist es extrem wichtig, dafür zu sorgen, dass unsere Lieben, Tier oder Mensch, auf möglichst friedliche Weise sterben, und dass ihnen die Zeit gegeben wird, die sie brauchen, um den Übergang zu vollenden, bevor wir uns um ihre Körper kümmern. Ihr äußerst feiner Geist kann wesentlich länger präsent bleiben, als wir denken.

Durch den Bardo-Zustand zur Wiedergeburt

Der Bardo-Zustand kann mit einem Traum verglichen werden. In Träumen können wir sehen, schmecken, fühlen und alles das tun, was wir auch im normalen Wachzustand tun können, nur dass es nicht physisch passiert. Unsere Gefühle sind häufig intensiver. Tatsächlich kann das, was wir erleben, wenn wir träumen, wesentlich lebhafter und dramatischer sein als alles, was uns im Wachzustand widerfährt. Und alles, was wir erleben, Positives oder Negatives, ist eine Projektion unseres Geistes.

Im Bardo-Zustand nehmen wir die Form des Wesens an, als das wir als Nächstes geboren werden – Mensch oder Tier – und suchen ständig nach der Gelegenheit für eine Wiedergeburt. In dieser Zeit ist alles offen, nichts ist sicher. Das Karma, das uns mit potenziellen Eltern verbindet, mag stark sein, doch ist eine Empfängnis möglich? Was, wenn auch andere Seelen karmische Verbindungen mit genau diesen Wesen haben?

Es heißt, dass wir im Bardo-Zustand nur an einen Ort denken müssen, und schon sind wir da, ganz wie in einem luziden Traum. Wenn wir an unser früheres Zuhause denken, sind wir im selben Augenblick da. In manchen buddhistischen Kulturen wird das Hab und Gut der verstorbenen Person sieben Wochen lang zum Gebrauch bereitgehalten, und ihr Platz am Tisch bleibt für sie reserviert, damit sie sich nicht vergessen oder ausgeschlossen fühlt, falls sie als Bardo-Wesen beobachtet, wie es ihrer Familie ergeht. Es empfiehlt sich daher auch, unseren vierbeinigen Gefährten zuliebe einige vertraute Fressnäpfe aufzustellen.

Der Geist der Wesen im Bardo kann auch von jenen beeinflusst werden, mit denen sie erst vor Kurzem enge karmische Beziehungen hatten. Geliebte Menschen können großzügige Spenden verschiedenster Art machen und im Namen jener anbieten, die von ihnen gegangen sind; auf diese Weise nehmen sie Einfluss auf das, was mit deren Geist – und ihrer Zukunft – im Bardo-Zustand geschieht. Dies ist auch für Tierfreunde eine weitere gute Gelegenheit, ihren Lieblingen im Bardo zu helfen.

Unser Aufenthalt im Bardo kann von einigen kurzen Momenten bis zu sieben Wochen dauern. Vielleicht finden wir sehr schnell zu einer Wiedergeburt, oder es könnte eine Weile dauern. Jede Woche erlebt die feine Form des Bardo-Wesens jeweils am Wochentag, an dem der Tod eingetreten ist, eine Art von Mini-Tod, oder Neustart, und das Wesen kann mit einer anderen feinen Form auferstehen. Eine Katze kann daher als Mensch wiedergeboren werden, oder umgekehrt. Das ist äußerst bedeutsam. Je nachdem, welches werfende oder beendende Karma sich durchsetzt, kann die Art von Realität, die wir durchleben, potenziell für viele Jahrzehnte von dem beeinflusst werden, was in dieser kritischen Zeit passiert. Im Bardo-Zustand, genau wie im Leben, hängt alles davon ab, was sich in unserem Geist abspielt, welchen Einflüssen wir ausgesetzt sind und welche Möglichkeiten uns zur Verfügung stehen.

Am 49. Tag nach dem Tod wird jedes Bardo-Wesen definitiv die Gelegenheit für eine Wiedergeburt gefunden haben. Nach dem Eintritt in ein befruchtetes Ei ist der Rahmen für unsere Erfahrung der Realität in einem neuen Lebenszyklus gesetzt.

Unsere Haustiere an die erste Stelle setzen

Was sind nach diesem kurzen Überblick über den Sterbevorgang die wichtigsten Konsequenzen für uns, wenn wir uns um unser sterbendes Haustier kümmern?

Zuallererst muss betont werden, dass das, was wir beziehungsweise unser Tier durchmacht, zwei vollkommen unterschiedliche Erfahrungen sind. Das mag offensichtlich sein, doch häufig laufen wir Gefahr, unsere eigenen Gedanken und Gefühle mit jenen unseres Tiergefährten zu verwechseln.

Die Nachricht, dass unser Haustier sterben wird, ist eine traumatische Erfahrung. Es ist ganz natürlich, bestürzt zu sein bei der Vorstellung, unseren liebgewonnen Freund zu verlieren oder zu befürchten, dass er Schmerzen hat.

Doch wenn wir akzeptieren, dass unser Haustier tatsächlich ein Bewusstsein besitzt und dass seine Seele von dieser Inkarnation in eine andere übergehen wird, dann erkennen wir, dass die Gedanken und Gefühle unseres Lieblings an erster Stelle stehen. Wir werden auch in ein paar Wochen oder Monaten noch leben, aber er oder sie nicht. Es steht uns nur eine begrenzte Zeit zur Verfügung, in der wir einen positiven Einfluss ausüben können – einen Einfluss, der eine große Wirkung auf die Wiedergeburt unseres Haustieres haben kann. Während dieser Zeit wird es mit Sicherheit nicht davon profitieren, von einem neurotischen, weinerlichen Menschen umsorgt zu werden. Egal wie sehr sich das Tier auch immer dessen gewahr ist, dass es bald sterben wird, sind wir ihm stets die größte Hilfe, wenn wir uns so unterstützend, ruhig und liebevoll wie möglich verhalten. Unser Fokus darf nicht auf unseren eigenen Emotionen liegen, sondern auf dem Wohlbefinden unseres Tiergefährten.

BrightHaven ist ein ganzheitliches Tierheim, Hospiz, Rettungs- und Trainingscenter im kalifornischen Santa Rosa. Es bietet zahllosen alten Haustieren ein Zuhause, einschließlich jenen, die krank und behindert sind. Im Laufe der Jahre haben Gail und

Richard Pope, die Gründer von BrightHaven, begonnen, Tierfreunde mithilfe von Büchern, Seminaren und Online-Programmen zu unterrichten, wie sie ihre Haustiere während des Sterbeprozesses am besten unterstützen können.

Ihr Handbuch »Soar, My Butterfly: The Animal Dying Experience« (»Fliege hoch, mein Schmetterling: Die Erfahrung, wenn ein Tier stirbt«) bietet einzigartige Informationen über das, was ein paar Monate vor dem Tod sowie in den letzten Momenten und während des Sterbevorgangs in Bezug auf verhaltensbezogene und körperliche Veränderungen zu erwarten ist. Das Buch ist eine unschätzbare Quelle hilfreicher Informationen.

Ein bis zwei Monate vor dem Tod kann es sein, dass unsere Haustiere sich zurückziehen und mehr Zeit allein verbringen; dass sie länger schlafen oder anhänglicher sind. In den unmittelbaren Wochen vor dem Tod können sie manchmal auch verwirrt oder unruhig sein.

Wenn das Leben unseres Haustieres sich dem Ende zuneigt, sollte das Schmerzmanagement im Fokus stehen. Da Tiere nicht sprechen oder offen zeigen können, dass sie Schmerzen haben, müssen wir sie genau beobachten und darüber hinaus unserer Intuition folgen. Wenn unser Haustier anfängt, sich auf eine nicht charakteristische Weise zu verhalten, zum Beispiel wenn es ohne einen ersichtlichen Grund vor uns zurückweicht, müssen wir dringend einen Termin beim Tierarzt ausmachen. Außerdem sollten wir uns über das breite Spektrum verfügbarer ganzheitlicher Behandlungsmethoden informieren, die im Rahmen der Schmerztherapie helfen können.

Die beste Unterstützung, die wir unserem Tiergefährten geben können – abgesehen von der Schmerzbekämpfung und dafür zu sorgen, unserem Liebling das Leben in dieser Zeit physisch so bequem wie möglich zu machen – besteht darin, mit ihm zu meditieren und ihm unsere Liebe und Zuneigung zu zeigen, während wir Mantras rezitieren. Ihre Verknüpfung von Mantras und Meditation mit positiven geistigen Erfahrungen ist ungeheuer wirkungsvoll und positiv. Falls wir das bereits täglich praktizieren, haben wir dazu beigetragen, eine Gewohnheit von unschätzbarem Segen für das zukünftige Wohlergehen unseres Tiergefährten zu kultivieren.

Gail Pope von BrightHaven betont, wie wichtig es ist, den Trauerprozess »umzukehren«. Damit meint sie, dass wir vor und nicht erst nach ihrem Tod mit unseren Tiergefährten über die gemeinsamen Erfahrungen nachdenken und sprechen sollten. Jetzt ist der Moment, ihnen zu sagen, wie sehr wir sie lieben und wie sehr wir ihre physische Präsenz vermissen werden. Dies ist die Zeit, um Erinnerungen aufleben zu lassen, zu lachen und zu weinen; indem wir unsere geliebten Freunde während ihrer letzten Tage auf Erden betreuen, schaffen wir eine Verbindung, die wir nie vergessen werden.

Gail sagt dazu:

»Wir wissen, dass Tiere zu uns kommen, damit wir von ihnen lernen, und wir haben erkannt, dass uns viele dieser Lektionen erst in ihren letzten Tagen richtig klar werden. Indem wir den Tod mit all seiner Weisheit annehmen, können wir sehr viel über das Leben lernen. Es sind die letzten Momente des Lebens, in denen kleine Wunder passieren können und damit unser Leben für immer verändern. Eine Pfote, die Ihre Wange berührt, von jemandem, der sich seit Tagen nicht bewegt hat; ein Lecken Ihrer Hand von jemandem, der verschwunden zu sein scheint aus der physischen Welt: All dies sind kurze heilige Momente, die die wirklich wichtigen Aspekte eines gut gelebten Lebens veranschaulichen, bis hin zu seinem Ende.«

Euthanasie

Während wir dem Zeitpunkt des Übergangs immer näher rücken, kann es sein, dass das Thema Euthanasie oder Einschläfern aufkommt. Zurückzuführen auf den griechischen Ausdruck für »guter Tod«, besteht der Zweck von Euthanasie darin, Lebewesen endlose Schmerzen zu ersparen, insbesondere wenn sicher ist, dass der Tod bald eintreten wird.

Man kann sagen, dass nicht länger eine kleine Minderheit von Haustieren eingeschläfert wird. Mittlerweile ist es sowohl für Tierfreunde als auch Tierärzte völlig normal, nicht so sehr darüber zu reden, »ob« ein Tier eingeschläfert werden soll, sondern »wann«. Dies ist keine Herangehensweise, die vom Buddhismus unterstützt wird.

Als ich über die Idee zu diesem Buch nachdachte, war einer meiner ersten Gedanken: »Ich werde mich mit dem Thema Euthanasie beschäftigen müssen, und es wird Menschen geben, denen die buddhistische Perspektive nicht gefallen wird.« Außerdem fühlte ich eine gewisse Dissonanz angesichts der Tatsache, dass ich mich im Laufe meines Lebens selbst für das Einschläfern einiger meiner eigenen Haustiere entschieden habe.

Lassen Sie uns an einem Punkt beginnen, dem die meisten von uns zustimmen würden: Euthanasie sollte niemals als Möglichkeit benutzt werden, um unerwünschte Haustiere loszuwerden. Wir alle haben Geschichten gehört von vollkommen gesunden, wenn vielleicht auch etwas älteren Haustieren, die aufgrund von familiären Veränderungen eingeschläfert wurden; oder wenn Besitzer keine Lust hatten, sich um sie zu kümmern oder wenigstens ein neues Zuhause für sie zu finden.

Die Dinge werden komplizierter, wenn unser Haustier leidet und der Tierarzt uns endgültig versichert hat, dass es bald sterben wird, und vorschlägt, es einzuschläfern.

Eine Freundin von mir, Hazel, fand sich in genau dieser Situation mit einem Hund wieder, der ernsthaft erkrankt war und seit drei

Tagen nicht einen Schluck Wasser getrunken hatte. Nachdem sie mit der traurigen Nachricht, dass ihr Hund sterben würde, vom Tierarzt zurückgekehrt war, beschloss sie, nicht wie üblich ins Bett zu gehen, sondern auf dem Boden neben ihrem geliebten Gefährten zu schlafen. In ihrem Herzen versuchte sie, ihrem Hund eine Botschaft zu senden: »Was immer du willst, ich bin für dich da. Bitte sag es mir. Ich höre zu.«

Irgendwann in der Nacht fühlte sie, wie ihr Hund sich bewegte, bevor er aufstand, zu seiner Wasserschüssel ging und lange trank. Dies war ein wichtiger Durchbruch angesichts seines vorherigen Verhaltens. Hazel hatte das starke Gefühl, dass ihr Hund nicht bereit war zu sterben. Am nächsten Morgen ging sie mit ihm zu einem Naturheilkundler, der ihr eine Reihe ganzheitlicher Therapien für den Hund anbot. In den Tagen danach reagierte der Hund positiv auf die Behandlung, und kurz darauf war er fast wieder der Alte. Das Ganze ist ungefähr ein Jahr her, und ihrem Liebling geht es gut, er ist aktiv und genießt sein Leben.

Leser haben mir viele andere Geschichten von Haustieren geschickt, die eingeschläfert werden sollten, während sie das Gefühl hatten, »Mein Haustier ist nicht bereit zu gehen.« Offen zu sein für die eigene Intuition, willens, auf ihre leise, innere Stimme zu hören, hat den Ausschlag gegeben, nicht den Weg einzuschlagen, von dem es kein Zurück gibt, sondern jenen, der ihren Haustieren weitere kostbare Monate und sogar Jahre erlaubte.

Können wir wirklich immer sicher sein, dass der Tod kurz bevorsteht, auch wenn der Tierarzt sagt, dass dem so ist? Tierärzte wissen sicher eine Menge und sind oft hocherfahrene Spezialisten, mitfühlend und weise. Doch sie sind keine Hellseher und es kann immer wieder zu einer überraschenden Genesung oder einer unerwarteten positiven Entwicklung im Krankheitsverlauf kommen. Wenn wir ein Haustier einschläfern, greifen wir in den Lauf der Dinge ein und schließen jede Möglichkeit aus, dass unserem Haustier tatsächlich noch gute Zeiten bevorstehen könnten.

Zudem müssen wir uns ganz offen heikle Fragen stellen: Wie sehr tue ich dies wirklich für mein Tier, und wie sehr für mich? Wenn ich dafür sorge, dass mein Haustier keine Schmerzen hat, tue ich es, damit es nicht leiden muss, oder damit ich mich nicht dem Schmerz stellen muss, meinen Liebling sterben zu sehen? Wen versuche ich, vor einem Trauma zu schützen – mein Haustier oder mich selbst?

Tier-Hospize werden beschrieben als Orte der »Fürsorge für Tiere, fokussiert auf die Bedürfnisse der Patienten und ihrer Familien, wo die letzten Wochen und Monate vor dem Tod so angenehm wie möglich erlebt werden können – mit oder ohne Eingriffe; und wo man sich zu einem gewissen Grad auf das Unvermeidliche vorbereiten kann.«[3] Eine wachsende Anzahl des Pflegepersonals in Tier-Hospizen spricht sich für einen natürlichen Tod als den besseren Weg aus. Euthanasie sollte nur in Erwägung gezogen werden, wenn die Schmerzkontrolle, tägliche Versorgung oder Finanzierung nicht mehr aufrechterhalten werden kann. In BrightHaven zum Beispiel fand erst nach 185 natürlichen Todesfällen wieder eine Euthanasie statt. Doch in den Worten von Gail Pope: »Ich habe mich seit 1990 um mehr als 600 Tiere gekümmert, die am Ende ihrer Reise angelangt waren, und sie haben mich so unendlich viel über das Leben und die Liebe und den Kreislauf des Lebens gelehrt… Ich habe erfahren, dass es kein größeres Geschenk gibt, als sowohl während der Zeit im Hospiz als auch am Ende dieser wundervollen Reise Liebe miteinander zu teilen, und dies vor allem mit Tapferkeit, Mut und Dankbarkeit zu tun.«

Gail sagt, dass Tiere uns immer wieder darauf hinweisen, nicht unsere eigenen Vorstellungen davon, was vielleicht – oder auch nicht – mit ihnen passiert, auf sie zu projizieren. Wir können den Tod nicht voraussagen, und häufig gerade dann, wenn der Tod unmittelbar bevorzustehen scheint, erholt sich das Tier für einen Tag, eine Woche, Monate oder sogar noch länger.

Dies alles sind wichtige Lektionen, um einfach das zu akzeptieren, was ist, im Hier und Jetzt zu leben, alles an palliativer

Fürsorge anzubieten, was möglich ist und für das höchste Gut unseres Tiergefährten zu meditieren – ob das nun einen friedlichen Tod bedeutet, oder die Genesung.

Der Grund, warum buddhistische Lehrer gegen das Einschläfern von Tieren sind, hat außerdem mit den karmischen Folgen für unser Haustier zu tun. Wenn wir von dem oben beschriebenen Sterbevorgang ausgehen, können wir klar erkennen, dass die Art, wie wir von diesem Leben ins nächste übergehen, viele Variablen beinhaltet – in erster Linie unseren Bewusstseinszustand und das Karma, das sich daraus ergibt. Ein natürlicher Tod befähigt unser Haustier, mit dem, was geschieht, klarzukommen und sich mental darauf vorzubereiten.

Tiere wissen, wann ihr Tod bevorsteht, und manchmal wird sich ihr Verhalten entsprechend verändern. Ich habe Geschichten von Lesern erhalten, die schreiben, wie Haustiere mit einem eher untypischen, jedoch eindringlichen Ausdruck von Mitgefühl und Zuneigung auf einen sterbenden Menschen reagiert haben. Zum Beispiel lief ein kleiner Hund, der nie zuvor in das Schlafzimmer seiner Besitzerin hochgegangen war, weil die Treppe kein Geländer hatte und er sich davor fürchtete, zum ersten und einzigen Mal hinauf, um in der Nacht bei ihr zu sein, die sich als ihre letzte herausstellen sollte.

Ebenso ist zu beobachten, dass Katzen und Hunde sich zusammenfinden und in manchen Fällen einen Kreis um ein sterbendes Mitglied ihrer Familie bilden – schon Stunden, Tage oder sogar Wochen vor ihrem Tod. *Anam Cara* ist ein keltischer Ausdruck für »Seelenfreund«, und Gail Hope benutzt ihn als Bezeichnung für die Sterbe-Hebamme, die beim Übergang am Lebensende anwesend ist, so wie die Geburts-Hebamme am Anfang des Lebens. Zuweilen wird ein Tier noch längere Zeit bei einem Verstorbenen verweilen, während andere Tiere hinzukommen, um ebenfalls die letzte Ehre zu erweisen. Das gilt ebenso für Tiere in freier Wildbahn wie für unsere Haustiere. Ein sehr bekanntes YouTube-Video zeigt, wie Elefanten viele Kilometer unterwegs waren, um Lawrence Anthony, einem bekannten »Elefanten-Flüsterer«, der in Südafrika gestorben war, ihre letzte Ehre zu erweisen. Die Wahrheit dahinter ist vielleicht, dass unsere Haustiere den Sterbevorgang auf einer Ebene wahrnehmen, die uns Menschen nicht mehr bewusst ist. Diesen Vorgang abrupt zu beenden mag etwas sein, auf das sie nicht vorbereitet sind.

Welche Auswirkung hat es auf das Karma, wenn unsere Haustiere aus ihrer Sicht vorzeitig sterben, ohne zu verstehen, was passiert? Wie werden sie mit ihrer plötzlichen physischen und geistigen Auflösung umgehen, wenn sie ihnen nicht in irgendeiner Form angekündigt wurde? In einem solchen Fall können wir ihnen kaum helfen, das Beste aus dieser entscheidenden Phase des Übergangs zu machen.

Zudem gibt es noch weitere Konsequenzen, die sich auf das Leiden beziehen. Wenn es das Karma unseres Tiergefährten ist, Schmerzen zu erfahren, können wir dabei helfen, die Schmerzen zu mildern. Doch was ist, wenn wir diese Erfahrung durch Euthanasie abkürzen? Vielleicht wird unser Liebling die Schmerzen dann zu einem anderen Zeitpunkt ohne Schmerzmittel ertragen müssen? Das dürfte mit Sicherheit das Letzte sein, was wir ihm wünschen würden. Was wird ein von Schmerzen erfüllter Geist im Bardo und jenseits davon erfahren?

Buddhistische Geistliche weisen darauf hin, dass wir keine Ahnung von den karmischen Konsequenzen haben, wenn wir uns für die Euthanasie entscheiden. Selbst wenn diese Entscheidung aus bester Absicht geschieht, wissen wir nicht das Geringste über die karmischen Folgen. Es ist viel besser, wenn wir unserem Haustier helfen können, den Übergang durch einen natürlichen Sterbeprozess zu vollziehen.

Aus traditioneller buddhistischer Sicht ist Euthanasie keine Option. Meine persönliche Erfahrung jedoch hat mir gezeigt, dass nicht alle Fälle von Euthanasie über den gleichen Kamm zu scheren sind. Tatsächlich könnten die möglichen Rahmenbedingungen nicht unterschiedlicher sein. Es ist etwas völlig anderes, wenn eine Katze bei vollem Bewusstsein auf dem Tisch der Tierklinik liegt, umgeben von hellem Licht und in angespanntem Zustand, während ihr die Pfote rasiert und eine Nadel in die Vene gestochen wird, oder ob eine sedierte Katze, die zu Hause an ihrem Lieblingsplatz liegt, von ihren Lieben umgeben ist, wenn die Prozedur vorgenommen wird.

Der auf Zeit und Geld zurückzuführende Druck ist so groß, dass viele Tierärzte das Einschläfern nur in ihrer Praxis anbieten. In diesen Fällen besteht kaum die Gelegenheit, ein Sedativ zu verabreichen, oder sich auf eine liebevolle und innige Weise zu verabschieden. Es scheint ein kalter, steriler, unangebrachter letzter Akt zu sein, mit dem eine der vertrautesten und kostbarsten Beziehungen in unserem Leben ihr Ende findet. Und aus der Perspektive unseres Haustieres mit Sicherheit nicht ein Ende, das es sich wünschen würde.

Manche Tierärzte bieten einen Euthanasie-Dienst zu Hause an; es gibt mobile Tierärzte, die sich darauf spezialisiert haben. Sie bieten die Möglichkeit, ein Haustier mit einer schmerzlosen Injektion zu beruhigen, woraufhin sie den Raum verlassen und uns auf diese Weise die Möglichkeit geben, mit unserem Tier in einer vertrauten Umgebung allein zu sein, uns voneinander zu verabschieden, ihnen Mantras ins Ohr zu flüstern und ihnen unsere Dankbarkeit und Liebe zu vermitteln, von Herz zu Herz. Und wenn wir dann bereit sind zu akzeptieren, dass unser geliebtes Tier von uns gehen muss, wird es sediert, und der letzte Akt des Einschläferns kann auf eine sanfte Weise erfolgen.

Was können wir zum Zeitpunkt des Todes tun?

Wie können wir unseren Haustieren beim Sterben von größtem Nutzen sein?

Indem wir sie von ihren Schmerzen befreien und es ihnen so angenehm wie möglich machen: Uns auf ihre spirituellen Bedürfnisse zu fokussieren, ist unsere höchste Priorität. Bei diesem Übergang geht es nur um sie. Wir können unser Bestes tun, dafür zu sorgen, dass sie so wenige Schmerzen wie möglich haben und es ihnen so angenehm wie möglich zu machen. Außerdem sollten wir versuchen, nach besten Kräften unsere eigenen Emotionen zurückzuhalten und eine sichere, liebevolle Atmosphäre sowie ein friedliches Umfeld für diesen wichtigen Übergang zu schaffen.

Meditieren für einen ruhigen, friedlichen Übergang: Unseren Haustieren die Möglichkeit zu geben, ihren Übergang in einem ruhigen Gemütszustand zu vollenden, ist einer der wunderbarsten Dienste, die wir ihnen anbieten können. Wenn Sie Buddhist sind und sich zur Gewohnheit gemacht haben, in der Gegenwart Ihres Haustieres das Chenrezig-Mantra zu rezitieren (*Om mani padme hum*), ist dies ein sehr guter Zeitpunkt, damit fortzufahren.
Alternativ möchten Sie vielleicht die im letzten Kapitel beschriebene Geben- und Nehmen-Meditation praktizieren oder einfach nur Ihre mitfühlende Präsenz anbieten. Unterschätzen Sie nicht, was Sie in dieser wichtigen Zeit des Übergangs für Ihren Tiergefährten tun können.

Ihr Haustier in der wichtigen Phase nach seinem Tod unterstützen: Erinnern Sie sich, dass selbst nach dem physischen Tod Ihres Haustieres sein Geist nach wie vor in seinem Körper präsent sein kann. Betten Sie Ihren Liebling nicht um, lassen Sie ihn einfach eine Weile so liegen. Stattdessen machen Sie sich bewusst, dass die Seele Ihres Haustieres sich noch auf einer extrem

wichtigen Stufe des Übergangs befindet und dass Sie dank Ihrer Verbindung mit ihm einen äußerst segensreichen Einfluss ausüben können, während es in den Bardo-Zustand übergeht.
Mindestens ein oder zwei Stunden nach seinem Tod für das Tier weiterhin da zu sein, ist sehr sinnvoll und absolut zu empfehlen. Falls Sie aus irgendeinem Grund nicht länger bei ihm sein können, meditieren Sie auch danach weiterhin in seinem Namen. Jedweden Segen aus dieser Praktik dem Wohlergehen Ihres verstorbenen Gefährten zu widmen, kann von unschätzbarem Vorteil für ihn sein.
In BrightHaven werden den Tieren volle drei Tage gegeben, damit ihre Lebensenergie gehen kann; während dieser Zeit werden sie in ein geschmücktes Bett oder einen weichen Korb gelegt, umgeben von ihren Lieblingsspielzeugen sowie Kerzen, Blumen und Blättern. Ein traditioneller tibetisch-buddhistischer Gebetsschal komplettiert die Szene, zusammen mit bestimmten anderen Andenken an das Leben des Tieres. Während dieser Zeit kommen Freunde, Familie und ehrenamtliche Helfer, um dem Tier die letzte Ehre zu erweisen, Gebete darzubringen und dem geliebten Wesen zum letzten Mal Adieu zu sagen.

Wie sie in den sieben Wochen nach dem Tod zu Diensten sein können

Direkt nach dem Tod unseres Haustieres können wir Erleichterung, einen Energiewandel, vielleicht sogar ein Gefühl der Freiheit verspüren, während unser Haustier seinen alten oder kranken Körper abstreift und weiterzieht. Oder wir sind einfach betrübt angesichts des Verlusts unseres geliebten Gefährten. Wie auch immer unsere Gefühle aussehen, wir sollten uns bewusst machen, dass unser Haustier einen viel tief greifenderen Wandel durchmacht als wir – und es in unserer Macht steht, ihm weiterhin zu helfen.

IN IHREM NAMEN MEDITIEREN UND MANTRAS REZITIEREN

Im Bardo-Zustand mag sich Ihr Haustier noch bis zu einem gewissen Grad Ihrer und anderer Familienmitglieder bewusst sein, unabhängig davon, wo Sie sich physisch befinden. Ihr Haustier kann auch jetzt noch von Ihrer Meditationspraxis und Mantra-Rezitation positiv beeinflusst werden, insbesondere wenn Sie ihm den daraus erwachsenden positiven Effekt widmen. Noch sieben Wochen nach dem Tod Ihres Tiergefährten haben Sie die Möglichkeit, ihm zu helfen – und sollten es tun, so weit es Ihnen möglich ist. Wie Tulku Thondup in seinem Buch, *Friedliches Sterben – Glückliche Wiedergeburt* sagt: »Vor allem die Wesen im Bardo sind sehr empfänglich für Meditation und Gebete, da sie auf einer Ebene der Gedanken leben.«[4] Außerdem legt er nahe: »Meditation ist ein effektiverer Weg für diese Wesenheiten als unsere üblichen abschweifenden Gedanken und Gefühle, da sie auf einer tieferen, friedlicheren Ebene unseres Geistes entsteht.«[5]

Wenn die Meditation auch zweifellos sehr wirkungsvoll ist, muss sie nicht die einzige Möglichkeit sein, wie wir unserem Gefährten im Bardo zu Diensten sein können. Sie müssen nicht warten, bis Sie in einer stillen Kammer auf Ihrem Meditationskissen sitzen, um Mantras zu rezitieren. Sie können sie vor sich hin murmeln, während Sie Auto fahren, im Fitnesscenter sind, spazieren gehen sowie in anderen Momenten Ihres alltäglichen Lebens. Selbst in einem Raum voller Menschen können Sie innerlich Mantras aufsagen, ohne Ihre Lippen bewegen zu müssen. In Anbetracht der Tatsache, dass ein Wesen im Bardo alle sieben Tage einen »Mini-Tod« erfährt, ist es in dieser Zeit besonders wichtig, die Aufmerksamkeit und Meditation auf Ihr geliebtes Tier zu fokussieren – was übrigens für alle Wesen gilt, Menschen und Tiere. Vielleicht möchten Sie auf einem Kalender den Tag ankreuzen, an dem Ihr Liebling starb, und in den nächsten sieben Wochen an dem entsprechenden Wochentag Ihre Meditations- oder Rezitations-Aktivitäten zu seinem Segen verdoppeln. Ganz besonders wichtig ist hierbei der 49. Tag, den Sie als Ihre letzte Chance betrachten können, das von Ihnen gegangene Wesen zu unterstützen, bevor es in sein nächstes Leben übergeht – und Sie mit dem Ihrem weitermachen.

Hier ein Vorschlag für eine Widmung:

Durch dieses Ausüben der Meditation/von Rechtschaffenheit/
von Großzügigkeit
Mögen *(Name des Tieres)* und alle Wesen schnell
Ihre höhere Wiedergeburt genießen,
Dem perfekten Lehrer begegnen und Erleuchtung erlangen,
Zum Vorteil aller fühlenden Wesen, ohne Ausnahme.

IN IHREM NAMEN OPFER DARBRINGEN

Neben der Meditation und Dharma-Praxis ermuntert uns der Buddhismus dazu, soweit es uns möglich ist, Großzügigkeit zu praktizieren und diese Tugend zum Segen des Wesens im Bardo-Zustand einzusetzen. Sie müssen nicht reich sein, um großzügig zu sein. Vor Kurzem sah ich im Internet das ergreifende Foto einer armen Frau, die auf einem Gaskocher am Rande einer staubigen Straße Fladenbrot buk, um ihrem Kind zu essen zu geben. Auf dem Foto sieht man sie, wie sie ein kleines Stück Brot abbricht, um einen in der Nähe sitzenden Vogel zu füttern.

Vielleicht möchten Sie Enten, Tauben oder andere Tiere füttern. Sie können eine Spende, oder mehrere, an eine Naturschutz- oder andere Wohltätigkeitsorganisation überweisen. Oder vielleicht möchten Sie ein paar Münzen in eine Sammelbüchse für wohltätige Zwecke werfen. Dabei denken Sie an Ihr Haustier im Bardo und an Ihre Bodhichitta-Absicht und weihen ihm diese rechtschaffene Tat.

Um es noch einmal zu wiederholen: Es ist sinnvoll, diese Aktivitäten wöchentlich auf den Todestag Ihres Lieblings abgestimmt durchzuführen, während sich sein Bardo-Zustand vielleicht in einer Übergangsphase befindet und Ihr positiver Einfluss die größtmögliche Wirkung hat.

DEN FRESSNAPF IHRES HAUSTIERES STEHEN LASSEN

In jedem Moment im Bardo kann sich der Geist unseres Haustiers seinem alten Zuhause zuwenden, und vielleicht nimmt er wahr, was dort passiert. Um zu vermeiden, dass wir ihm möglicherweise Kummer zufügen und ihn verwirren, ist es am besten, seine alte Umgebung unverändert zu lassen, da er jeden Moment zu uns zurückkommen kann, wenn auch »nur« im Geiste.

Es ist eine liebevolle Geste, den Fressnapf Ihres Tiergefährten, seine Lieblingsmatte oder Korb an dem angestammten Platz zu belassen, sofern es Ihnen möglich ist. Sollte der Anblick dieser jetzt unbenutzten Gegenstände Sie erschüttern, nehmen Sie dies zum Anlass, ein paar Mantras zu rezitieren, verbal oder innerlich, und diese Ihrem Liebling zu widmen. Betrachten Sie diese Gegenstände als Zeichen, Ihren geistigen Fokus auf das Wohlergehen Ihres Tiergefährten zu richten, während er sich durch das Bardo bewegt. Und vergessen Sie nicht, es geht hierbei nur um das Tier.

Der praktische und spirituele Nutzen buddhistischer Praktiken

Die Bereitschaft, unsere Tiergefährten durch den Sterbeprozess und Bardo-Zustand zu begleiten, bietet auf mehrere Weisen einen tief greifenden Nutzen. Nach dem Überblick über den Sterbeprozess und den empfohlenen Schritten, die Sie unternehmen können, liegt der Fokus dieses Kapitels darauf, wie wir unseren Tiergefährten am besten durch die wichtigste Übergangszeit ihres Lebens helfen können.

Aus der buddhistischen Perspektive können wir unseren Haustieren kein größeres Geschenk machen, als ihnen mit aller Kraft dabei zu helfen, den Sterbevorgang in einem friedvollen Geisteszustand zu durchleben, wissend, dass sie von Liebe und positiver Energie umgeben sind; und ihnen zu helfen, durch die Kraft der Meditation und Mantras ihren Weg durch das Bardo zu finden. Keine Frage, wir leben in einer chaotischen Welt, wo die Dinge selten so geschehen, wie wir es gerne hätten. Doch es ist wichtig, sich dessen bewusst zu sein, was wir erreichen wollen.

Was ist, wenn Sie Zweifel haben an der buddhistischen Vorstellung von Tod, Bardo und Wiedergeburt? Falls Ihnen einige dieser Konzepte fremd sind, ist es verständlich, dass Sie zumindest etwas Zeit brauchen, sich darüber Gedanken zu machen.

Es ist wichtig, sich stets daran zu erinnern, dass Sie nichts glauben müssen. Alles, was Sie benötigen, ist ein offener Geist. Sofern Sie nicht von einem anderen Modell des Sterbeprozesses überzeugt sind, bietet der Buddhismus etwas Nützliches, mit dem Sie arbeiten können. Und außerdem geht der Nutzen der beschriebenen Praktiken weit darüber hinaus, nur unseren Haustieren zugutezukommen.

Einer der kräftezehrendsten Aspekte beim Tod eines geliebten Wesens ist die Art, wie unsere Gedanken sich nach innen kehren. Wie traurig *ich* bin, diesen wunderbaren Freund zu verlieren. Wie verlassen und einsam *ich* bin, weil er oder sie nicht mehr da ist. Wie unersetzlich *meine* Beziehung mit ihm oder ihr war. Das verbindende Element in all diesen verständlichen, natürlichen und schmerzhaften Gedanken ist das »Ich«.

Indem wir geistige Angewohnheiten und Praktiken benutzen, bei denen unser Tiergefährte das Zentrum unserer Aufmerksamkeit ist, verlagern wir unseren Fokus. Wenn wir an das Wohlergehen eines anderen Wesens denken, denken wir zwangsläufig nicht an uns selbst. Und diese pragmatische Verlagerung unseres Fokus bedeutet, dass wir weniger leiden.

Ein weiterer Nutzen, der sich durch die buddhistische Herangehensweise an den Tod ergibt, liegt darin, dass die siebenwöchige Bardo-Periode uns einen festgesetzten zeitlichen Rahmen bietet, in dem wir unsere Energie auf den Gedankenstrom unseres verstorbenen Lieblings fokussieren können. Spätestens am 49. Tag wird unser Gefährte definitiv weitergegangen sein. Er wird ein neues Leben beginnen, eine neue Realität erfahren. Und das gibt uns die Erlaubnis, auch in unserem eigenen Leben weiterzugehen. Es ist nur natürlich, Sehnsucht nach dem zu haben, was war. Noch einmal mit unserem Tier kuscheln zu können. Noch einmal mit ihm durch den Wald zu laufen. Noch einen Abend friedlichen Beisammenseins am Kaminfeuer zu genießen. Es ist völlig normal, dass wir uns diese Dinge wünschen und an kostbaren Erinnerungen festhalten.

Doch wenn der 49. Tag gekommen ist, geht der Geist unseres Gefährten, dieses formlose Kontinuum von Klarheit und Kognition, in eine andere Realität über – und uns geht es genauso. Wir sind innerlich reicher, weil wir ihn gekannt haben, und weiser, weil wir ihn durch den wichtigsten Übergang seines Lebens begleitet haben.

Es ist Zeit für beide – Tier und Mensch –, zu neuen Abenteuern aufzubrechen.

Der Sterbeprozess im Buddhismus: Worauf ist er zurückzuführen?

Woher kommt die sehr detaillierte Darstellung des Sterbevorgangs im Buddhismus, und warum sollten wir ihr überhaupt Glauben schenken?

Einer der großen Vorzüge, einer lebendigen Tradition anzugehören, besteht darin, nicht nur Zugriff auf dokumentierte Leitfäden zu haben, die im Laufe von Jahrtausenden entwickelt, debattiert und verfeinert worden sind, sondern dass wir im Licht einer ununterbrochenen Kette von Yogis, oder Meditationsmeistern, leben, die ihr Leben der Erforschung des Bewusstseins gewidmet haben.

Die meisten von uns könnten sehr froh sein, wenn sie die fünfte der festgelegten neun Stufen meditativer Konzentration erreichen. Meditationsmeister haben nicht nur die neunte Stufe – das stille Verweilen – erreicht, sondern auch zunehmend tiefere Bewusstseinsebenen direkt erfahren. Diese zunehmend tieferen Bewusstseinsebenen sind es, die wir alle erleben werden, wenn wir sterben.

Können hochentwickelte Yogis in ihren Meditationen eine dem Tod ähnliche Erfahrung machen, bis hin zu dem Erlebnis reinen Lichts? Ja. Und außerdem viele andere interessante Dinge. Das Wissen über den Sterbevorgang basiert auf den gemeinsamen Erfahrungen dieser Yogis. Darüber hinaus unterstützt ihre Fähigkeit, von einer Inkarnation in die andere die Verknüpfungen des Karmas direkt wahrzunehmen, einschließlich des Sterbeprozesses, unser Vertrauen in die überlieferten Lehren.

Für eine detaillierte Beschreibung von Tod, Bardo und Wiedergeburt empfehle ich das Buch *Friedliches Sterben – Glückliche Wiedergeburt* von Tulku Thondup, ein leuchtender Schatz von unschätzbarem Wert.

KAPITEL ZEHN

Wiedergeburt

Allen Wilson aus England fand Honey im Urlaub in Spanien.
»Es war wie ein elektrischer Schlag.
In dem Moment wusste ich mit absoluter Sicherheit,
dass sie Clairelle war – sie war ›zurückgekommen‹!«

Ein vielgeliebtes Haustier ist gestorben. Die siebenwöchige Bardo-Periode ist beendet. Wir haben alles getan, was möglich war, um unserem Tiergefährten einen friedlichen Tod zu bereiten und ihm damit die bestmöglichen Chancen für eine vorteilhafte Wiedergeburt zu eröffnen.
Zu diesem Zeitpunkt könnte sich daraus eine Reihe von Fragen ergeben: Werde ich meinen Liebling je wiedersehen? Wird das vielleicht noch in diesem Leben der Fall sein? Besteht die Chance, dass mein geliebter Gefährte in irgendeiner Gestalt oder Form zu mir zurückkommt?

Wiedergeburt und Reinkarnation

Reinkarnation ist eines der Konzepte, die am engsten mit dem Buddhismus verbunden werden, doch im Westen herrscht Verwirrung darüber, was dieser Begriff tatsächlich bedeutet. Es gibt in dieser Hinsicht eine vage – und sehr fälschliche – Sicht, die besagt, dass wir nach unserem Tod bestimmen, wo wir als Nächstes geboren werden wollen, und dass aufgrund irgendeines obskuren Prozesses genau das passiert.
Wie in den vorherigen Kapiteln besprochen, ist es nicht die angenommene Persönlichkeit, die stirbt und von einem Leben zum nächsten wandert, sondern vielmehr das subtile Bewusstsein. Und durch den Sterbe-, Bardo- und Wiedergeburtsprozess – sowie das Leben, das wir geführt haben – wird dieses subtile Bewusstsein aufgrund von Ursache und Wirkung, oder Karma, in eine andere Erfahrung der Realität vorangetrieben.
Einige der wichtigsten meditativen Übungen, die wir als tibetische Buddhisten durchführen, bestehen darin, uns auf den Sterbeprozess vorzubereiten, die verschiedenen Stufen zu erkennen und, so weit wir dazu fähig sind, mit diesem Prozess umzugehen. Unser ultimatives Ziel ist es, sich von dem ständigen Kreislauf von Geburt, Tod und Wiedergeburt zu befreien und Erleuchtung

zu erlangen, damit wir allen anderen fühlenden Wesen zu dem gleichen Zustand verhelfen können. Falls wir in unserer Entwicklung noch nicht so weit sind, wünschen wir uns zumindest eine Wiedergeburt als Mensch und die Möglichkeit, Schüler eines erleuchteten Meisters zu werden, damit wir unsere Reise hin zur Erleuchtung fortsetzen können.

Für die meisten von uns wird das Karma bestimmen, was mit uns passiert – daher der buddhistische Wunsch, möglichst viele positive Ursachen zu schaffen, um eine positive Wirkung auf die Zukunft zu erzielen. Doch ein kleiner Teil der Menschen, deren Geist nicht länger vom Karma angetrieben wird, sondern von Rechtschaffenheit erfüllt ist, hat die Fähigkeit, ihr Bewusstsein auf zukünftige Wiedergeburten zu lenken. Sie können sich für eine Wiedergeburt als Mensch oder irgendein anderes Wesen entscheiden. Wir betrachten diese Seelen als Bodhisattvas, erleuchtete Wesen.

Unsere Geburt, bestimmt durch Karma, ist als Wiedergeburt bekannt. Ihre Geburt, angetrieben von Selbstlosigkeit, wird als Reinkarnation bezeichnet.

Seine Heiligkeit der Dalai Lama ist in den Augen der meisten Tibeter ein Bodhisattva, der viele Male zurückgekehrt ist, um uns den Weg zu zeigen. Es gibt zahllose andere Lamas, Yogis und Laien, die in der Vergangenheit Erleuchtung erlangt und sich entschieden haben, unter uns zu leben und uns zu begleiten, bis zum heutigen Tag. Ich habe zum Beispiel keinen Zweifel daran, dass mein eigener Lehrer Geshe Acharya Thubten Loden, der vor einigen Jahren gestorben ist, bald seine Präsenz fühlbar machen wird. Er wird mit ziemlicher Sicherheit nicht so sein wie der Geshe-la, den wir kannten. Doch als außergewöhnliches Wesen wird er mehr als fähig sein, sich uns als der zu enthüllen, der er vordem gewesen ist.

Würden wir unser zurückgekehrtes Haustier erkennen?

Was bedeutet die Unterscheidung zwischen Wiedergeburt und Reinkarnation hinsichtlich der Möglichkeit, unserem Tiergefährten in diesem Leben wieder zu begegnen? Sofern unser Haustier kein heimlich agierender Bodhisattva war – unwahrscheinlich, aber nicht völlig ausgeschlossen – wird er nicht über die Fähigkeit verfügen, seinen Geist darauf auszurichten, zurückzukehren und mit uns zu leben.

Vielleicht sollten wir uns auch selbst fragen: Würden wir wirklich wollen, dass unsere Tiergefährten zurückkehren? Sicher, wir mögen uns danach sehnen, mit ihnen draußen auf der Veranda zu liegen oder einen schönen Frühlingsmorgen oder warmen Sommerabend mit ihnen zu genießen. Doch wenn wir ihnen wirklich die bestmögliche Zukunft wünschen, würden wir uns dann nicht mehr freuen, wenn sie als Menschen wiedergeboren werden, mit der Motivation und der Möglichkeit, ihre spirituelle Entwicklung fortzusetzen? Ist unser Wunsch, dass sie zu uns zurückkehren, wirklich nur zu ihrem Nutzen, oder eher zu unserem eigenen?

Eine zweite, wesentlich wichtigere Frage lautet: Wären wir in der Lage, sie zu erkennen? Angesichts der Tatsache, dass es nicht die Persönlichkeit ist, die wiedergeboren wird, wie könnten wir dann wissen, ob das neue Wesen in unserer Mitte unser wiedergeborenes Haustier ist? Für höherentwickelte Wesen mag das dank ihrer Hellsichtigkeit kein Problem sein, doch wie sieht es bei uns eher normalen Menschen damit aus?

In Wahrheit ist es nicht nur eher unwahrscheinlich, dass wir in der Lage sind, ein zurückgekehrtes Haustier zu erkennen; darüber hinaus wissen wir auch so gut wie nichts über die vergangenen Beziehungen, die wir mit der unmittelbaren Familie, den Freunden und Haustieren hatten, von denen wir gegenwärtig umgeben sind. Wir wären wahrscheinlich verwundert, erschrocken oder gar bestürzt, wenn wir es herausfinden würden.

Manchmal zitieren Lamas eine traditionelle buddhistische Geschichte, um genau diesen Punkt zu illustrieren. Da wird berichtet, wie Shariputra, ein enger Schüler Buddhas, im Vorbeigehen eine Situation bemerkte, die den meisten Menschen wie eine Szene trauter Häuslichkeit erschien. Aufgrund seiner Hellsichtigkeit jedoch konnte Shariputra auf die vergangenen Leben der diversen Anwesenden blicken, was den Dingen eine komplett andere Perspektive gab, wie die folgende Geschichte zeigt. Ein junges Paar lebte in dem Haus der Eltern des Ehemannes, und hinter dem Haus gab es einen See, in dem der alte Vater fürs Leben gern fischte. Sie waren eine glückliche Familie, und die alte Mutter war stolz auf ihr schönes, friedliches Zuhause. Eines Tages jedoch kam ein Besucher, und während seines Aufenthaltes im Haus beging er Ehebruch mit der jungen Frau. Ihr Ehemann fand es heraus, und in blindem Zorn tötete er den Mann auf der Stelle. Kurz danach empfing die junge Frau ein Kind, das – aufgrund seiner starken karmischen Verbindung und Zuneigung zu der Ehefrau – die Wiedergeburt ihres getöteten Liebhabers war. Darauf starben auch die alten Schwiegereltern. Die Mutter mit ihrer starken Bindung an das Haus wurde als Hund und Haustier des jungen Paares wiedergeboren. Die Liebe des Vaters zum Fischen im See hatte zur Folge, dass er als Fisch zurückkam.

Eines Tages ging der junge Mann zum Angeln und fing den Fisch, der sein Vater gewesen war. Seine Frau briet den Fisch und warf die Gräten dem Hund zum Fressen hin. Sein Kind auf dem Schoß wiegend, aß der Mann den Fisch, während er dem Hund einen Tritt versetzte und ihn verscheuchte.

Als Shariputra im Vorbeigehen diese Szene sah, sagte er:

»Er isst das Fleisch seines Vaters und tritt seine Mutter.
Er wiegt den Feind, den er tötete, in seinem Schoß.
Seine Mutter nagt an den Knochen ihres Mannes.
Die zyklische Existenz kann ein solcher Witz sein!«[1]

Angesichts unserer eigenen Familie ist dies eine Erkenntnis, die mit Sicherheit nachdenklich stimmt!

Neue Leben und merkwürdige Begegnungen

Unseren Haustieren mag es an der Fähigkeit mangeln, ihren Geist so auszurichten, dass sie in ihrem nächsten Leben zu uns zurückkehren, doch was ist, wenn ihre Anhänglichkeit und Zuneigung für uns oder unser Zuhause – wie bei der Mutter in der obigen Geschichte – sie in unsere Richtung zieht? Wie genau sehen unsere vergangenen Beziehungen mit unseren Kindern, Haustieren, Partnern und Freunden aus? Aus der buddhistischen Sichtweise spielt dabei das Karma eine Schlüsselrolle. Die Wesen, mit denen wir unser Leben teilen, sind nicht aus Zufall hier.

Ginos, ein Café in Fremantle, Westaustralien, ist eines der bekanntesten Wahrzeichen der Stadt, und seine Anfänge gehen auf eine Zeit zurück, lange bevor überhaupt jemand auf die Idee kam, Cappuccino und Latte Macchiato zu servieren. Gegründet von Gino Saccone, waren der Besitzer, seine Ehefrau und Tochter Laura in echt italienischer Tradition eine ständige Präsenz in dem Café, Gino in der Regel auf einem erhöht stehenden Stuhl sitzend, von dem er einen guten Überblick über das ganze Restaurant hatte. Nach seinem Tod 2001 geschah etwas Seltsames. Eine muntere Bachstelze hüpfte in das Café, ging sehr selbstsicher durch das ganze Restaurant und flog auf die Rückenlehne von Ginos Stuhl. Dort blieb sie eine Zeit lang sitzen.

Laura, die Tochter, hatte keinen Zweifel daran, was dieser Besuch bedeutete. Und es sollte kein einmaliges Erlebnis bleiben. Seither ist der Vogel ein täglicher Besucher, und er fliegt immer zu demselben Stuhl, um sich eine Weile darauf niederzulassen. Wenn Laura auf dem Stuhl sitzt, weigert er sich, Platz zu machen. Und wann immer andere Angestellte versuchen, ihn zu verscheuchen, kommt er jedes Mal umgehend zurück. In einem Interview mit dem Lokalblatt sagte Laura: »Ich glaube, der Vogel möchte mich wissen lassen, dass er unser Papa ist. Viele Menschen glauben nicht an diese Dinge, aber ich schon.«[2]

Als ich Leser meines Blogs fragte, ob sie irgendein Gefühl in Bezug auf frühere Verbindungen hatten, wurde ich mit Geschichten regelrecht überschwemmt. Viele Menschen sagten, dass sie hinsichtlich einer Vielzahl von Wesen solche instinktiven Gefühle haben. Ein paar dieser Geschichten möchte ich gerne so wiedergeben, wie ich sie von den Lesern erhalten habe:

Von einem Leser aus Großbritannien:

»Ich verlor meine geliebte Katze Natasha durch ein Plattenepithelkarzinom unter ihrer Zunge, als sie zwölf Jahre alt war. Ich hatte Angst, sie würde an dem Tumor ersticken und einen einsamen, schrecklichen Tod sterben, wenn ich nicht zu Hause war, also musste ich sie einschläfern lassen, während ich sie im Arm hielt. Ich war völlig verzweifelt und todunglücklich.

Sechs Monate später adoptierte ich ein sechs Monate altes Kätzchen von einer Kollegin, die sie aus einem Sack voller Katzenbabys vor einem Mann gerettet hatte, der dabei war, sie alle in den Fluss zu werfen, und das kleine Kätzchen war das einzige, das noch lebte. Ich nahm sie mit in meine Arbeitsnische im Großraumbüro, wo sie hinter mein in der Ecke stehendes Telefon sprang und bald darauf einschlief. Als ich sie nach Hause brachte, ging sie hinüber zu dem Berg von Katzenspielzeug in der Katzenecke, wühlte darin herum und sah sich alles genau an, bevor sie zu mir zurückkam mit dem Spielzeug, das meine Natasha ihr ganzes Leben lang, vom Katzenbaby bis zur weisen alten Katzendame, am allerliebsten hatte. Sie ließ es zu meinen Füßen fallen, verdrehte auf süße Weise ihr Köpfchen und schaute mich einfach nur an … und ich wusste, dass Natasha zu mir zurückgekommen war.

Außerdem grüßte sie mich, wenn ich nach Hause kam, indem sie sich auf ihre Hinterpfoten stellte und ihren Kopf in meine

ausgestreckte Hand drückte, genau wie es Natasha immer getan hatte. Das Einzige, was mir dazu einfiel, war: Wenn der Dalai Lama wiedergeboren wird, besteht eine der zu bestehenden Prüfungen darin, Gegenstände, die ihm in einer früheren Inkarnation gehörten, unter einer Ansammlung von Dingen zu finden und zu wissen, dass sie ihm gehört hatten.
Das neue Kätzchen besaß Facetten einer neuen Persönlichkeit, die mit der neuen Form einhergingen, aber ich wusste genau, wer sie war. Sie klebte regelrecht an mir und blieb fast sechzehn weitere Jahre an meiner Seite, und ich war dankbar für jeden einzelnen Tag. Plötzlich verlor ich sie erneut, doch ich weiß, dass sie auf mich wartet und ich wieder mit ihr zusammen sein werde.«

Von Nici Ott aus Perth, Australien:

»Meine Mutter starb plötzlich und unerwartet, als ich 33 Jahre alt war. In der Nacht vor ihrem Tod, bevor sie begann, sich unwohl zu fühlen und kurz darauf ins Koma fiel, hatten wir ein sehr liebevolles und friedliches – und, wie wir nicht wissen konnten – letztes Telefongespräch; zum Schluss verabschiedeten wir uns leichten Herzens und mit den Worten »Ich hab' dich lieb«. Am nächsten Tag brach meine Welt zusammen.
Ungefähr ein Jahr später, ich war damals noch eine sehr begeisterte Taucherin, fuhren mein Mann und ich für einen Tauchurlaub nach Tobago. An einem dieser Tage tauchten wir glücklicherweise in ziemlich flachem Wasser, als unsere Gruppe von sechs Tauchern von zehn Teufelsrochen umgeben, um nicht zu sagen eingekreist wurde. Sie schwebten einfach um uns herum, so still und neugierig. Vor allem einer von ihnen war extrem an mir interessiert; er kam so nahe an mich heran, dass er buchstäblich direkt vor mir anhielt und mir einen wunderbar langen, friedlichen Blick schenkte. Es fühlte sich an, als schaute dieses erstaunliche Wesen tief in meine Seele in dem Versuch, mich zu

trösten, und ich kannte diese Augen, diesen Blick. Es waren die Augen meiner Mutter, und sie sagte mir, dass sie mich liebte und dass alles gut sei. Sie befände sich jetzt an einem glücklichen Ort und wache über mich. Ich werde mein Leben lang dankbar sein für diesen kostbaren Augenblick.«

Von Rhea Baldino aus Virginia, USA:

»Ich habe so gut wie niemandem je von dieser Geschichte erzählt, weil ein Teil davon einfach zu schrecklich ist, um es zu erzählen (zumindest für mich; bei dem Gedanken daran ist meine Kehle jedes Mal wie zugeschnürt und macht einfach nicht mit)! Doch der letzte Teil der Geschichte kann nur als absolut außergewöhnlich beschrieben werden. Kann sein, dass es ein wenig länger wird, denn das Ganze erstreckt sich über mehrere Jahrzehnte und besteht aus zwei völlig verschiedenen Teilen.
Vor einigen Jahrzehnten adoptierten mein Mann und ich drei Katzenbabys von der Farm, wo unser Pferd untergebracht war. Zwei waren langhaarig und eins kurzhaarig (verschiedene Väter). Eine der langhaarigen Katzen sollte zu einem der größten Schätze in meinem Leben werden; ich nannte sie RumDum, nach einem von Jackie Gleason verkörperten Charakter in einer Fernsehserie. Im Laufe der Jahre wurde RumDum einer meiner engsten Seelengefährten überhaupt.
Als sie ungefähr 18 war und beinahe völlig taub, reagierte sie nicht mehr auf Geräusche, sondern nur auf Berührungen. Ansonsten war sie nach wie vor ihr normales schnurrendes, liebevolles Selbst. Zuweilen ließ ich sie noch nach draußen, und sie spazierte dann immer ein paar Mal um das Haus herum. Doch eines Tages, als ich hinausging, um sie ins Haus zurückzuholen, konnte ich sie nicht finden. Ich suchte und suchte und rief ihren Namen immer wieder (obwohl das nichts nutzte, da sie mich nicht mehr hören konnte). Sie war wie vom Erdboden verschluckt.

Ich war verzweifelt und dachte, dass sie sich verlaufen haben musste und irgendetwas oder irgendwem zum Opfer gefallen war.
Ein paar Jahre später lernte ich eine Dame kennen, die ungefähr einen Kilometer weiter runter auf unserer Straße wohnte, und ich erzählte ihr davon. Sie sagte, dass sie sich an die Katze erinnerte und sie in ihrem Garten gefunden hatte. Da sie nicht wusste, wem die Katze gehörte, brachte sie sie ins nächstgelegene Tierheim (ich hätte mir so sehr gewünscht, dass sie in der Nachbarschaft herumgefragt hätte, wem die Katze gehört).
Ich hätte nie gedacht, dass sich RumDum in ihrem Alter so weit von zu Hause wegbewegen würde und ging deswegen nicht ins Tierheim, um zu schauen, ob sie dort abgegeben worden war. Das Heim hatte keinen wirklich guten Ruf, und ich hätte mir nie vorstellen können, dass und wie sie dahin gekommen war. Zu dem Zeitpunkt behielten sie die Tiere fünf Tage im Heim und schläferten sie dann alle zusammen in einer Gaskammer ein. (Wie schon gesagt, zu schrecklich, um darüber nachzudenken.)
Seit jenem Tag ist dies eine von drei oder vier Erinnerungen in meinem Leben, die Eckhart Tolle als unseren »Schmerzkörper« bezeichnet. Ich kann nicht daran denken, ohne erneut den Schmerz zu fühlen; er ist einfach ein tief sitzender, ständiger Teil von mir.
Im Schnellvorlauf ein paar Jahrzehnte weiter, vor ungefähr dreizehn Jahren. Das Tierheim vergrößerte sich, wurde modernisiert und richtete sich verstärkt auf Adoptionen aus, und ich fing an, dort als Hundeausführerin zu arbeiten. Für Katzen wurde immer noch nichts getan, doch schließlich führten sie die Praxis ein, Katzenmütter mit ihren neugeborenen Jungen in Pflegefamilien zu geben, bis die Kätzchen alt genug waren, um adoptiert werden zu können. Ich war glücklich, die allererste Mutter und ihren Wurf zu bekommen!

Die Frau dort sagte, dass sie zwei Katzenmütter mit ihren Babys hätte, und ob ich nicht auswählen wollte, welche mir besser gefiel. Ich sagte Nein, das wollte ich lieber nicht tun, und bat sie, die Entscheidung für mich zu treffen. Gesagt, getan.

Als ich nach Hause kam und die kleine Katzenfamilie näher betrachtete, war ich wie vor den Kopf gestoßen angesichts dessen, was ich sah. Eines der Katzenjungen war eine fast perfekte Kopie von RumDum, die in der Gaskammer des Tierheims vor Jahren eingeschläfert worden war. Ich kramte Fotos hervor und verglich sie mit dem Kätzchen – und was soll ich sagen, als Katzenbabys waren sie beinahe exakte Doppelgänger! Und noch erstaunlicher; dieses Katzenbaby zeichnete sich durch das gleiche sofortige Schnurren, die Aufmerksamkeit, die Persönlichkeit und das Temperament aus wie mein früherer Schatz! Es war völlig ausgeschlossen, dass sie ins Tierheim zurückgehen würde, um adoptiert zu werden!

Ich habe sie seit jenem Tag vor dreizehn Jahren mein Buddha-Kätzchen genannt. Ihr Name ist Rumble, wegen ihres Schnurrens, und in Anlehnung an RumDum. Ich nenne sie meine »Buddha-Mieze«, oder einfach nur Bumb, kurz für Rumble.

Ich weiß nicht, ob es Reinkarnation wirklich gibt oder nicht, obgleich ich an das universale oder kosmische Bewusstsein glaube und denke, dass ich es auch in meinen Katzen fühlen kann, besonders in einigen, die mehr davon auszustrahlen scheinen als andere.

Was bedeutet, dass diese ganze Geschichte entweder ein verblüffend außergewöhnlicher Zufall oder ein bemerkenswert offensichtlicher Fall von Reinkarnation ist – so als hätte RumDum es schließlich geschafft, aus dem Tierheim zu mir zurückzukommen. Ich ziehe den Gedanken vor, dass es sich um Letzteres handelt!«

Von einem Leser aus Oregon, USA:

»Als unser zweiter Sohn, Brian, ungefähr zwei Jahre alt war, marschierte er manchmal ein bisschen weiter weg. Das war vor mehr als fünfzig Jahren, zudem lebten wir in einer ländlichen Gegend. Brian verbrachte die meiste Zeit mit seinem großen Bruder, und Eltern waren in jenen Tagen generell entspannter, was ihre Kinder betraf.

Wir wohnten neben einem Feld, auf dem unsere Nachbarn, ein älteres Ehepaar, ein Pferd stehen hatten. Brian liebte es, zwischen den Zaunpfosten hindurch auf das Feld zu kriechen. Das Ehepaar, Cecil und Emily, schien nett zu sein, doch wir kannten sie nicht gut. Sie zogen es vor, für sich zu bleiben. Neben dem Pferd hatten sie noch einen Hund, ein paar Hühner und Enten. Eines Nachmittags kam Brian mit einem Zettel in seiner Hemdtasche nach Hause. Er hatte die Nachbarn besucht, und Cecil hatte geschrieben, dass er Angst hatte, dass irgendetwas mit dem Pferd passieren könnte. Am selben Nachmittag ging ich rüber zu ihm und seiner Frau. Cecil sagte mir, das Pferd sei nie aggressiv gewesen, allerdings war es nicht an Kinder gewöhnt. Es stellte sich heraus, dass Brian mehrmals Cecil und Emily besucht hatte, ohne dass wir etwas davon wussten. Emily lachte, als sie beschrieb, wie eifrig unser Sohn dem alten Mann überallhin folgte, wenn er seine Arbeit machte, und wie er vor ihm auf dem Boden saß und genau beobachtete, wie er Holz schnitzte, was sein Hobby war.

Wir warnten Brian in Bezug auf das Feld und das Pferd. Wir wollten nicht, dass er Angst vor Pferden bekam, also sagten wir, er solle lieber ein bisschen warten, bis er größer sei, bevor er wieder zu dem Pferd gehe. Wir dachten, es sei nur eine Phase, die sich von selbst erledigen würde.

Die Warnung schien eine Zeit lang zu wirken. Dann eines Tages konnten wir Brian nicht finden. Meine Frau ging hinüber zu Cecil und Emily, und tatsächlich, da war er. Es stellte sich heraus, dass Brian zu einem Zeitpunkt gekommen war, als gerade ein paar Arbeiter dabei waren, die Erde in der Nähe des Hühnerstalls umzugraben, neben einem hausgemachten Wasserfall. Ein Rohr war undicht geworden und musste ersetzt werden. Das war zu schwer für Cecil, doch er überwachte die Arbeiter. Brian hatte dabei sein wollen, doch als meine Frau ankam, fand sie in einiger Entfernung Emily, die Brian im Arm hielt. Sie flüsterte meiner Frau zu, dass Cecil ein paar Jahre zuvor ihren verstorbenen Hund in diesem Bereich vergraben hatte. Sie waren nicht sicher, was von ihm übrig geblieben war und wollten verhindern, dass Brian es sah.

Meine Frau nahm Brian bei der Hand und wollte ihn gerade nach Hause bringen, als er sich plötzlich losriss und dahin rannte, wo die Grabungen stattfanden. Auf dem Erdhaufen, den sie ausgegraben hatten, lag ein lehmverschmiertes Objekt. Brian griff danach und begann wieder und wieder so etwas wie »My!« oder »Maya!« zu rufen. Er war sehr aufgeregt. Meine Frau lief hinüber zu ihm und wollte ihn wegziehen. Sie merkte, dass Emily plötzlich ganz blass wurde. Meine Frau dachte, dass Emily Angst hatte, Brian könnte etwas Schreckliches gesehen haben. Cecil half, Brian von der Ausgrabung wegzuführen. Als er sich bückte, um das lehmverschmierte Objekt anzuschauen, das Brian in der Hand hielt, meinte er, es sähe aus wie eine kleine Puppe, die einst der Familie gehört hatte. Brian hielt sie so fest er konnte und wollte sie nicht hergeben. Cecil sagte, er könne die Puppe behalten. Meine Frau wollte die ganze Sache nicht unnötig aufbauschen und brachte Brian nach Hause. Schließlich überredete sie ihn, ihr die übel zugerichtete Puppe zu geben, um sie mit heißem Wasser zu waschen.

Wir dachten zu dem Zeitpunkt nicht zu viel darüber nach, was passiert war. Wir machten uns mehr Sorgen über Brians erneuten Besuch bei dem Pferd und dass es ihn treten könnte. Ein paar Wochen lang liebte unser Sohn das kleine Ding, das einst eine Puppe gewesen war, doch mittlerweile eher aussah wie ein

Holzstöckchen mit ein paar Fellstückchen drauf. Doch als Weihnachten kam, ersetzte er die »Puppe« durch ein neues Lieblingsspielzeug.

Eine weitere Sache, die ich erwähnen sollte, ist, dass wir einmal in einem örtlichen Restaurant waren, und wer kam unerwartet herein? Niemand anderes als Emily und Cecil und ihre erwachsene Tochter, Carol. Wir waren fertig mit unserem Mahl und wollten gerade gehen, doch sie setzten sich für ein paar Minuten zu uns an den Tisch. Brian, der zu dieser Zeit Fremden gegenüber eher scheu war, fühlte sich offensichtlich auf Anhieb zu Carol hingezogen und ging hinüber zu ihr. Wir sagten, wie ungewöhnlich sein Verhalten war. Innerhalb von Minuten saß er auf Carols Schoß, und sie beschäftigte sich angeregt mit ihm.

Ungefähr fünf Jahre später starb Cecil. Meine Frau und ich gingen zu dem Begräbnis. Es war eine kleine Gruppe von Menschen da, und nachher wurden wir von Emily und ihrer Familie nach Hause eingeladen. Wir lernten ihre andere Tochter und ihren Sohn kennen und sahen auch Carol wieder. Irgendwann kam Carol zu uns rüber, und wir unterhielten uns. Sie stellte eine Menge Fragen über Brian – wann er Geburtstag hatte, ob er das Wasser liebte, und ähnlich detaillierte Dinge. Außerdem wollte sie wissen, ob wir an Reinkarnation glaubten. Meine Frau bejahte. Ich war mir noch nicht ganz klar. Sie sagte, sie wolle uns nicht erschrecken mit dem, was sie uns sagen würde, doch als sie ein kleines Mädchen war, hatten ihre Eltern sie ins örtliche Tierheim mitgenommen, wo sie sich einen Welpen aussuchte. Sie nannte ihn Duke, weil er so ein königliches Auftreten hatte. Sie liebte Duke von Herzen und tat alles für ihn, und ihre Eltern genauso.

Als sie ihr Zuhause verließ, um aufs College zu gehen, hielt Duke sich mehr und mehr an ihren Vater. Er folgte Cecil überall hin, während er seiner Arbeit nachging, und liebte es, zu seinen Füßen zu sitzen und ihm beim Holzschnitzen zuzuschauen.

Nach dem Abschluss ihres Studiums war Carol auf Reisen gegangen. Aus ihrer Zeit in Mexiko hatte sie ihren Eltern eine Puppe mitgebracht. Ihr Name war Maya, und irgendwie war sie Dukes Lieblingsspielzeug geworden. Cecil hatte angenommen, dass Duke ihren Geruch auf der Puppe wiedererkannte. Als der Hund starb, hatte Cecil ihn in der Nähe des Hühnerstalls begraben. Und weil Maya sein Lieblingsspielzeug gewesen war, hatte er die Puppe direkt neben ihn in die Erde gelegt.
Ich bedaure, dass ich in dieser Geschichte mit keinen weiteren Sensationen dienen kann. Doch habe ich mich mehr als einmal gefragt: Warum ist Brian nie zu den anderen Nachbarn »gewandert«, obwohl sie alle Kinder hatten? Warum war er so begeistert von dem ausgegrabenen Etwas, das für die meisten Zweijährigen wohl kaum interessant gewesen wäre? Und wieso hatte er sogar Mayas Namen gewusst?
Als Brian ein Teenager war, sprachen wir mit ihm über die ganze Sache. Er erinnerte sich deutlich daran, als kleiner Junge Maya gefunden zu haben – die einzige Erinnerung, die er an seine sehr frühe Kindheit hatte. Und er hatte stets ein Faible für Carol und Emily. Selbst als Emily schon sehr alt war, ging er sie besuchen, was ungewöhnlich war für einen Teenager. Er erinnerte sich nicht an irgendetwas anderes aus einer Zeit, bevor er Brian war. Ich wage zu behaupten, dass es eine offensichtliche Erklärung für all dies gibt, aber ich lasse andere lieber ihre eigenen Schlüsse ziehen.«

Können Menschen als Tiere zurückkommen?

Genau wie Tiere zu Menschen zurückkehren können, mit denen sie eine intensive Verbindung hatten, habe ich auch einige Geschichten von Lesern erhalten, die deutlich fühlten, dass ihre Tiergefährten die neue Verkörperung von Familienmitgliedern waren, mit denen sie in besonders enger Beziehung standen.

Von Rebecca Hartman aus Pennsylvania, USA:

»Ich hatte einen holprigen Start ins Leben und wurde in erster Linie von meiner Großmutter, Johanna Jentsch, aufgezogen. ›Jo‹, wie Freunde sie nannten, war hochgewachsen, elegant und schön und sang mir oft mit ihrer süßen, melodischen Stimme etwas vor. Sie strahlte eine Aura der Erhabenheit aus. Darüber hinaus hatte sie schlimme Allergien und musste sich oft räuspern oder ihre Nase putzen.

Jo hatte eine so sanfte und freundliche Art, mit Menschen umzugehen, wie ich es nie wieder erlebt habe. Sie verabscheute Konflikte jedweder Art. Sie versuchte stets, alle angespannten Gefühle sofort zu klären. Sie war anders als jeder andere in meiner Familie.

Jo war sowohl in ihrem täglichen Leben als auch aufgrund ihrer Herkunft eine sehr spirituelle Frau. Sie war mit einem evangelischen Pfarrer namens Hans verheiratet gewesen, einer der vier großen Lieben in ihrem Leben, zusammen mit Pixie, der siamesischen Katze, mir selbst (»Becky/ihre Prinzessin«) und Jesus. Meine Großmutter starb im hohen Alter von 93 Jahren. Ich war bei ihr, als sie ging, und versicherte ihr, wie sehr ich sie liebte, wie dankbar ich ihr war, und dass es okay war, wenn sie gehen würde.

Nachdem sie gestorben war, versuchte ich mit meinem damaligen Ehemann darüber zu sprechen, wie traurig ich war und wie sehr ich fürchtete, mein Hochschul-Examen nicht rechtzeitig abschließen zu können. Schließlich erschien der Bestatter. Er bat uns, das Zimmer zu verlassen. Bis zu diesem Augenblick hatte ich noch nicht geweint über den Tod meiner Großmutter. Ich fühlte mich zu benommen, wie betäubt. Kurz darauf ging der Bestatter, mit meiner Großmutter in einem schwarzen Leichensack, an uns vorbei. In dem Moment begann ich ganz laut zu schluchzen. Ich glaube, das besiegelte Jos Entschluss, zurückzukommen und über mich zu wachen.

Ich begegnete meiner Großmutter ein paar Jahre nach ihrem Tod in einer eher zweifelhaften Tierhandlung, gleich neben einer Schnellstraße wieder. Aus einer Laune heraus hatte ich beschlossen, anzuhalten, in dem Bemühen, mich ein wenig aufzumuntern. Ich war damals so extrem depressiv, dass ich kaum meinen Alltag bewältigen konnte. Und dort, allein in einem kleinen Käfig, war eine winzige, hässliche, schielende, blauäugige Siamkatze, die nicht aufhören konnte zu niesen. Ihr Preis war auf 200 Dollar reduziert, wahrscheinlich weil sie krank war und schielte. Aber irgendwie hatte sie etwas Besonderes an sich. Sie tat mir leid. Außerdem war der Preis akzeptabel. Der Besitzer händigte mir den Abstammungsnachweis aus. Als ich den Namen der Katzenzucht hörte, aus der die kleine Katze stammte, die ich soeben gekauft hatte, konnte ich es kaum glauben: ›Jo's Siamese‹!!

Das war vor sieben Jahren. Ich habe viele andere Katzen, nicht zuletzt drei andere Siamkatzen. Keine von ihnen ist wie Johanna. Ich zweifle keine Sekunde daran, dass Johanna meine zurückgekehrte Großmutter ist. Sie ist die einzige meiner Katzen, die neben mir auf meinem Kopfkissen schläft, wenn ich daheim bin, oder direkt auf meiner Brust, jeden Tag und möglichst den ganzen Tag lang. Wenn ich beginne, ärgerlich zu werden oder laut meinen Unmut Luft mache, reagiert Johanna sofort, um mich zu besänftigen. Meist mit einem sehr spezifischen ›Miau‹ oder indem sie auf sehr sanfte Weise mit ihrer Pfote meine Wange berührt. Wenn eine andere Person ihre Stimme erhebt, geht sie zu ihr und besänftigt auch sie mit diesem besonderen ›Miau‹. Oft kommt es vor, dass sie mich mit einem langen, seelenvollen Blick anschaut, wenn sie auf meiner Brust liegt. Außerdem ist sie sehr intelligent und räuspert sich ständig. Sie ist unglaublich süß und sanft, schlank, schön, elegant und strahlt eine Aura von Erhabenheit und Anmut aus, die ich nie bei einer anderen Katze oder, abgesehen von meiner Großmutter, einem anderen Menschen gesehen habe.«

Es ist interessant, wie viele E-Mails ich von Menschen bekommen habe, die das Gefühl hatten, als sei ein Kind, das vor der Geburt gestorben beziehungsweise abgetrieben worden ist, in einer anderen Form zu ihnen zurückgekehrt.
Einer der faszinierendsten Berichte stammt von Allen Wilson in Buckinghamshire, England:

»Clairelle starb acht Wochen nach der Empfängnis. Ihre Mutter – meine damalige Verlobte – hatte sich zu einer Abtreibung entschieden. So wie viele andere hatte ich eine liberale Einstellung zum Thema Abtreibung, aber als es plötzlich um mein eigenes Kind ging, veränderte sich meine Einstellung total.
Als Anwalt dachte ich an eine gerichtliche Verfügung, um sie zu stoppen, doch es hätte nicht funktioniert und das Ganze nur noch schlimmer gemacht. Unsere Beziehung war sofort zu Ende. Natürlich kannte ich das Geschlecht des ungeborenen Kindes nicht, noch wusste ich damals, dass ich später tatsächlich ein Kind haben würde: Das anzunehmen wäre zu diesem Zeitpunkt idiotisch gewesen, also war ich davon ausgegangen, das war's jetzt, ich würde nie Kinder haben.
Doch das stimmte nicht.
Fünf oder sechs Jahre später begann ich mich für Medialität, Buddhismus und Parapsychologie zu interessieren, aus Gründen, die nichts mit der Abtreibung zu tun zu haben schienen, auch wenn das Ganze eine niederschmetternde Erfahrung gewesen war. Ich hatte keine Kinder und begann darüber zu fantasieren, eine fünf- oder sechsjährige Tochter zu haben, blond und wunderschön, voller Leben und gesund. Im Laufe meiner Forschungen lernte ich immer wieder Medien kennen, manche von ihnen echte, mit bewiesenen Fähigkeiten. Eine oder zwei von ihnen erzählten mir verblüffend genau, was damals passiert ist, einschließlich Namen und Orte, und fügten sogar hinzu, dass ein kleines blondes Mädchen neben mir stehen und versuchen würde, mir etwas zu sagen. Natürlich sah

und hörte ich nichts, doch später fragte ich mich, wer die Kleine sein könnte, die ich Clairelle nannte, die sich offensichtlich total allein fühlte und sagte, dass sie eine Möglichkeit finden wolle, physisch bei mir zu sein. Das schien unwahrscheinlich, da meine Partnerin und ich in den Fünfzigern waren.
Die Jahre vergingen, und dann mieteten meine Partnerin und ich eine Villa auf Mallorca. Bei unserer Ankunft wurden wir von einer Schildplatt-Katze begrüßt, die schnurstracks zu mir gelaufen kam und offensichtlich Futter und ein Zuhause suchte. Also kauften wir ihr jede Menge Futter und boten ihr unser vorübergehendes Zuhause zum Leben an, was sie vor einem der Einheimischen schützte, der Katzen hasste und sie erschoss. Ich gab ihr den Namen Honey.
Es fiel mir zusehends schwerer, mir vorzustellen, dass ich sie nach den Ferien hier zurücklassen sollte. Dann eines Tages, als ich gerade mit Honey im Liegestuhl am Swimmingpool saß, quietschte sie plötzlich und sah mir direkt in die Augen, und es war wie ein elektrischer Schlag. In dem Moment wusste ich mit absoluter Sicherheit, dass sie Clairelle war – sie war »zurückgekommen«! Auch Honey wusste es. Clairelle ist keine Katze, doch stattdessen ist etwas von ihrer Energie in Honey. Natürlich ist Honey eine Katze, und was für eine! Plötzlich ergab alles einen Sinn. Das Versprechen, zurückzukommen; die Reihe sogenannter Zufälle, die überhaupt erst dazu führten, dass Honey in mein Leben trat; die außergewöhnliche Anziehung, die von Anfang an zwischen uns bestand.
Jetzt war es keine Frage mehr, ob ich die Katze zurücklassen würde oder nicht. Honey musste mit zu uns nach England kommen. Sie verbrachte sechs Monate in Quarantäne, doch als diese Zeit des Wartens vorüber war – im Februar 2011 – kam sie zu uns nach Hause. Heute ist sie ungefähr zehn oder elf Jahre alt und aalt sich gerade draußen in der warmen englischen Frühlingssonne, während ich dies schreibe. Ich habe von Honey gelernt, was es heißt, bedingungslose Liebe zu geben und zu

erfahren, die Liebe meiner Tochter zu fühlen, die zu sehen ich noch eine Weile länger warten muss, und zu lernen, das wesentlich mehr möglich ist, als die meisten von uns es sich je vorstellen können.«

Wiedergeburt und die westliche Sichtweise

Dies sind nur wenige der vielen faszinierenden Geschichten, die andere Menschen mit mir geteilt haben. Ein paar Dinge fallen mir dabei besonders auf. Zunächst einmal, dass die betreffenden Personen im Laufe der Jahre Begegnungen mit vielen verschiedenen Menschen und Tieren hatten: Wären sie von diesen Begegnungen so ergriffen gewesen, wenn sie sich nicht auf irgendeine Art qualitativ anders angefühlt hätten?

Ein anderer Punkt, der in diesen Berichten wiederholt auftaucht, ist, dass die Begegnungen oft irgendwie spontan oder unerwartet zu sein scheinen. Rhea Baldino hatte nicht die Absicht, sich eine neue Katze zuzulegen außer vorübergehend zur Pflege; Allen Wilson war im Urlaub in Spanien; die Leserin aus England kam zur Arbeit und stellte fest, dass eine Kollegin ein neues Zuhause für gerettete Katzenbabys suchte.

Während es auch eher unwahrscheinlich ist, dass empirische Beweise vorliegen, um Berichte über die Wiedergeburt von Tieren zu unterstützen, ist dieses Thema in Bezug auf Menschen in den vergangenen Jahrzehnten vermehrt erforscht worden. Für Leser, die daran interessiert sind, sich näher mit diesem Thema zu beschäftigen, empfehle ich besonders das Werk des kanadischen Psychiaters Dr. Ian Stevenson. Stevenson und andere haben viele Fälle dokumentiert, in denen Kinder berichteten, dass sie sich an vergangene Leben erinnerten. Er fand viele unterstützende Beweise für die Berichte dieser Kinder, unter anderem von Familienmitgliedern, die Details erwähnten, die das Kind nicht hätte wissen können.

Wenn Dr. Stevenson es sich auch nicht zur Mission gemacht hat, generell für die Wiedergeburt Stellung zu beziehen, kam er doch zu dem Schluss, dass es angesichts seiner Untersuchungen nicht unangemessen war zu akzeptieren, dass manche Menschen wiedergeboren werden. Andere Akademiker, wie zum Beispiel Professor Robert Almeder, sind einen Schritt weiter gegangen und sagen, dass es irrational ist, es *nicht* zu akzeptieren.[3]

Der Grund, warum relativ wenige Menschen in der Lage sind, über vergangene Leben zu berichten, bleibt ein Geheimnis. Doch wie Professor Almeder bemerkt, sind es diese Sonderfälle, diese statistischen Anomalien, die interessant sind und weiter erforscht werden sollen.

Während der Glaube an die Wiedergeburt in manchen östlichen Kulturen die Norm ist, sieht die Situation im Westen anders aus. Hier gibt es sowohl umfassende Kapitalinteressen, begierig darauf, die Idee anzufechten, als auch solche, die ihre mögliche Gültigkeit zu beweisen suchen. Doch trotz dieser unterschiedlichen Herangehensweisen an das Thema Wiedergeburt wird sie von überraschend vielen Menschen unterstützt. Bei einer Umfrage aus dem Jahr 2012, durchgeführt von *Pew Forum*, kam heraus, dass 25 Prozent aller Amerikaner und 24 Prozent aller Christen an Reinkarnation glauben.

Aufgrund des Privilegs sowohl einer tibetisch-buddhistischen als auch einer westlichen Ausbildung gibt es für mich keinen Zweifel daran, welche der beiden Perspektiven die schlüssigere und sinnvollere Erklärung für das Bewusstsein und seine Funktionen anbietet.

Ich bin kein Hellseher, doch ich kenne erfahrene Meditierende, die es sind, und sie alle lassen uns nicht im Zweifel, was die Wesen angeht, mit denen wir unser Leben teilen. Eltern, Kinder, Menschen oder Haustiere, sie alle sind Wesen, mit denen wir ein starkes Karma teilen. Meistens haben wir keine Ahnung, wie unsere vergangene Beziehung miteinander ausgesehen hat. Unsere Aufgabe in diesem Leben ist es, uns mit ganzer Kraft für das Gute einzusetzen; eine möglichst positive Wirkung auf jene zu haben, mit denen wir unser Leben teilen; wenn nötig, vergangene Wunden zu heilen; diese uns umgebenden Wesen, ob Mensch oder Tier, auf ihrem Weg zur Erleuchtung zu unterstützen; und sie dann, indem sich unser eigener Weg entfaltet, in einem zukünftigen Leben wiederzuerkennen – welch wunderbare Aussicht!

KAPITEL ELF

Tiere und das Konzept der Gewaltlosigkeit: Einige weiterführende Fragen

*Horace, die kleine Grüne Meerkatze,
wurde nach ihrer Ankunft im Twala Trust Animal Sanctuary
in Simbabwe von der Tigerkatze Tiger Lily adoptiert.
Ungewöhnliche Freundschaften zwischen verschiedenen Spezies
zeigen, dass Mitgefühl nicht eine ausschließlich menschliche
Eigenschaft ist.*

Der Fokus dieses Buchs liegt darauf, wie wir am besten unseren Tiergefährten auf ihrem spirituellen Weg durch dieses Leben helfen und zu ihrer nächsten Erfahrung der Realität beitragen können. Da wir mit anderen Tieren viel weniger in Kontakt sind als mit unseren Haustieren, haben wir auch wesentlich seltener die Gelegenheit, ihnen zu helfen.

Doch während wir das Bewusstsein der Tiere erforscht und festgestellt haben, dass ihnen genauso sehr wie uns daran gelegen ist, glücklich zu sein, sind möglicherweise automatisch einige Fragen aufgetaucht, etwa: »Wie soll ich mit Ungeziefer wie Kakerlaken umgehen? Was ist mit Massentierhaltung – empfiehlt der Buddhismus, dass wir alle Veganer werden sollten? Und was, wenn überhaupt, kann ich angesichts der Tatsache tun, dass ich in der Vergangenheit aus Unwissen nicht das Beste für andere Wesen getan habe?«

In diesem Kapitel versuche ich, für einige dieser Fragen Antworten anzubieten, die zuweilen variieren, je nachdem wie intensiv Sie sich mit dem Buddhismus beschäftigen wollen.

Sollte ich Veganer oder Vegetarier werden?

Ist es aus buddhistischer Sicht wünschenswert, vegan oder vegetarisch zu essen? Mit einem Wort: Ja. Seine Heiligkeit der Dalai Lama hat oft gesagt, dass die Eliminierung von Fleisch und Tierprodukten aus unserer Ernährung ein sehr positiver Schritt ist. Rinder, Schweine, Lämmer und Hühner sind fühlende Wesen, genau wie wir. Sie möchten in Frieden und Sicherheit leben. Und genau wie wir empfinden sie Todesangst und Schmerzen. Mit welchem Recht können wir sagen, dass unser Wunsch, ihr Fleisch zu essen, wichtiger ist als das Leiden, das sie durch das barbarische Vorgehen in der Massentierhaltung erdulden müssen, wenn es in dem Horror eines vorzeitigen, mechanisierten und mitleidlosen Todes kulminiert?

Es kostet uns weder Zeit noch Geld, damit aufzuhören, Tieren auf diese Weise Schaden zuzufügen.
Die Bewährungsprobe jeglichen Verhaltens besteht darin zu fragen: Was würde passieren, wenn jeder Mensch auf der Welt dies tun würde? Wenn jeder sich vegan ernähren würde, käme innerhalb weniger Wochen die Massentierhaltungs-Industrie, verantwortlich für den Tod von 3000 Tieren *pro Sekunde*, zu einem abrupten Ende. Die Agrarpolitik würde sich schnellstens auf pflanzenbasierte Alternativen umstellen.
Die Debatte Fleisch versus Vegan ist jedoch keine komplette Schwarz-Weiß-Angelegenheit. Riesige Mengen von Pflanzenschutzmitteln werden benutzt, um Insekten auf den Getreidefeldern und Obstbäumen zu töten, deren Früchte von Veganern und Vegetariern gegessen werden. Hinzu kommt, dass zu Beginn der natürliche Lebensraum des Landes zerstört wird – egal ob für Maisanbau oder Viehzucht –, und dadurch zahllose fühlende Wesen ihrer Heimat und Lebensgrundlage beraubt werden.
Vegetarier oder Veganer zu werden beendet zwar den Horror der Schlachthäuser, jedoch nicht das Töten fühlender Wesen. Es ist zu kurz gedacht, sich nur um Wesen Sorgen zu machen, die mehr als 20 Gramm wiegen oder hinreißend süß aussehen oder einen nachweislich hohen Intelligenzquotienten haben.
Ist es besser, eine Kuh oder tausend Insekten zu töten? Mir ist eine Vielzahl von Perspektiven zu diesem Thema begegnet. Es genügt zu sagen, dass wir es hier mit einem Graubereich zu tun haben. Die ernüchternde Realität ist, dass andere sterben müssen, damit wir leben können.
Dies ist ein Thema, über das ich jedes Mal auf meinem Weg zur Dharma-Klasse reflektiere, wenn ich zu bestimmten Zeiten des Jahres durch regelrechte Wolken von Insekten fahre und dabei viele Dutzende von ihnen töte. Sollte ich lieber zu Hause bleiben und das Gemetzel vermeiden und dadurch meine innere Entwicklung bremsen, deren Endresultat die Erleuchtung zugunsten aller fühlenden Wesen ist, einschließlich der Insekten selbst?

Da es nur wenige einfache Antworten gibt, raten Lamas, Mäßigung anzustreben. Wenn der totale Verzicht auf Fleisch zu schwer zu sein scheint, sollten Sie wenigstens versuchen, Ihren Fleischverbrauch deutlich einzuschränken. Wie Matthieu Ricard in seinem Buch *Plädoyer für die Tiere* deutlich macht, haben die Gründe, die Menschen in der Regel für ihren Fleischkonsum angeben, keinerlei moralischen Wert – zum Beispiel weil wir den Geschmack von Fleisch lieben; weil es zu schwer ist, unsere Gewohnheit des Fleischverzehrs aufzugeben; weil andere in der Familie Fleisch essen; weil Menschen »dafür geschaffen sind«, Fleisch zu essen; weil wir nicht wissen, was wir sonst kochen sollen.

Ein Blick auf die Regale mit vegetarischen Lebensmitteln im Supermarkt wird Ihnen zeigen, dass jede Menge köstliche Fleisch-Ersatzprodukte zur Wahl stehen. Als Allesfresser gedeihen Menschen wunderbar auch ohne den Konsum von Fleisch. Und es gibt Anzeichen, dass zunehmend mehr Menschen in den Industrieländern sich entscheiden, »Flexitarier« zu werden, also nur selten Fleisch zu essen und stattdessen vegetarische und vegane Optionen vorzuziehen.

Anstatt allzu simple Richtlinien aufzustellen, was Sie essen oder nicht essen sollten, fordert uns der tibetische Buddhismus auf, die Auswirkungen unserer Ernährung und anderer Entscheidungen hinsichtlich unserer Lebensweise zu bedenken; um unnötige Vergeudung und den Horror und Tod zu vermeiden, den sie unzähligen Lebewesen bringt, die keine Stimme haben und bequemerweise außer Sichtweite sind; um uns jedes Mal, wenn wir Fleisch essen oder Milch trinken, an das Opfer zu erinnern, das sie zu bringen gezwungen worden sind, und es würdigen; um es uns zur Gewohnheit zu machen, zu Beginn unserer Mahlzeit gemäß dem folgenden Motto zu reflektieren:

»Indem ich meinen Körper nähre, möge ich schnell die vollkommene Erleuchtung erlangen zum Nutzen aller fühlenden Wesen, und mögen all jene, die gestorben sind, damit ich diese Nahrung essen kann, schnell die vollkommene Erleuchtung erlangen.«

Wie sollte ich mit tierischem Ungeziefer wie Blattläusen, Kakerlaken und Ähnlichem umgehen?

Auch Blattläuse wollen glücklich sein. Das Problem ist, dass ihr Gedeihen die Zerstörung unserer Rosenblüten erfordert, und hierin liegt unser Dilemma.

Buddhisten streben an, nach dem Ideal der Gewaltlosigkeit zu leben. Mitgefühl ist eines der zentralen Themen dieser Tradition. Das Gleiche gilt für die Weisheit. Oftmals müssen wir beide Tugenden in gleichem Maße anwenden.

Es gibt viele Möglichkeiten dafür zu sorgen, dass wir nicht von unerwünschten Tieren gestört werden. Einige dieser präventiven Maßnahmen sind gesunder Menschenverstand, zum Beispiel indem wir offene Nahrungsmittel nicht an Orten aufbewahren, wo sie Ameisen anziehen können; oder Rosen und andere »gefährdete« Pflanzen mit ätherischen Ölen besprühen, die als effektive Anti-Insektenmittel funktionieren und auch Blattläusen den Geschmack an unseren Rosen verderben.

Unter Umständen müssen wir uns im Internet schlau machen, um uns über langfristige, umweltschonende und unschädliche Möglichkeiten zu informieren, die Insekten und andere Tiere daran hindern, eine Plage zu werden. Zum Beispiel gibt es bestimmte Pflanzen, wie Zwiebel, Knoblauch und andere Lauchgewächse, die Blattläuse abwehren. Vogeltränken, Vogelhäuser und das Pflanzen vogelfreundlicher Sträucher tragen zu einem harmonischeren Ökosystem in unserem Garten bei und beugen darüber hinaus einem Blattläusebefall vor.

An dem tibetisch-buddhistischen Zentrum, zu dem ich gehe und das an einen Nationalpark grenzt, blieb uns irgendwann nichts anderes übrig, als die vielen Rosensträucher zu entfernen, weil Kängurus immer sämtliche Blüten fraßen und wir kein natürliches Abschreckungsmittel finden konnten, außer Dingo-Urin – nicht gerade etwas, das man im Supermarkt kaufen kann! Die Kängurus zeigen nicht das geringste Interesse an einigen der einheimischen Sträucher, die wir mittlerweile anstelle der Rosen gepflanzt haben.

Manchmal müssen wir mit unterschiedlichen Produkten experimentieren, bis wir eins finden, das für unsere Zwecke geeignet ist. Die Errichtung schützender Zäune oder anderer Barrieren, wie zum Beispiel Vorhänge aus Gaze, können helfen, unerwünschte Besucher fernzuhalten. Und es hilft, große, leere Streichholzschachteln an diversen Stellen in unserem Haus zu platzieren, sodass immer dort, wo zum Beispiel eine Kakerlake ihren Weg nach drinnen finden kann, wir etwas zur Hand haben, um sie einzufangen und zu entfernen (und uns dabei unserer Bodhichitta-Absicht zu erinnern). Falls Ihnen die Vorstellung zuwider ist, eine Kakerlake zu fangen und sie draußen wieder freizulassen, bedenken Sie, dass Sie durch den Schutz ihres Lebens die karmische Ursache für Ihr eigenes Leben erschaffen, in diesem Fall beschützt zu sein oder länger zu leben. Motiviert durch Bodhichitta, haben Sie diesen Schutz unermesslich verstärkt. Was für eine wundervolle Gelegenheit diese Kakerlake Ihnen bietet!

Es mag viele Situationen geben, in denen die Zerstörung einer großen Anzahl von Lebewesen schlichtweg unvermeidlich ist. In solchen Fällen können wir nur unser Bestes tun, um Leiden zu minimalisieren, indem wir uns an unsere Bodhichitta-Absicht erinnern, Mantras rezitieren und die anderen Praktiken anwenden, die in einem früheren Kapitel zum Vorteil der vielen Wesen beschrieben worden sind, die jetzt in den Bardo-Zustand übergehen. Alles in allem und angesichts der Tatsache, dass Prävention generell wesentlich einfacher ist als eine Heilanwendung, besteht die beste Möglichkeit mit tierischem Ungeziefer umzugehen schlichtweg darin, alles zu tun, was wir können, um zu verhindern, dass es sich überhaupt erst angezogen fühlt.

Gibt es irgendetwas, das ich tun kann, wenn ich mit Fällen von tierischem Leid konfrontiert werde?

Wir sind stets mit der ersten der Edlen Wahrheiten des Buddhismus konfrontiert, der Existenz des Leidens, vor allem wenn es andere fühlende Wesen betrifft. Der Körper eines toten Tieres oder überfahrene Tiere am Straßenrand. Die Verfolgung kleiner Tiere durch Raubtiere. Lastwagen vollgepackt mit Schafen oder Rindern auf ihrem langen Weg zum brutalen Tod in einem Schlachthaus. Massentierhaltung und -schlachtungen gehören nicht nur zu den gewaltsamsten Formen legalisierter Brutalität, sondern sind auch eine Anklage gegen unsere Gesellschaft, die – wie Gandhi einst bemerkte – nach der Art beurteilt werden kann, wie sie ihre Tiere behandelt. Doch was können wir tun, wenn wir an einer weiteren Lieferung fühlender Wesen auf ihrem Weg zu Elend und Tod vorbeikommen?

Zasep Thulku Rinpoche empfiehlt, das Mantra von Chenrezig, dem Buddha des Mitgefühls, zu rezitieren: *Om mani padme hum*, während wir unsere Wünsche für das höchste Glück und die Erleuchtung der Wesen auf dem Laster aussenden. Das Gleiche können wir tun, wenn wir an dem Körper eines toten Tieres vorbeigehen und ihm wünschen, eine schnelle Erleuchtung zu erlangen. Darüber hinaus kann dieses Mantra in anderen Situationen benutzt werden, wenn wir unbeteiligte Zuschauer sind, aber irgendwie helfen möchten. Angesichts der Tatsache, dass Tiere intuitiv feinfühlig und in unterschiedlichen Graden telepathisch empfänglich sind, sollten wir die Wirkung unserer positiven Botschaften mitfühlender Hilfe nicht unterschätzen.

Auf einer sehr praktischen Ebene können wir Gruppen beitreten, die sich zum Beispiel für eine bessere Behandlung von Tieren einsetzen, oder zumindest auf Social-Media-Seiten Verbindung mit ihnen aufnehmen und ihre Aktivitäten unterstützen. Egal ob unsere Unterstützung so simpel ist wie ein »Like«-Post, oder einen höheren Grad an Verpflichtung erfordert, zum

Beispiel indem wir uns an lokale Zeitungen wenden, örtliche Parlamentsmitglieder zu diesem Thema ansprechen oder regelmäßig Geld spenden: Wir alle können dazu beitragen, dass Ungerechtigkeit und brutale Quälerei ein Ende finden. Meine Frau und ich unterstützen aus diesem Grund diverse Tierschutzorganisationen und ähnliche Vereine. Vor allem was den Transport lebender Tiere betrifft, fällt mir oft die wohlbekannte Maxime ein, dass alles, was nötig ist, damit das Böse triumphieren kann, gute Menschen sind, die nichts dagegen tun.

Ich fühle mich schuldig, weil ich Haustiere oder andere Tiere in der Vergangenheit schlecht behandelt habe. Gibt es etwas, das ich tun kann, um es wiedergutzumachen?

Der Buddhismus hat eine eindeutige Meinung zum Thema Schuld. Sie ist nichts als vergeudete Emotion. In negativen Gedanken zu versinken, weil Sie in der Vergangenheit falsch gehandelt haben, ist nicht nur nutzlos für Sie oder irgendjemand anderen; vielmehr wird es Sie mit hoher Wahrscheinlichkeit davon abhalten, Ihr volles Potenzial zu leben.

Reue hingegen kann durchaus sinnvoll sein. Wenn wir bereuen, etwas gedacht, gesagt oder getan zu haben, können wir versuchen, es wiedergutzumachen. Falls das nicht möglich ist, können wir uns zumindest ernsthaft darum bemühen, die Aktion nicht zu wiederholen.

Wenn Sie beim Gedanken an Angel-Ausflüge in Ihrer Jugend, das absichtliche Zertreten von Insekten oder andere Akte von Gewalt und Brutalität von Reue erfüllt sind, gibt es Dinge, die Sie tun können. Die Seelen der Wesen, die Sie verletzt oder getötet haben, existieren noch irgendwo. Insbesondere im Falle von Haustieren besteht nach wie vor eine karmische Verbindung. Falls Sie Buddhist sind, geben Lamas den Rat, Mantras zu rezitieren und Ihre Praktik dem Nutzen des Wesens zu widmen, dessentwegen Sie Reue empfinden.

Die in der Antwort auf die vorherige Frage beschriebenen praktischen Schritte, zum Beispiel die Unterstützung von Tierschutzorganisationen, sind eine weitere Möglichkeit zu versuchen, etwas wiedergutzumachen und Reue in eine positive, motivierende Kraft umzuwandeln.

Es gibt noch andere Aktivitäten, die Sie zum Wohle jener vornehmen können, denen Sie geschadet haben. Dazu gehören Dinge wie das Installieren einer Vogeltränke in Ihrem Garten und dafür zu sorgen, dass sie immer frisches Wasser hat. Oder ein Vogelhaus mit Futter aufzustellen, vor allem im Winter, um den Vögeln zu helfen. Sie können ehrenamtlich im Tierheim arbeiten oder ein Haustier in Pflege nehmen. Nehmen Sie an kommunalen Säuberungsaktivitäten teil, oder verpflichten Sie sich dafür zu sorgen, dass der nahegelegene Teich frei von Müll und sonstigem Unrat ist, der für Vögel und andere frei lebende Tiere schädlich sein könnte.

Dies sind nur ein paar Vorschläge, um sie zu inspirieren, Ihre eigene Kreativität zu entfachen und Ihre negativen Gedanken über etwas, das nicht geändert werden kann, in eine positive Energie des Mitgefühls zu verwandeln.

Ich habe von der buddhistischen Tradition gehört, Tiere freizulassen, die eingefangen worden sind, wie die Hummer, die man in den Aquarien mancher Restaurants sehen kann. Ist das eine sinnvolle Praktik?

Es ist sicherlich eine Tradition in manchen buddhistischen Kulturen, doch keine, die sich sehr gut in unsere heutige Welt übertragen lässt. Die Idee dahinter ist, als Akt des Mitgefühls die betroffenen Tiere zu befreien und dadurch auf karmischer Ebene für Schutz und ein längeres Leben zu sorgen – ob in dieser oder einer zukünftigen Inkarnation.

Es gibt einige offensichtliche Probleme, wenn es darum geht, diese Praktik heutzutage anzuwenden. Wenn Sie sich auf den Weg zu Ihrem nächsten Chinesen machen würden, der auf seiner Speisekarte lebende Hummer anbietet, mit der Absicht, sie alle zu kaufen und wieder freizulassen, sind die Chancen groß, dass innerhalb kürzester Zeit eine neue Ladung geliefert wird. Was bedeutet, dass Sie nur die Nachfrage nach Hummern steigern, die gefangen werden müssen – das Gegenteil dessen, was Sie erreichen wollen.

Dann gibt es natürlich noch die ganz praktische Frage zu bedenken, wo Sie die geretteten Hummer tatsächlich freilassen können. Sind Sie sicher, dass es einen Ort in der Nähe gibt, wo sie überleben und gedeihen können und wo es auch legal ist, sie freizulassen? Und wie wollen Sie dafür sorgen, dass die Tiere die Reise vom Restaurant ins offene Meer in entsprechend sauerstoffgesättigtem Wasser erfolgreich überstehen?

In Asien gibt es manchmal Märkte, wo die Standinhaber sich in der Vorbereitung auf buddhistische Festivitäten im Vogelfang gegenseitig übertreffen, damit die Einheimischen jede Menge Vögel haben, um sie kaufen und später freilassen zu können. Ohne Frage eine eher groteske Variante des Wunsches, Mitgefühl zu praktizieren.

In meinen Augen besteht die beste Möglichkeit, solche grotesken Praktiken zu beenden, indem man einfach kein Geld mehr dafür ausgibt; nicht länger Kunde von Menschen zu sein, die Grausamkeit verüben, und andere aufzufordern, es uns gleichzutun. Ob die Haltung von Hummern in Restaurant-Aquarien, bevor sie bei lebendigem Leib in kochendes Wasser geworfen werden, grausamer ist als die Massentierhaltung, sei dahingestellt.

Herauszufinden, was am besten zu tun ist, kann manchmal schwierig sein. Doch es kann auch passieren, dass wir uns in Situationen wiederfinden, wo wir in der Lage sind, Tiere vor dem sicheren Tod zu retten, und uns freuen, dass wir helfen können. Es gibt die Geschichte eines Mannes, der am Strand spazie-

ren ging und sich immer wieder bückte, um einen gestrandeten Seestern aufzuheben und ins Meer zurückzuwerfen.
»Es gibt Meilen von Strand und Hunderte von Seesternen!«, meinte ein Vorbeigehender. »Sie ändern damit gar nichts!«
Indem er einen weiteren Seestern ins Meer zurückwarf, antwortete der andere: »Für diesen hier konnte ich etwas ändern!«
Schnecken überqueren langsam einen Fußweg. Eine Maus oder Eidechse, die von einer Katze in die Ecke getrieben wurden. Ein Vogel, der benommen ist oder von anderen seiner Spezies angegriffen wird. Alle diese Situationen bieten die Gelegenheit, Leben zu schützen und Mitgefühl zu praktizieren.
Om mani padme hum!

Manchmal »sehe« ich Tiere und/oder bin mir einer spezifischen Tiergattung bewusst, sowohl im Wachzustand als auch in Träumen. Was bedeutet das?

Es gibt Menschen, die sich der Anwesenheit von Tiergeistern bewusst sind. Das kann das kurze Erscheinen unseres einst geliebten, verstorbenen Haustiers sein; oder vielleicht ein Tier, zu dem wir zuvor keine Beziehung hatten.
Ich persönlich hatte mehr als einmal das Gefühl, als hätte ich gesehen, wie der Geist meiner vielgeliebten Katze ins Zimmer kam. Das Ganze währte nur eine Sekunde, oder noch weniger. Glaubte ich wirklich, dass es meine Katze war, die sich auf irgendeine Weise manifestiert hatte?
Meine Antwort ist: Ich kann es ehrlicherweise nicht sagen, aber ich bezweifle es. Es gab keinen Grund für diese scheinbare Sichtung. Keine nützlichen Botschaften wurden übermittelt. Es war kein Moment, in dem ich sie besonders vermisste. Vielleicht stellte ich mir nur vor, dass es passiert war, und eine Veränderung von Licht und Luft mag der Grund sein, warum ich dachte, ich hätte etwas gesehen.

Was nicht heißen soll, dass ich nicht an die Existenz von Geistern glaube. Es gibt einfach zu viele Erfahrungen von gesichteten Erscheinungen, berichtet von zu vielen vernünftigen Menschen, um dieses Phänomen einfach abzutun. Allerdings sollten wir meiner Meinung nach vorsichtig sein und keine voreiligen Schlüsse ziehen, worum es sich bei diesen Erscheinungen handelt. Die Wahrheit ist, wir wissen nicht genug über Geister, um sicher zu sein. Zu sagen, sie seien die Geister/Seelen der Verstorbenen, ist *eine* Erklärung. Doch was ist, wenn es sich bei ihnen um andere, unbekannte Wesenheiten handelt, die einfach aus irgendeinem guten oder weniger guten Grund die Gestalt der verstorbenen Person annehmen?

Wenn das Konzept der Wiedergeburt richtig ist – und interessanterweise sagen auch viele hellsichtig begabte Menschen, die behaupten, mit den Seelen der Toten zu kommunizieren, dass sie an Wiedergeburt glauben –, gibt es einen offenkundigen Widerspruch aufgrund der Vorstellung, dass Seelen nach dem Übergang in anderer Form wiedergeboren werden, während andererseits behauptet wird, dass diese Seelen sich in verschiedenen Intervallen manifestieren können und vielleicht erst Jahre später die Erscheinung ihrer alten irdischen Form annehmen. Kann ein drei Jahre alter Junge glücklich mit seinen Spielsachen spielen, während er sich gleichzeitig als der Geist des vielgeliebten Hundes aus seiner früheren Inkarnation seinem damaligen Besitzer manifestiert? Kann er doppelt auftauchen?

Da ich nicht fähig bin, das Wirken der Energie auf ihrer feinsten Ebene zu erfassen, kann ich nur sagen, dass es sich hierbei um etwas »bekanntes Unbekanntes« handelt.

Unsere Vorfahren glaubten, dass das Erscheinen von Tiergeistern – entweder der Geist eines einst geliebten Haustieres, oder ein völlig anderes Tier – mit einer bestimmten Botschaft in Verbindung steht.

Auf einer ganz subtilen Ebene der Wahrnehmung werden Sie vielleicht wiederholt ein bestimmtes und vielleicht ungewöhnliches

Tier bemerken – sagen wir einen Flamingo. Es kann als Teil des Designs von Objekten, die Sie benutzen, oder an Orten, die Sie besuchen, auftauchen. Vielleicht kommt dieses Tier in Ihren nächtlichen Träumen zu Ihnen. Sie müssen nicht unbedingt einen Flamingo »sehen«, wenn Sie am helllichten Tag in Ihr Wohnzimmer gehen, damit die Präsenz von etwas Flamingo-Ähnlichem in Ihr Bewusstsein dringt.

Es spielt nicht wirklich eine Rolle, ob wir die Existenz von Tiergeistern akzeptieren oder sie eher als Symbole betrachten, die aus dem Unterbewusstsein aufsteigen – auf jeden Fall sind sie alle ein Produkt des Geistes. Interessant dabei ist die totemistische Bedeutung, die Tieren zugeschrieben wird und die unsere Vorfahren verstanden hätten, die wir jedoch nach Jahrhunderten der Abkehr von der Natur längst vergessen haben.

Wenn Sie merken, dass Sie sich insbesondere eines bestimmten Tieres bewusst sind oder sich sehr stark mit einer bestimmten Spezies identifizieren, empfehle ich Ihnen, die Welt der Tier-Totems anhand der Werke von Autoren wie Ted Andrews und Scott Alexander King zu erforschen, um die symbolische Bedeutung dessen, was Sie intuitiv fühlen, zu entschlüsseln und sich auf diese Weise einer potenziellen Botschaft bewusst werden, die Ihr Leben verbessern kann.

EPILOG

Ich begann dieses Buch mit einigen der wichtigen Fragen, die Tierfreunde sich selbst stellen – Fragen, die in unserer Gesellschaft häufig unbeantwortet bleiben. Fragen darüber, ob oder inwieweit der Geist von Tieren dem unseren ähnlich ist. Was mit ihrem Bewusstsein geschieht, wenn sie sterben. Wie unser Austausch mit ihnen auf eine Weise bedeutend sein kann, die über das unmittelbare Hier und Jetzt hinausgeht.

Ich hoffe sehr, dass die aus der Perspektive des tibetischen Buddhismus angebotenen Erkenntnisse Ihnen in Ihrer eigenen persönlichen Suche nach Antworten helfen.

Darüber hinaus hoffe ich, durch das Schreiben dieses Buches zu einem breiteren sozialen Erwachen beizutragen. Wir leben in einer Ära beispielloser Entdeckungen, wo wir nicht nur das intelligente Leben erforschen, das vielleicht, oder auch nicht, auf weit entfernten Planeten in unserem Universum existiert, sondern, was noch wichtiger ist, das Leben hier und jetzt, direkt vor unseren Augen. Kaum eine Woche geht vorüber, ohne dass die Resultate eines neuen Forschungsprogramms oder einer Fallstudie publik werden, die zeigen, dass Tiere ihre eigene Sprache benutzen, oder mit Empathie und Mitgefühl agieren, oder Sinneswahrnehmungen – und manchmal außersinnliche Wahrnehmungen – besitzen, die den unseren weit überlegen sind.

Die kollektive Wirkung dieser Enthüllungen stellt die traditionelle Sichtweise auf die Rolle des *Homo sapiens* auf dem Planeten Erde infrage. Nach und nach stimmt auch die Wissenschaft der seit Langem von Buddhisten vertretenen Erkenntnis zu, dass Tiere denkende, fühlende, bewusste Wesen sind.

Die ethischen Konsequenzen dieser radikalen Neuausrichtung werden mit großer Klarheit und Kraft in den Werken von Autoren wie Matthieu Ricard und Peter Singer beschrieben. Es sind die sehr persönlichen Konsequenzen bezüglich der Art und

Weise, wie wir mit unseren Tieren umgehen, mit denen wir uns hier beschäftigen. Wie könnten wir diese Konsequenzen im Hinblick auf das Innenleben unserer Haustiere zusammenfassen?

Haustiere sind ebenso zu Spiritualität fähig wie wir

Fangen wir damit an, dass wir und unsere Tiergefährten, ungeachtet unserer offensichtlichen physischen und mentalen Unterschiede, dieselbe innere Wesenheit und dasselbe Bewusstsein teilen. Wir alle wünschen uns, glücklich zu sein und Leiden zu vermeiden, und die Mittel, durch die wir diese Dinge erreichen, sind oft erstaunlich ähnlich. Wir mögen keine gemeinsame Sprache haben, wenngleich unsere Haustiere unserer Kommunikation generell viel mehr Aufmerksamkeit schenken, als wir. Doch weit entfernt davon, nur süße Wesen zu sein, mit denen wir Spaß haben können – unterlegen, moralisch irrelevant und letzten Endes überflüssig – bestätigt eine wachsende Anzahl von Forschungsberichten, was für viele Tierfreunde bereits selbstverständlich ist, nämlich dass die Eigenschaften, die früher als ausschließlich menschliche Fähigkeiten galten, von vielen fühlenden Lebewesen geteilt werden. So zeigen Tiere dieselben Ansätze für jene Verhaltensweisen, die traditionell als Kennzeichen eines spirituellen Lebens gesehen werden: Empathie, Mitgefühl, Fairness und Selbstlosigkeit.

Einfach nur da zu sein, ist der Beginn einer tieferen Verbindung

Als Tierfreunde verbringen wir viel Zeit damit, unseren Lieblingen alles Mögliche zu erzählen, aber wie viel Zeit verbringen wir damit, ihnen zuzuhören?

In unserer Gesellschaft, die sich seit Langem von der Natur abgewandt hat, ist der menschliche Geist auf eine krankhafte Weise unruhig geworden, ein Trend, der seit der Ausbreitung von mobilen Geräten und Online-Medien dramatisch zugenommen hat. Der viel ruhigere Geist anderer Lebewesen – weit davon entfernt, geringere Fähigkeiten zu besitzen – mag darauf hinweisen, dass sie nicht nur mehr auf ihr eigenes Bewusstsein eingestimmt sind, sondern auch auf unseres. Viele Haustiere scheinen einen leichteren Zugang zu tieferen geistigen Ebenen und damit auch zu Fähigkeiten wie der Telepathie zu haben, als wir Menschen. Unseren Tiergefährten das optimale Umfeld zu bieten und regelmäßig darauf zu achten, bewusst da zu sein für sie, kann die Dynamik der Beziehung zwischen unseren Haustieren und uns tief greifend verändern.

Die Meditation kann beeindruckende Vorteile bieten

Neben der Entscheidung, bewusster für unsere Tiergefährten da zu sein, bietet regelmäßige Meditation auf vielen Ebenen gewaltige Vorteile. Meditierende sagen oft, dass sie für ihre Tiere zu einer Art Magnet werden, sobald sie sich auf das Kissen setzen. Haustiere reagieren intuitiv auf unsere Bemühungen, innerlich zur Ruhe zu kommen. Sie fühlen sich von unserem veränderten Bewusstseinszustand angezogen; sie fühlen sich beruhigt und werden vertrauensvoller. Schwierige Beziehungen zwischen Haustieren und Menschen können durch die sanfte, jedoch tief greifende Wirkung der Meditation gelöst werden, und enge Beziehungen können noch enger werden. Meditation hilft Haustieren in Zeiten des Übergangs, zum Beispiel bei einem Umzug und Veränderungen in der Familie.

Außerdem hat die Meditation eine heilende Wirkung, wobei die Ähnlichkeit des Begriffes »Meditation« mit dem Wort »Medikation«, das so viel wie »wiederherstellen, wieder ganz machen« bedeutet, nicht zu übersehen ist. Klinische Studien beweisen, dass durch die Meditation die Selbstheilung bei Menschen gefördert wird. Ebenso können wir unseren Tiergefährten helfen, sich selbst zu heilen, indem wir mit ihnen meditieren – was vielleicht daran liegt, dass sie die Fähigkeit zu haben scheinen, ihren Geist mit dem unseren aufs Engste zu verbinden. Es gibt viele Fallbeispiele für die effektivere Schmerzbekämpfung, die Beschleunigung des Heilungsprozesses nach Operationen und die Eindämmung von Nebenwirkungen, wenn wir mit unseren erkrankten Haustieren meditieren.

Haustiere sind nicht zufällig in unserem Leben: Ihre Gegenwart ist ein besonderes Privileg

Die meisten von uns akzeptieren, dass unsere Sicht der Welt durch das andauernde Wechselspiel von Ursache und Wirkung geformt wird, beginnend mit den prägenden Erfahrungen in unserer Kindheit. Im Buddhismus heißt es, dass genau diese Dynamik über die Inkarnationen tatsächlich immer wieder zum Tragen kommt. Diese Sichtweise hält für Tierfreunde viele erstaunliche Folgen bereit.

Sind die Wesen, mit denen wir unser Zuhause teilen, durch Zufall hier? Könnte vielleicht jenseits konventioneller Erklärungen – beispielsweise wenn wir ins Tierheim gehen, um uns einen vierbeinigen Gefährten auszusuchen – die Dynamik der Kausalität oder des Karmas der eigentliche Grund sein? Wenn die Tiere, mit denen wir zusammenleben, in einem früheren Leben sehr wichtig für uns gewesen sind, haben wir jetzt die Gelegenheit, diesen erwiesenen Freundschaftsdienst zurückzugeben und ihnen die bestmögliche Vorbereitung auf ihre Zukunft zu bieten. Es gibt viele Möglichkeiten, wie wir ihnen helfen können, eine optimale Zukunft zu erreichen, unter anderem durch Praktiken wie die Rezitation von Mantras und die Meditation; darauf zu achten, dass sie weder Gewalt noch Aggressionen ausgesetzt sind; und uns im Laufe des Tages immer wieder an die Bodhichitta-Absicht zu erinnern.

Wenn Sie noch nicht hundertprozentig bereit sind zu glauben, dass sich kausale oder karmische Zusammenhänge über mehrere Leben erstrecken: kein Problem. Denn es handelt sich hierbei um genau die Praktiken, die wir auch in *diesem* Leben für unser Wohlergehen und das unserer Tiergefährten kultivieren.

Wir können von ungeheurem Nutzen für unsere Tiergefährten sein, wenn sie krank sind und sterben

Tierfreunde erleben den bevorstehenden Tod ihres Tiergefährten als eine sehr traumatische Phase, begleitet von Gefühlen der Hilflosigkeit und des Verlustes. Der Buddhismus bietet eine radikal andere Perspektive auf diese Zeit des Übergangs. Wenn wir in dieser Situation die Bedürfnisse unseres Tieres über unsere eigenen stellen und Sachen praktizieren, die unseren Tieren helfen, wenn sie es am nötigsten haben, bietet sich uns die Gelegenheit, unsere Wahrnehmung von Krankheit und Tod radikal zu ändern.

Aufgrund der Liebe, die wir für unser Haustier empfinden und die uns motiviert, ihm mit Hingabe sowohl während des Sterbevorgangs als auch in den sieben Wochen danach zu Diensten zu sein, können wir unserem Liebling in einer Zeit wichtiger Veränderungen helfen.

Die Wiedergeburt eröffnet weitgreifende Möglichkeiten

Kehren unsere geliebten Gefährten zu uns zurück? Wenn dem so wäre, würden wir sie wiedererkennen? Und was ist mit den Wesen in unserem Leben, mit denen wir bereits eng verbunden sind? Aus dem Konzept der Wiedergeburt ergeben sich faszinierende Folgen, und es gibt fesselnde Berichte über menschliche und tierische Wiedergeburten, die genau solche Folgen beleuchten. Eingedenk der Tatsache, dass die meisten von uns nicht hellsichtig sind, können wir nur Vermutungen anstellen im Hinblick auf die gemeinsamen Beziehungen, die bereits existieren. Wichtiger ist zu wissen, dass wir in diesem Leben die Gelegenheit haben, Gutes zu bewirken, um vergangene Wunden zu heilen und eine möglichst positive Wirkung auf das Leben derer zu haben, die uns am nächsten stehen. Angesichts dieser weitgreifenden Perspektive besteht ein Aspekt unserer Lebensaufgabe darin, alles was in unserer Macht steht zu tun, dass – falls und wenn wir in der Zukunft jenen Wesen wieder begegnen, die eine wichtige Rolle in unserem jetzigen Leben gespielt haben –, dies auf die segensreichste Weise geschieht.

Andere Tiere unterscheiden sich nicht von unseren Haustieren

Während wir uns in erster Linie auf unsere Beziehung mit Haustieren fokussiert haben, ergeben sich daraus auch klare Konsequenzen für den Umgang mit allen Kreaturen, ob groß oder klein. Wie aufrecht ist unser Wunsch, einerseits Mitgefühl zu kultivieren, wenn wir andererseits die systematische Ausbeutung von Tieren durch Massentierhaltung unterstützen? Was sollen wir tun, wenn wir uns, konfrontiert mit den unzähligen Gräueltaten, die Tieren vor allem durch unsere Mitmenschen zugefügt

werden, überwältigt und hilflos fühlen? Und was machen wir, wenn wir selbst von unserem Verhalten gegenüber Tieren in der Vergangenheit verfolgt werden, das vielleicht alles andere als vorbildlich war?
Im Buddhismus finden wir sowohl praktische Lösungen als auch psychologische Werkzeuge, die uns helfen, zu unserer eigenen Mitte zu finden. Egal ob wir als Individuen eher aktiv oder kontemplativ veranlagt sind, gibt es viel, was wir tun können, um unseren Beitrag für die globale Erkenntnis zu leisten, dass das menschliche Wohlbefinden untrennbar mit dem Wohlbefinden anderer Spezies verbunden ist.

Geschenke und Nutznießer

Als Tierfreunde schätzen wir die aufrechte Liebe und Verbindung, die wir mit unseren Gefährten teilen. Dieses Schnurren mitten in der Nacht und die Berührung einer samtweichen Pfote, wenn unsere Katze merkt, dass wir – vielleicht nur für einen Moment – aus tiefem Schlaf erwacht sind. Oder die schwanzwedelnde Ausgelassenheit, wenn wir am Abend die Haustür öffnen und daran erinnert werden, dass das Leben mehr zu bieten hat als all das, was uns auf dem Weg nach Hause belastet hat. Der Sturzflug unseres Papageis von einer Stange herunter auf unsere Schulter, um uns zu zeigen, wie sehr er sich freut, dass wir wieder da sind. Bei unseren Haustieren können wir, anders als bei den meisten Menschen, ganz wir selbst sein. Die Tatsache, dass sie uns einfach so akzeptieren, wie wir sind, und uns stets den Wert des gegenwärtigen Moments vermitteln, gehören zu ihren häufigsten Geschenken.
Doch sie halten noch viel größere Geschenke bereit.
Ich bin immer wieder erstaunt, wie viel Aufmerksamkeit unsere Gesellschaft Dingen wie Politik, Immobilienpreisen und Zinssätzen schenkt – Themen von großer Wichtigkeit, keine Frage,

die aber nur so lange von Bedeutung für uns sind, wie wir am Leben sind. Wenn es etwas an uns gibt, das fortdauert, würde *das* nicht mit Sicherheit die Tür zu noch wichtigeren Fragen öffnen? Fragen wie: »Was genau ist es, das vielleicht fortbesteht? Gibt es eine Beziehung zwischen meiner Erfahrung der Realität, und wie ich vielleicht Realität nach dem Tod erfahren werde? Wenn ja, wie kann ich sowohl für mich als auch für andere das bestmögliche Resultat erreichen? Und wie sieht es mit den Beziehungen zu anderen aus: Bietet die konventionelle Sicht der Dinge tatsächlich die ganze Erklärung, wie sie in mein Leben gekommen sind, oder könnte eine tiefere Dynamik im Spiel sein?«

Das alltägliche Leben lädt uns nur sehr selten ein, uns mit diesen *wirklich* wichtigen Fragen zu beschäftigen. Doch unsere Haustiere tun es. Konfrontiert mit der lebensgefährlichen Erkrankung unseres geliebten Gefährten, wer von uns würde sich da nicht Sorgen darüber machen, was mit diesem Wesen passieren wird, für das wir die Verantwortung übernommen haben? Oder wir fragen uns, welcher Teil von ihnen vielleicht weiterleben wird? Oder wir fragen uns einfach, wie wir ihnen bei ihrem Sterbeprozess am besten helfen können?

Durch die Beschäftigung mit diesen Fragen merken wir unter Umständen, dass unsere Tiergefährten mehr für uns tun als sogar einige unserer engsten Freunde. Denn indem wir Fragen über das spirituelle Leben unserer Tiere stellen, werden wir auch mit unserem eigenen konfrontiert. Diese Dimension unserer Existenz, die wir vielleicht routinemäßig ignorieren oder auf einen mythischen Zeitpunkt in der Zukunft aufschieben, wenn wir mehr Zeit haben, kann nicht länger vermieden werden: Auch wir sind spirituelle Wesen.

Wenn es unsere Haustiere sind, die uns zu dieser Erkenntnis bringen, wenn sie es sind, die uns auffordern, Liebe und Mitgefühl zu kultivieren und in Übereinstimmung mit unserer höchsten Natur zu handeln, was tun sie dann anderes, als die Aufgabe erleuchteter Wesen zu erfüllen? Wer ist letzten Endes der Begünstigte in dieser Beziehung?!

Zuweilen sagen Menschen, die einen Hund oder eine Katze aus dem Tierheim zu sich holen, dass sie das Tier gerettet haben, indem sie ihm ein Zuhause gaben. In Wahrheit hat jedoch ihr neuer Gefährte *sie* gerettet. Das spirituelle Leben von Haustieren ist untrennbar mit unserem eigenen spirituellen Leben verbunden. Wie in diesem Buch beschrieben, gibt es vieles, was wir tun können, um zum Wohl und zur Entwicklung unserer engsten Gefährten beizutragen. Und indem sie uns die Gelegenheit geben, unser gütigstes und tugendvollstes Selbst zu sein, bieten unsere Tiergefährten uns Geschenke von unschätzbarem Wert an.

Während wir die Reise hin zum Verständnis unserer eigenen höchsten Natur planen, können unsere größten Helfer auf der Suche nach beständiger Glückseligkeit zusammengerollt auf unserem Schoß liegen, auf unserer Schulter hocken oder auf der Matte vor der Tür sitzen, die Leine im Maul, mit einem Ausdruck unwiderstehlicher freudiger Erwartung.

DANKSAGUNG

Zuallererst gilt mein aufrichtiger Dank all jenen Lesern, die dieses Buch und meine vorherigen Werke gekauft haben. Nur Ihrer Unterstützung verdanke ich es, dass ich weiterhin schreiben kann.

Zudem schätze und danke ich Gail Pope, Gründerin von BrightHaven, für ihre Weisheit und Unterstützung; Kathleen Prasad, Gründerin von Animal Reiki Source; Carolyn Tretheway, Gründerin von Pause HQ; und Mel Keen, Gründerin von Horse Horizons, für ihre geballte Weisheit und Unterstützung. Die praktischen Erfahrungen jeder Einzelnen von ihnen beim bewussten Umgang mit Tieren sind eine beständige Quelle der Inspiration für viele Menschen überall auf der Welt.

Ich hatte das große Glück, viele faszinierende Geschichten von Lesern zu erhalten, die mit ihren Tiergefährten zu tun haben. Insbesondere gilt mein großer Dank jenen, deren Berichte ich in diesem Buch mit meinen Lesern teile: Rhea Baldino, Noelene Bolton, Marjolijne de Groot, Rebecca Hartman, Jane Johnson, Salin Joseph, Belinda Joubert, Helen Rose, Judy Sampson-Hobson und Allen Wilson. Es gab noch so viele andere Leser, die mir geschrieben haben, in manchen Fällen sehr ausführlich. Ich wünschte, ich hätte jede einzelne ihrer oft verblüffenden Erfahrungen teilen können. Doch leider reicht der Platz hier nicht aus.

Keith Dowman gab mir liebenswürdigerweise die Erlaubnis, seine Übersetzung des außergewöhnlich klaren und wundervollen Verses von Tilopa über die Natur des Geistes zu zitieren, und ich danke Stephen Batchelor für seine wunderbare Übersetzung der Verse von Shantideva.

Im Laufe meines Lebens habe ich die enge Kameradschaft vieler Haustiere genossen, an die ich mich an dieser Stelle erinnern möchte. Ihre bedingungslose Akzeptanz und warmherzige Freundschaft verhalfen mir meine eigenen Erfahrungen über das

Bewusstsein der Tiere zu machen. Was meine Leidenschaft nur noch verstärkt, meine Mitmenschen aufzurufen, ihre Wahrnehmung der vielen nicht-menschlichen Wesen zu ändern, mit denen wir unser Leben teilen.

Ich habe die Angewohnheit, meinen Freunden und meiner Familie Spitznamen zu geben. Das größte Zeichen von Respekt ist es daher, nach einem Tier benannt zu werden. Meine geliebte Frau Koala – wir lernten uns kennen, als ich in London lebte; ich kam aus Afrika, und sie war Australierin – hat von Anfang an vorbehaltlos meine schriftstellerischen Aktivitäten unterstützt. Auch dieses Buch entstand nicht zuletzt dank ihrer liebevollen Ermutigung.

Ich schulde meine zutiefst empfundene Dankbarkeit Les Sheehy, Direktor der Tibetan Buddhist Society in Perth, der mich das meiste von dem gelehrt hat, was ich über das Dharma weiß, und der die Verkörperung von mitfühlender Weisheit in Aktion ist. Ohne den unvergleichlichen Geshe Acharya Thubten Loden, Gründer der Tibetan Buddhist Society, dessen Werke die Basis unseres Lehrprogramms bilden, hätte ich niemals das nötige Selbstvertrauen gehabt, über das Dharma zu schreiben.

Als dieses Projekt noch in seinem Anfangsstadium war, wurde mir die warmherzige Ermutigung des Ehrenwerten Acharya Zasep Tulku Rinpoche zuteil, Guru, Yogi und einzigartiges Wesen. Worte reichen nicht aus, um meinen von Herzen kommenden Dank für seine Unterstützung zu beschreiben und für die großzügige Bestätigung, mit der er dieses Buch geehrt hat.

GLOSSAR

Bardo Ein vorläufiger oder zwischenzeitlicher Zustand zwischen Tod und Wiedergeburt.

Bodhichitta Buchstäblich »der Geist der Erleuchtung«. Das Bestreben, Erleuchtung zu erlangen, um alle fühlenden Wesen von Leiden zu befreien.

Bodhisattva Ein Mensch, der Erleuchtung erlangen möchte, um alle fühlenden Wesen von Leiden zu befreien.

Buddha Buchstäblich »Erwachter«; ein voll erwachtes Wesen, das Erleuchtung erlangt hat.

Dharma Die Doktrin oder Lehre Buddhas.

Guru Spiritueller Freund.

Mantra Buchstäblich »geistiger Schutz«. In der Praxis eine Ansammlung von Tönen, rezitiert in Verbindung mit einer bestimmten Meditation, um ein bestimmtes Resultat zu erreichen.

Samsara Unter Karma und Täuschung leidender Geist. Dieser Geist ist es, der durch das Festhalten an dem falschen Gefühl des Selbst den universalen Kreislauf von Geburt, Tod und Wiedergeburt aufrechthält.

Sangha Die Gemeinschaft buddhistischer Mönche und Nonnen. Im Westen bezieht sich der Begriff »Laien-Sangha« auf Praktizierende, die nicht ordiniert sind.

Tulku Ein wiedererkannter wiedergeborener Lama. Jemand, der freiwillig wiedergeboren ist, um anderen zur Erleuchtung zu verhelfen.

ENDNOTEN

EINFÜHRUNG

1 Francis Crick, *The Astonishing Hypothesis: The scientific search for the soul*, Scribner, New York, 1994, S. 3

2 Siehe: http://escholarship.org/uc/item/8sx4s79c#page-8, aufgerufen am 10. Februar 2016

3 Carl Safina, *Beyond Words: What animals think and feel*, Henry Holt & Company LLC, New York, 2015, S. 69

4 Londa Bender, *Animal Wisdom: Learning from the spiritual life of animals*, North Atlantic Books, Berkeley, CA, 2014, S. 28-29

5 Rupert Sheldrake, *The Sense of Being Stared At: And other aspects of the extended mind*, Arrow Books, London, 2004, S. 85

KAPITEL EINS

1 Carl Safina, *Beyond Words: What animals think and feel*, Henry Holt & Company LLC, New York, 2015, S. 169

2 Siehe: https://www.dailymail.co.uk/news/article-3501271/Your-dog-read-mind-knows-think-people.html, aufgerufen am 21. März 2016

3 Siehe: https://www.psychologytoday.com/blog/canine-corner/201206/canine-empathy-your-dog-really-does-care-if-you-are-unhappy, aufgerufen am 1. März 2016

4 Siehe: https://www.thetimes.co.uk/article/dog-breaks-window-to-get-help-for-ill-owner-rpfv60vn, aufgerufen am 4. Oktober 2016

5 Siehe: absnews.go.com/US/rescued-dog-saves-sleeping-family-fire/story?id=26021233, aufgerufen am 23. November 2016

6 Rupert Sheldrake, *The Sense of Being Stared At*, Arrow Books, London, 2004, S. 83

7 Siehe: https://en-wikipedia.org/wiki/Bubastis, aufgerufen am 14. März 2016

8 Siehe: www. medicalnewstodaycom/articles/ß8432.php, aufgerufen am 14. März 2017

9 John Bradshaw, *Cat Sense: How the new feline science can make you a better friend,* Penguin Books, London, 2013, S. 64

10 Siehe: http://www.npr.org/sections/13.7/2015/01/22/379008858/mind-your-moods-cat-owners, aufgerufen am 22. März 2016

11 John Bradshaw, *Cat Sense*, S. 234

12 Siehe: http://pubpages.unh.edu/-jel/Descartes.html, aufgerufen am 16. März 2016

13 Carl Safina, *Beyond Words*, S. 81

KAPITEL ZWEI

1 Siehe: http://www.scientificamerican.com/article/what-are-dogs-saying-when-they-bark, aufgerufen am 23. März 2016. Brian Hare und Vanessa Woods, *The Genius of Dogs: How dogs are smarter than you think*, Dutton Adult, New York, 2013

2 Carl Safina, *Beyond Words: What animals think and feel,* Henry Holt & Company LLC, New York, 2015, S. 67

3 Carl Safina, *Beyond Words*, S. 93

4 Carl Safina, *Beyond Words*, S. 291

5 Siehe: http://www.nytimes.com/2007/09/11/science/11parrot.html?_r=0, aufgerufen am 16. März 2016

6 Irene M. Pepperberg, *Alex & Me: How a scientist and a parrot discovered a hidden world of animal intelligence – and formed a deep bond in the process,* Scribe Publications Pty Ltd, Melbourne, 2009, S. 214

7 Rupert Sheldrake, *Dogs That Know When Their Owners Are Coming Home,* Broadway Books, New York, 2011

8 Videos von diesem Experiment unter: www.mind-energy.

net/archives/628-A-short-video-of-the-psychic-parrot-NKisi.html

9 Siehe: http://pulptastic.com/lulu-the-pig, aufgerufen am 23. November 2016

10 Frans de Waal, *The Bonobo and The Atheist: In search of humanism among the primates*, W.W.Norton & Company Ltd, New York, 2015, S. 17

11 Siehe: chicago.cbslocal.com/2011/08/16/15-years-ago-today-gorilla-rescues-boy-who-fell-in-ape-pit

12 Siehe: https/www.facebook.com/raju.sa.790/videos/582184275216295, aufgerufen am 18. März 2016

13 Siehe: http://www.livescience.com/17378-rats-show-empathy.html, aufgerufen am 18. März 2016

14 Siehe: http://www.telegraph.co.uk/news/2016/06/07/fish-can-recognise-human-faces, aufgerufen am 9. Juni 2016

15 Siehe: https://www.psychologytoday.com/blog/animal-emotions/201407/fish-are-sentient-and-emotional-beings-and-clearly-feel-pain, aufgerufen am 9. Juni 2016

16 Victoria Braithwaite, *Do Fish Feel Pain?*, Oxford University Press, Oxford, 2010, S. 153

17 Albert Einstein, *The Expanded Quotable Einstein*, Alice Calaprice (Hrsg.), Princeton University Press, Princeton, NH, 2000, S. 316

18 S.H. Dalai Lama XIV., *The Dalai Lama: A policy of kindness*, Snow Lion Publications, Ithaca, New York, 1990, S. 112

19 The Cambridge Declaration on Consciousness, geschrieben von Philip Low und bearbeitet von Jaak Panksepp, Diana Reiss, David Edelmann, Bruno Van Swinderen, Philip Low und Christof Koch

20 Laurens van der Post, *The Lost World of the Kalahari*, Vintage, London, 2002, S. 236

21 Siehe: A.P. Elkin, *Aboriginal Men of High Degree: Initiation and sorcery in the world's oldest tradition*, Inner Traditions, Vermont, 1993

KAPITEL VIER

1 Siehe: http://news.harvard.edu/gazette/story/2010/11/wandering-mind-not-a-happy-mind/, aufgerufen am 20. März 2016.

2 Übersetzt und wiedergegeben mit freundlicher Genehmigung von Keith Dowman; Verse aus *Tilopa's Mahamudra Instruction to Naropa in Twenty-Eight Verses*

3 Julian F. Pas, *The Wisdom of the Tao*, Oneworld Publications, Oxford, 2000, S. 206, Liezi 2 zugeschrieben: »The Yellow Emperor«, übersetzt von A.C. Graham, S. 55

KAPITEL FÜNF

1 Siehe: http://www.takepart.com/article/2013/05/16/ca-dolphins-detect-cancer-in-humans, aufgerufen am 5. April 2016

2 Siehe: https://www.dogsforgood.org/how-we-help/assistance-dog/autism-assistancedogs/, aufgerufen am 30. Dezember 2016

KAPITEL SECHS

1 Siehe: http://www.dogmeditation.com/purchaseinfo.html, aufgerufen am 7. April 2015

KAPITEL SIEBEN

1 Geshe Acharya Thubten Loden, *Path to Enlightenment in Tibetan Buddhism*, Tushita Publications, Melbourne, 1993, S. 367

2 Geshe Acharya Thubten Loden, *Path to Enlightenment in Tibetan Buddhism*, S. 367

3 E.H. Johnston, Asvaghosa's *Buddhacarita* oder *Acts of Buddha.* Ungekürzter Sanskrit-Text mit englischer Übersetzung. Motilal Banarsidass Publishers Limited, Delhi, India, 1995, Neuauflage

4 S.H. Dalai Lama XIV., *A Flash of Lightning in the Dark of Night*, Shambala Publications Inc., Boston, MA, 1994, S. 18

5 Aus Acharya Zasep Tulku Rinpoche: *Tara on the Palm of Your Hand: A guide to the practice of the twenty-one Taras*, Wind Horse Press, Nelson, 2013, S. 11

KAPITEL ACHT

1 B.H. Lipton, The Biology of Belief: Unleashing the power of consciousness, matter and miracles, Hay House, Carlsbad, CA, 2008, S. 32

2 Thorwald Dethlefsen und Ruediger Dahlke, *The Healing Power of Illness: The meaning of symptoms and how to interpret them*, Element Books Ltd, Dorset, 1990, S. 13

3 David Michie, *Why Mindfulness Is Better Then Chocolate: Your guide to inner peace, enhanced focus and deep happiness*, Allen & Unwin, Sydney, 2014, S. 265-268

4 Siehe: http://www.cancerresearchuk.org/about-cancer/cancers-in-general/treatment/complementary-alternative/therapies/meditation, aufgerufen am 13. Juni 2016

KAPITEL NEUN

1 Professor Richard Gregory, »Brainy Mind«, www.richard-gregory.org/papers/brainy_mind/brainy_mind.htm., aufgerufen am 7. Mai 2016 (Erstveröffentlichung im British Medical Journal, 1998, Auflage 317, S. 1693-5)

2 Thomas J. McFarlane (Hrsg.), *Einstein and Buddha: The parallel sayings*, Ulysses Press, Berkeley, CA, 2001, S. 64

3 Siehe: www.iaahc.org/about/what-is-animal-hospice.html/

4 Tulku Thondup, *Peaceful Death, Joyful Rebirth: A Tibetan Buddhist guidebook*, Shambala Publications Inc., Boston, MA, 2006, S. 20

5 Tulku Thondup: *Peaceful Death, Joyful Rebirth*, S. 20

KAPITEL ZEHN

1 Geshe Acharya Thubten Loden, *Path to Enlightenment in Tibetan Buddhism*, Tushita Publications, Melbourne, 1993, S. 401

2 Siehe: http://www.dimattinacoffee.com/blog/entry/gino-reincarnated, aufgerufen am 4. Oktober 2016

3 Siehe Video-Interview zu dem Artikel in: http://reluctant-messenger.com/reincarnation-proof.htm, aufgerufen am 18. Mai 2016